Edward F. Edinger · Der Weg der Seele

Die Berghöhle der Adepten. Symbolisches Resümee des alchemistischen *opus* (Michelspacher: *Cabala*, 1654).

Edward F. Edinger

Der Weg der Seele

*Der psychotherapeutische Prozeß
im Spiegel der Alchemie*

Kösel

Übersetzung aus dem Amerikanischen: Hans-Ulrich Möhring, Loppenhausen. Die Originalausgabe erschien unter dem Titel »Anatomy of the Psyche: Alchemical Symbolism in Psychotherapy« bei Open Court Publishing Company, LaSalle, Illinois, USA.

ISBN 3-466-34239-2

Copyright © 1985 by Open Court Publishing Company, LaSalle, Illinois 61301
© 1990 für die deutsche Ausgabe by Kösel-Verlag GmbH & Co., München
Printed in Germany. Alle Rechte vorbehalten
Druck und Bindung: Kösel, Kempten
Umschlag: Elisabeth Petersen, Glonn
Umschlagmotiv: Der Lebensbaum als »fons mercurialis«, *Rosarium philosophorum* (1550)

1 2 3 4 5 6 · 95 94 93 92 91 90

[Laßt uns also] ... jene
unsres Erachtens wahre Bibel studieren,
die des menschlichen Körpers
und der Menschennatur.
Andreas Vesalius

Inhalt

Vorwort 9

Einleitung 11

1 Calcinatio 31

2 Solutio 67

3 Coagulatio 109

4 Sublimatio 149

5 Mortificatio 185

6 Separatio 227

7 Coniunctio 261

Anhang

Verzeichnis der
Abbildungen 287

Anmerkungen 291

Literatur 302

Register 307

Vorwort

Jungs Entdeckung der Wirklichkeit der Psyche eröffnet einen neuen Zugang zu alten Überlieferungen. Religiöse und literarische Schriften wie auch die tastenden Versuche solcher Protowissenschaften wie Alchemie, Astrologie und vorsokratischer Philosophie können nunmehr als die Phänomenologie der objektiven Psyche verstanden werden.
In einer Fortsetzung von Jungs Erforschung der Alchemie unternimmt es dieses Buch, bestimmte Erfahrungsweisen oder Erfahrungskategorien des Individuationsprozesses, die in alchemistischer Symbolik auftauchen, ans Licht zu bringen. Obwohl die zur Amplifikation herangezogenen Materialien den vielfältigsten Quellen entstammen, lassen sich mit ihnen allen Muster und Regelmäßigkeiten der objektiven Psyche anschaulich machen – d.h. archetypische Bilder der Wandlung. Was ich vorlege, ist weder ein theoretisches Konstrukt noch eine philosophische Spekulation, sondern vielmehr eine auf Jungs Methode gegründete Einordnung psychischer *Tatsachen*.
Diese Tatsachen fügen sich letztlich zu einer *Anatomie der Psyche* zusammen, die gleichzeitig auch eine Embryologie ist, denn wir haben es mit einem Entwicklungs- und Wandlungsprozeß zu tun. Der große Wert der alchemistischen Bilder besteht darin, daß sie uns eine *objektive* Grundlage geben, von der aus wir Träume und sonstiges unbewußtes Material angehen können. Mehr noch als bei irgendeinem anderen Gegenstand ist es bei der Psyche sehr schwer, zwischen objektiver Tatsache und persönlicher Voreingenommenheit zu unterscheiden. Gewisse Grundkenntnisse der alchemistischen Bilder können dieser so überaus nötigen Objektivität sehr förderlich sein. Wenn eine hinlängliche Vertrautheit mit archetypischer Symbolik und ausreichende Selbsterkenntnis aus der persönlichen Analyse vorhanden sind, besteht unser Ziel in einer Anatomie der Psyche, die so objektiv ist wie die Anatomie des Körpers.

Einleitung

Der Prozeß der Psychotherapie setzt, wenn er wirklich tief geht, abgründige und geheimnisvolle Geschehnisse in Gang. Beide, der Patient wie auch der Therapeut, können sehr leicht vom Weg abkommen. Deshalb klammern sich viele auch so verzweifelt an enggefaßte und unzureichende Theorien der Psyche – immerhin geben sie einem wenigstens ein gewisses Gefühl der Orientierung. Wenn wir psychische Phänomene nicht in das Prokrustesbett einer vorgefaßten Theorie zwängen wollen, müssen wir die Kategorien zum Verständnis der Psyche in der Psyche selber suchen. Ein alter alchemistischer Spruch sagt: »Löse den Stoff in seinem eigenen Wasser«. Genau dies tun wir, wenn wir versuchen, den Prozeß der Psychotherapie von der Alchemie her zu verstehen.
Wie Jung gezeigt hat, ist die alchemistische Symbolik größtenteils ein Produkt der unbewußten Psyche. »So war dem Alchemisten die wirkliche Natur des Stoffes unbekannt. Er kannte sie nur in Andeutungen. Indem er sie zu erforschen suchte, projizierte er das Unbewußte in das Dunkel des Stoffes, um dieses zu erhellen. … Damit drücke ich die Meinung aus, daß der Laborant während der Ausführung des chemischen Experimentes gewisse psychische Erlebnisse hatte, welche ihm aber als ein besonderes Verhalten des chemischen Prozesses erschienen. Da es sich um Projektionen handelte, war es ihm natürlich unbewußt, daß das Erlebnis mit dem Stoff an sich … nichts zu tun hatte. Er erlebte seine Projektion als Eigenschaft des Stoffes. Was er in Wirklichkeit erlebte, war sein Unbewußtes.«[1]
Bei seinem Studium der Alchemie fand Jung heraus, daß dieses üppig wuchernde Gespinst von Bildern in der Tat das »eigene Wasser« der Psyche war, das sich dazu benutzen ließ, die komplexen Inhalte der Psyche zu verstehen. Er schrieb:

Sehr bald hatte ich gesehen, daß die Analytische Psychologie mit der Alchemie merkwürdig übereinstimmt. Die Erfahrungen der Alchemisten waren meine Erfahrungen, und ihre Welt war in gewissem Sinn meine Welt. Das war für mich natürlich eine ideale Entdeckung, denn damit hatte ich das historische Gegenstück zu meiner Psychologie des Unbewußten gefunden. Sie erhielt nun einen geschichtlichen Boden. Die Möglichkeit des Vergleichs mit der Alchemie, sowie die geistige Kontinuität bis zurück zum Gnostizismus gaben ihr die Substanz. Durch die Beschäftigung mit den alten Texten fand alles seinen Ort: die Bilderwelt der Imaginationen, das Erfahrungsmaterial, das ich in meiner Praxis gesammelt, und die Schlüsse, die ich daraus gezogen hatte. Jetzt begann ich zu erkennen, was die Inhalte in historischer Sicht bedeuteten.[2]

Am Ende von *Mysterium Coniunctionis* faßt er die Bedeutung der Alchemie zusammen:

… der gesamte alchemistische Gegensatzprozeß (kann) … ebensogut den Individuationsweg eines einzelnen Individuums darstellen …, mit dem nicht zu übersehenden Unterschied allerdings, daß kein einziges Individuum jemals die Fülle und den Umfang der alchemistischen Symbolik erreicht. Deren Vorteil besteht eben darin, daß die Jahrhunderte sie aufgebaut haben… Es ist … eine ebenso schwierige wie undankbare Aufgabe, das Wesen des Individuationsprozesses im einzelnen Falle darzustellen. … Kein individueller Fall meiner Erfahrung ist so allgemein, daß er alle Aspekte aufwiese und damit als übersichtlich gelten könnte. … Die Alchemie hat mir darum den unschätzbar großen Dienst geleistet, mir ihr Material, in dessen Umfang meine Erfahrung genügenden Raum findet, anzubieten und hat es mir dadurch möglich gemacht, den Individuationsprozeß in seinen hauptsächlichsten Aspekten zu beschreiben.[3]

Wir können daher sagen, daß alchemistische Bilder den Prozeß der Tiefenpsychotherapie beschreiben, der identisch mit dem ist, was Jung Individuation nennt. Ich habe es mir deshalb vorgenommen, einige der grundlegenden Bilder der Alchemie zu untersuchen, um zu sehen, wie sie sich zu den Erfahrungen der Psychotherapie verhalten.

Der Ausdruck »Psychotherapie« wird hier in seinem weitesten, etymologischen Sinne gebraucht. Das griechische Wort *therapeuein*, »heilen«, bedeutete ursprünglich »(den Göttern) dienen«. Das

Heilen spielte sich also anfangs in einem heiligen Rahmen ab. Philo berichtet uns von einer vorchristlichen Gruppe jüdischer Kontemplativer, die sich *Therapeutai* nannten, »entweder insofern sie eine Heilkunst ausüben, welche besser ist als die in den Staaten gebräuchliche – diese behandelt nämlich nur Körper, jene aber auch Seelen, die in der Gewalt schlimmer und hartnäckiger Krankheiten sind, welche Lust, Begierde, Trauer, Furcht, Habgier, Unvernunft, Ungerechtigkeit und die zahllose Menge der übrigen Affekte und Laster in ihnen entstehen ließen –, oder insofern sie von der Natur und den heiligen Gesetzen gelehrt wurden, das Seiende zu verehren, das noch besser als das Gute, reiner als die Eins und ursprünglicher als die Einheit ist.«[4] Psychotherapie bedeutet also im Grunde Dienst an der Psyche.

Was die Alchemie für die Psychotherapie so wertvoll macht, ist, daß ihre Bilder die Wandlungserfahrungen konkretisieren, die man in der Psychotherapie durchlebt. Im ganzen genommen, bietet die Alchemie eine Art Anatomie der Individuation. Ihre Bilder werden freilich denen am meisten zu sagen haben, die eine persönliche Erfahrung des Unbewußten gemacht haben.

Die alchemistische Weltanschauung

Für den Alchemisten waren Oberes und Unteres und Inneres und Äußeres durch verborgene Verbindungen und Identitäten aneinander gekoppelt. Was im Himmel geschieht, wird von dem, was auf Erden geschieht, verdoppelt, wie es dieser alchemistische Spruch ausdrückt:

> Himmel oben
> Himmel unten
> Sterne oben
> Sterne unten
> Alles was oben
> Dies ist auch unten
> Erfasse es
> Und freue dich.[5]

Desgleichen lautet eine Stelle aus der *Tabula Smaragdina*: »Was unten, ist gleich dem, was oben, und was oben, ist gleich dem, was unten, auf daß sich die Wunder des einen Dinges vollziehen.«[6] Die Planeten am Himmel entsprechen den Metallen in der Erde: Sonne = Gold, Mond = Silber, Merkur = Quecksilber, Venus = Kupfer, Mars = Eisen, Jupiter = Zinn und Saturn = Blei. Indem die Planeten die Erde umkreisen, treiben sie die ihnen entsprechenden Metalle allmählich in die Erde hinein, und die Menschen können sie dann durch chemische Operationen herausziehen (siehe Abb. 1).

Psychologisch können wir dieses Bild als Hinweis auf die archetypischen Bestandteile des Ich verstehen. Die Bausteine des Ich sind den Göttern gestohlene Qualitäten oder Produkte der Zerstückelung einer Gottheit – irdische Vertretungen transpersonaler Prinzipien. Solche Bildvorstellungen sind in der modernen Psyche immer noch lebendig, wie der folgende Traum eines Geschäftsmannes und kommerziellen Künstlers mittleren Alters zeigt, der keine Kenntnisse der Alchemie besaß:

Vier in Metall gekleidete Gestalten kommen vom Himmel herab auf mich zu. Sie schweben über eine antike römische Mauer nach unten. Jeder Anzug ist aus einem anderen Metall. Einer ist aus Bronze, ein anderer aus Blei, ein weiterer aus Eisen und der vierte aus Platin. Die Gestalt in Platin setzt sich von den anderen ab und kommt näher. »Wir suchen Metall«, sagt sie. »Wir suchen das Metall, das zu unseren Anzügen paßt.« Mit einer ganz eigenen Methode verharren die Gestalten in der Luft auf der Stelle.

Die in Metall gekleideten Männer entsprechen den Planetengöttern der Alchemisten. Da sie kein Gewicht haben, sind sie Geistwesen und Himmelsbewohner. Sie würden somit archetypische Bilder der objektiven Psyche darstellen. Ihre Herabkunft auf der Suche nach den ihnen entsprechenden Metallen weist darauf hin, daß jeder Metallgeist seine eigene irdische Verkörperung sucht. Sie wollen in der bewußten Erfahrung eines individuellen Ich konkret verwirklicht werden. Dies ist ein archetypischer Traum und hat sicherlich ebenso eine kollektive wie eine personale Bedeutung. Die Götter, die wir verloren haben, steigen zu uns herab und

Abbildung 1: Mikrokosmos und Makrokosmos in inniger Verbindung (*The Hermetic Museum*, Übers. von A.E. Waite).

fordern die erneute Verbindung. Wie Baucis und Philemon werden moderne Individuen von ihnen aufgesucht und um Gastfreundschaft für transpersonale Faktoren gebeten, zu denen sie die Verbindung verloren haben. Der Traum ist auch für unsere Bemühungen, die Alchemie zu verstehen, von Belang. Die Geister der Alchemie – die uns überkommenen symbolischen Bilder – fragen nach ihren irdischen Entsprechungen, d.h. nach ihrer sinnvollen Verwirklichung in der modernen Erfahrung. Viele begabte und aufopferungsvolle Menschen gaben für die Suche nach dem Stein der Weisen ihr ganzes Leben hin. Durch das Verständnis der Bilder, denen sie dienten, können wir ihr Leben von der Vergeblichkeit erlösen und ihnen als Zeugen und Träger des Mysteriums der Individuation unsere Anerkennung zollen.

Das *Opus*

Im Zentrum der Alchemie steht der Gedanke des *opus*. Der Alchemist begriff sich selbst als einem heiligen Werk verpflichtet – einer Suche nach dem höchsten und letzten Wert. Alchemistische Texte verbreiten sich ausführlich über die Natur des *opus* und die Haltung, die man ihm gegenüber einnehmen sollte. Bestimmte Tugenden sind unerläßliche Vorbedingungen. Ein Text sagt: »Alle Erforscher dieser Kunst, ihr könnt nicht zum Nutzen gelangen ohne rechtschaffensten Geist und anhaltende Arbeit. Wer also freiwillig Geduld aufwendet bei dieser Behandlung, der trete in sie ein.«[7] Dies sind Forderungen, die die Ichfunktion stellt. Geduld ist die Grundlage. Rechtschaffenheit bedeutet, daß man nichts zu fürchten braucht. Anhaltende Arbeit heißt, daß man durch alle Veränderungen der Stimmung und des Geisteszustands hindurch an dem Bestreben festhalten will, zu prüfen und zu verstehen, was geschieht.
Ein anderer hierfür relevanter Text stammt aus Thomas Nortons *Ordinal of Alchemy*. Jedem, der mit der Psychotherapie Erfahrungen gemacht hat, werden die Parallelen sofort ins Auge springen.

Ein jeder, der sich dieser Suche widmet, muß daher mit großem Aufruhr des Geistes rechnen. Er wird infolge neuer Entdeckungen, die er macht, häufig seinen Kurs ändern müssen. ... Der Teufel wird sein Möglichstes tun, um deine Suche durch den einen oder andern der drei Stolpersteine zunichte zu machen, als da sind Übereilung, Verzweiflung oder Trug... wer es eilig hat, wird sein Werk weder in einem Monat noch auch in einem Jahr vollenden, und es wird in dieser Kunst immer so sein, daß einer, der es eilig hat, immer einen Anlaß zur Klage findet. ... Wenn der Feind deiner durch Eile nicht Herr werden kann, wird er dich mit Verzagtheit schlagen und dir ständig entmutigende Gedanken einflößen, dergestalt daß jene, die diese Kunst suchen, viele sind, dieweil es wenige sind, die sie finden, und daß jene, die da scheitern, oftmals weisere Männer sind als du selbst. Er wird dich dann fragen, welche Aussichten du denn habest, das große Arkanum zu erlangen. Überdies wird er dich mit Zweifeln quälen, ob dein Meister denn wohl selber im Besitz des Geheimnisses sei, das er an dich weiterzugeben versichert, oder ob er nicht den besten Teil dessen, was er weiß, vor dir verbirgt. ... Der dritte Feind, vor dem du auf der Hut sein mußt, ist der Trug, und er ist womöglich noch gefährlicher als die andern zwei. Die Diener, die du anstellen mußt, daß sie deine Öfen beschicken, sind häufig äußerst unzuverlässig. Manche sind nachlässig und legen sich schlafen, wenn sie das Feuer hüten sollten, andere sind lasterhaft und schädigen dich, wo sie nur können, andere wiederum sind entweder dumm oder dünkelhaft und allzu selbstsicher und gehorchen den Anweisungen nicht..., oder sie sind betrunken, schlampig und fahrig. Hüte dich vor diesen allen, wenn du vor einem großen Verlust verschont bleiben willst.[8]

Ein hervorstechender Zug des *opus* ist, daß es als ein heiliges Werk begriffen wird, zu dem es einer religiösen Einstellung bedarf.

... dieses Arkanum sollte nicht allein als eine wahrhaft große, sondern als eine höchst heilige Kunst betrachtet werden. ... Wenn daher einer dieses große und unaussprechliche Mysterium erreichen will, muß er daran denken, daß es nicht allein durch Menschenkraft gewonnen wird, sondern durch die Gnade Gottes, und daß es uns nicht durch unser Wollen oder Begehren, sondern allein durch die Barmherzigkeit des Allerhöchsten zuteil werden kann. Aus diesem Grund mußt du zu allererst dein Herz reinigen, es zu Ihm allein erheben und von Ihm in rechtem Ernst und mit zuversichtlichem Gebet diese Gabe erbitten. Er allein kann sie dir geben und zuteil werden lassen.[9]

Denn sein Verfahren ist wunderbarer, als daß es durch Vernunft erfaßt werden könnte, es sei denn durch göttliche Offenbarung.[10]

Wehe euch, fürchtet ihr nicht, daß euch Gott diese Kunst wegnimmt, wenn ihr neidisch auf eure Brüder seid?[11]

Darumb ist unsere Kunst in der *Theoria* und *Practica* eine lautere Gabe Gottes, welcher sie gibt, wann und weme er wil, und ligt nicht an jemands wollen oder läuffen.[12]

Stellen wie diese machen deutlich, daß es einer sorgfältigen Beachtung der transpersonalen Ebene der Psyche bedarf. Dies bedeutet, daß man auf das Selbst anstatt auf das Ich ausgerichtet sein muß. Es besteht hier ein Paradox – wie so oft in der Alchemie und der Psychotherapie. Ein Bewußtsein des Selbst und die religiöse Einstellung, die ein solches Bewußtsein mit sich bringt, sind die Ziele der Psychotherapie und keine Forderungen, die am Anfang gestellt werden. Jedoch wenigstens das Potential dazu muß von Anfang an vorhanden sein. Wie ein Alchemist sagt, man muß mit einem Stückchen vom Stein der Weisen anfangen, wenn man ihn jemals finden will. Indem der Prozeß sich vertieft, erkennt man zusehends, daß Einsichten eine Sache der Gnade sind und daß eine Entwicklung nicht durch den Willen des Ich eintritt, sondern durch den vom Selbst ausgehenden Drang zur Individuation (siehe Abb. 2).

Ein weiterer Aspekt des *opus* ist der, daß es ein äußerst individuelles Werk ist. Alchemisten waren ganz entschieden Einzelgänger. Sie hatten vielleicht noch einen Helfer, aber nicht mehr. Dies weist auf die mit der Individuation verbundene Einsamkeit hin. In ihren tiefsten Aspekten wird sie allein erlebt. Das *opus* kann nicht von einer Kommission vollbracht werden. Es erzeugt somit eine gewisse unvermeidliche Entfremdung von der Welt, wenigstens für eine bestimmte Zeit. »Doch wenn Gott einem, der (die Kunst) versteht, seine Gnade gewährt, ... wird dies in den Augen der Welt unbegreiflich erscheinen, und die dieses Mysterium besitzen, werden von den Menschen verachtet und geringschätzig behandelt.«[13]

Dies entspricht dem Werk der Psychotherapie, das von außen unmöglich zu verstehen ist. Es wird vom kollektiven, konventionellen Standpunkt aus verachtet und verspottet – entweder von einem anderen Menschen oder vom eigenen Schatten. Parallel zu diesem Text stehen die Worte Jesu: »Wäret ihr von der Welt, so hätte die Welt das Ihre lieb. Weil ihr aber nicht von der Welt seid, sondern ich euch aus der Welt erwählt habe, darum hasset euch die Welt« (Joh 15,19 LB).[14]

Ein anderes Merkmal des *opus* betrifft seine geheime Natur. Die Alchemisten sahen sich selbst als Hüter eines Geheimnisses, das den Unwürdigen nicht preisgegeben werden durfte.

Daher sollt ihr Leben, Charakter und geistige Eignung eines jeden, der in diese Kunst eingeweiht werden soll, sorgfältig erproben und untersuchen, und dann sollt ihr ihn durch einen heiligen Eid binden, daß er unser Magisterium nicht landauf, landab bekannt mache. Erst wenn er alt und gebrechlich zu werden beginnt, darf er es *einem* Menschen enthüllen, aber keinem sonst – und dieser eine muß rechtschaffen und von seinesgleichen allgemein anerkannt sein. Denn dieses Magisterium muß immer eine geheime Wissenschaft bleiben, und der Grund, der uns zwingt, vorsichtig

Abbildung 2: Der von Gott geleitete Alchemist (Barchusen: *Elementa Chemiae*, 1718. Paris, Bibliothèque Nationale).

zu sein, liegt auf der Hand. Wenn ein sündhafter Mensch die Ausübung dieser Kunst erlernt, wäre dieses Geschehen für die Christenheit sehr gefahrvoll. Denn ein solcher würde alle Grenzen der Mäßigkeit überschreiten und würde die rechtmäßigen Fürsten, die über die Völker der Christenheit herrschen, von ihren angestammten Thronen stoßen. Und die Strafe für diese Ruchlosigkeit käme über den, der diesen Unwürdigen in unserer Kunst unterwiesen hatte. Um also einen solchen Ausbruch anmaßenden Stolzes zu vermeiden, sollte der, so der Kenntnis dieser Kunst teilhaftig ist, peinlich darauf achten, wie er sie an einen andern weitergibt, und sollte sie als das besondere Vorrecht jener betrachten, die sich durch ihre Tugend hervortun.[15]

Wie die eleusinischen Mysterien durfte das alchemistische Geheimnis keinesfalls an die Öffentlichkeit gelangen. Psychologisch verstanden, ist die Sache etwas heikler. Ein Geheimnis, das mitgeteilt werden kann, ist kein Geheimnis. In gewissem Sinne ist das Geheimnis der Psyche sicher, weil es denen, die es noch nicht selbst erlebt

haben, auch nicht mitgeteilt werden kann. Der in dem Text angesprochene Mißbrauch des Geheimnisses läßt an eine Inflation denken, die auf die Identifikation des Ich mit einem archetypischen Bild folgt. Wenn die transpersonalen Energien nicht als geheim und heilig erkannt werden, werden sie in die Bahnen persönlicher Ziele gelenkt und zeitigen destruktive Wirkungen. Der Mißbrauch des alchemistischen Mysteriums entspricht dem Mißbrauch des eucharistischen Mysteriums, von dem der Apostel Paulus sagt: »Wer also unwürdig von dem Brot ißt und aus dem Kelch des Herrn trinkt, macht sich schuldig am Leib und am Blut des Herrn. Jeder soll sich selbst prüfen; erst dann soll er von dem Brot essen und aus dem Kelch trinken. Denn wer davon ißt und trinkt, ohne zu bedenken, daß es der Leib des Herrn ist, der zieht sich das Gericht zu, indem er ißt und trinkt« (1 Kor 11,27-29 EÜ).
Das alchemistische *opus* wurde als ein Prozeß betrachtet, den die Natur begonnen hatte, der aber zu seiner Vollendung der bewußten Kunst und Mühe eines Menschen bedurfte.

Dieser Zustand kann durch das bloße Fortschreiten der Natur nicht vollendet werden; denn Gold hat nicht den Hang, sich selbst so weit voranzubringen, sondern zieht es vielmehr vor, in seinem allzeit bleibenden Körper zu verweilen.[16]

Die Natur dient der Kunst mit Materie, und die Kunst dient der Natur mit geeigneten Instrumenten und Methoden, die dazu taugen, daß die Natur solche neuen Formen hervorbringen kann; und wiewohl der vorgenannte Stein nur durch die Kunst in seine rechte Form gebracht werden kann, ist die Form doch von der Natur.[17]

Dies ist ein tiefgründiger Gedanke. In einem Sinne ist das *opus* gegen die Natur gerichtet, aber in einem anderen Sinne hilft der Alchemist ihr das tun, was sie auf sich allein gestellt nicht tun kann. Dies bezieht sich sicherlich auf die Entwicklung des Bewußtseins. Obwohl der Drang zur Bewußtwerdung in der Natur angelegt ist – in der unbewußten Psyche –, bedarf es eines Ich, um diesen natürlichen Drang voll zu realisieren. Es ist erforderlich, daß das Individuum willentlich an der Aufgabe der Bewußtwerdung mitwirkt.

Die weitestgehenden Aussagen über das alchemistische *opus* fallen in Texten, in denen es mit der Erschaffung der Welt gleichgesetzt wird. Zosimos sagt: »Das Symbol der Chemie ist auf die Erschaffung der Welt gegründet.«[18] In der *Tabula Smaragdina* heißt es zum Abschluß ihres alchymischen Rezepts: »So ward die Welt erschaffen.«[19] Nachdem beschrieben wurde, wie ein besonderes Wasser zubereitet wird, fährt ein anderer Text folgendermaßen fort:

Wann das geschehen, so nimb einen Tropffen von dem gesegneten rohten Wein, und laß ihn unten in das Wasser fallen, so wirstu alsofort einen Nebel und dicke Finsterniß oben auf dem Wasser sehen, wie solches in der ersten Schöpfung auch gewesen. Alsdann thue zwey Tropffen hinein, so wirstu sehen das Licht auß der Finsterniß herfür kommen, hierauf thue nach und nach alle halbe viertel Stunde den 3. dann den 4. dann den 5. dann den 6. Tropffen, und dann nicht mehr, so wirstu für deinen Augen oben auf dem Wasser sehen, nach und nach ein Ding nach dem andern, wie Gott alle Dinge in den sechs Tagen erschaffen, und wie solches zugegangen, und solche Geheimnuß, die nicht auszusprechen sind, auch ich nicht Macht habe zu offenbaren. Falle auf deine Knie, ehe du diese Operation vornimbst. Laß deine Augen darvon urtheilen; denn also ist die Welt erschaffen.[20]

Psychologisch verstanden, setzen diese Texte das Individuum mit der Welt gleich, das heißt, sie erklären die Individuation zu einem weltschöpferischen Prozeß. Schopenhauer beginnt sein großes Werk *Die Welt als Wille und Vorstellung* mit dem unerhörten Satz: »Die Welt ist meine Vorstellung«. Desgleichen spricht Jung von der »weltschöpferischen Bedeutung« des Bewußtseins.[21] Eine solche Vorstellung kommt einer solipsistischen, ichbezogenen Inflation gefährlich nahe, ja es ist ein häufiger Inhalt von Psychosen, zu meinen, man sei die ganze Welt oder das Zentrum des Universums. Dennoch ist es eine archetypische Vorstellung, die das Individuum braucht, um nicht von kollektiven, statistischen Normen verschlungen zu werden. Kollektives Denken zeigt sich an der Besorgtheit darüber, ob man normal ist oder nicht. In dem Maße, wie man eine eigenständige, einzigartige Seinswelt ist, kann es keine Normen geben, denn eine Norm ist ein Durchschnitt von vielen. Die individuelle Psyche ist eine ganze Welt in sich und muß es sein, um über

der und gegen die Außenwelt stehen und ihre Aufgabe, ein Bewußtseinsträger zu sein, erfüllen zu können. Sollen die Waagschalen im Gleichgewicht sein, muß das Individuum genauso schwer sein wie die Welt.
Diese Erkenntnis, daß das Individuum eine ganze Welt ist, überkommt mich oft mit beträchtlicher Wucht, wenn ich mit Patienten arbeite. Sie ist ein wertvolles Gegengewicht zu Zweifeln am Wert der eigenen Bemühungen mit einer bloßen Handvoll von Einzelnen gegenüber der Weltbevölkerung von mehreren Milliarden.
Obwohl alchemistische Schriften vielschichtig, wirr und sogar chaotisch sind, ist das Grundschema des *opus* ganz einfach: Es geht darum, eine transzendente, wunderbare Substanz zu erschaffen, die abwechselnd als Stein der Weisen, Elixier des Lebens oder Allheilmittel symbolisiert wird. Die Prozedur verlangt, daß man zuerst das geeignete Material findet, die sogenannte *prima materia*, und diese dann einer Reihe von Operationen unterzieht, welche sie in den Stein der Weisen verwandeln.

Die *prima materia*

Der Ausdruck »*prima materia*« hat eine lange Geschichte, die bis auf die vorsokratischen Philosophen zurückgeht. Diese frühen Denker standen im Bann einer apriorischen Idee – d.h. eines archetypischen Bildes, wonach die Welt einer einzigen Urmasse entstammt, der sogenannten ersten Materie. In der Bestimmung dieses Urstoffes wichen sie voneinander ab, aber über seine Existenz waren sie sich einig. Thales nannte den Urstoff »Wasser«, Anaximander nannte ihn »das Grenzenlose« (*apeiron*), Anaximenes nannte ihn »Luft«, und Heraklit nannte ihn »Feuer«.
Diese Vorstellung einer einzigen ursprünglichen Substanz hat keine empirische Stütze in der Außenwelt. Äußerlich ist die Welt offensichtlich eine Vielfalt. Die Vorstellung muß somit die Projektion eines psychischen Tatbestandes sein. In der philosophischen Phantasie stellte man sich dann vor, daß der Urstoff einen Differenzierungsprozeß durchmachte, so daß er in die vier Elemente Erde, Luft,

Feuer und Wasser getrennt wurde. Man nahm an, daß diese vier Elemente sich darauf in unterschiedlichen Verhältnissen verbanden und so alle physischen Objekte der Welt bildeten. Der *prima materia* wurde gewissermaßen eine vierfältige Struktur auferlegt, ein Kreuz, das die vier Elemente darstellte – zwei Gegensatzpaare, Erde und Luft, Feuer und Wasser. Psychologisch entspricht dieses Bild der Erschaffung des Ich aus dem undifferenzierten Unbewußten durch den Unterscheidungsprozeß der vier Funktionen: Denken, Fühlen, Empfindung und Intuition.

Aristoteles arbeitete die Vorstellung der *prima materia* im Zusammenhang mit seiner Unterscheidung zwischen Stoff und Form weiter aus. Ihm zufolge ist die Urmaterie, bevor sie mit der Form vermählt oder ihr die Form aufgenötigt worden ist, reine Möglichkeit – noch unverwirklicht, weil das Wirkliche solange nicht existiert, wie es nicht eine bestimmte Form angenommen hat. Wie es ein Kommentator des Aristoteles ausdrückt: »*Erste Materie* ist der Name jener gänzlich unbestimmten Wandlungskraft.«[22]

Die Alchemisten übernahmen die Vorstellung der *prima materia* von der antiken Philosophie und wandten sie auf ihre Versuche zur Umwandlung der Materie an. Sie meinten, um eine bestimmte Substanz umzuwandeln, müsse diese zuerst in ihren ursprünglichen, undifferenzierten Zustand zurückgeführt bzw. zurückverwandelt werden. »Körper können nicht anders verwandelt werden als durch Rückführung auf ihre erste Materie.«[23] Und abermals: »Die Arten oder Formen der Metalle können nicht in Gold und Silber verwandelt werden, bevor sie zuerst in ihren Urstoff zurückgeführt wurden.«[24] Diese Prozedur entspricht genau dem, was in der Psychotherapie stattfindet. Die festen, beständigen Aspekte der Persönlichkeit, die starr und statisch sind, werden als Teil des Prozesses der psychischen Wandlung in ihre ursprüngliche, undifferenzierte Beschaffenheit zurückgeführt. Die Rückkehr zur *prima materia* wird in folgendem Traum veranschaulicht:

Ich bin wieder auf einer Entbindungsstation. Ich bin wieder ein Kind geworden, und ich bin auf der Station, um mein Leben von vorn zu beginnen.

Der Träumer hatte kurz zuvor einen Selbstmordversuch unternommen, und dieser Traum zeigt die symbolische Bedeutung dieser Handlung an. Das Kind ist die *prima materia* des Erwachsenen. Der Drang dieses Patienten zur Wandlung bewirkt seine Rückkehr in den ursprünglichen Zustand. Mit Aristoteles gesprochen, die Form, die die gegenwärtige Persönlichkeit verwirklicht, wird aufgelöst und in die erste Materie, den formlosen Zustand reiner Möglichkeit zurückgeführt, damit eine neue Form oder Wirklichkeit entstehen kann. Diesen Gedanken bringt der folgende Traum zum Ausdruck:

Ich habe mit einem Säugling zu tun. Immer wenn man etwas nicht verstehen kann – blockiert ist –, muß man sich diesem Kind zuwenden. Sobald es einem an Verständnis fehlt, leuchtet dieser Säugling in einem matten Rot. Dieses matt rote Leuchten vermittelt Unschuld – das ist der Stoff des Säuglings –, und diese Unschuld macht einen frei, das Problem gemäß der eigenen individuellen Wirklichkeit anzugehen.

Unschuld entspricht dem undifferenzierten Zustand der *prima materia*. Der Traum erinnert an das Jesus-Wort: »Wahrlich, ich sage euch: Wenn ihr nicht umkehret und werdet wie die Kinder, so werdet ihr nicht ins Himmelreich kommen« (Mt 18,3 LB). Wie die Kinder werden heißt, zu dem ursprünglichen, undifferenzierten Zustand der *prima materia* zurückfinden, der eine Vorbedingung der Wandlung ist. Feste, ausgeprägte Aspekte der Persönlichkeit lassen keine Veränderung zu. Sie sind unerschütterlich, eingefleischt, und man ist von ihrer Richtigkeit überzeugt. Nur die unbestimmte, frische und vitale, aber verletzliche und unsichere ursprüngliche Verfassung, die das Kind symbolisiert, ist für eine Entwicklung offen und somit lebendig. Wir halten das Bild eines Kindes in Träumen für eines der Symbole des Selbst, aber es kann auch die *prima materia* symbolisieren.
Oft sprechen die Texte eher davon, die *prima materia* zu *finden*, als sie herzustellen. Ihre Beschreibungen sind zahllos. Hier ein paar typische Beispiele:

Solche [die *Materia*] ist jederman für Augen, die gantze Welt besiehets, begreiffts, liebts, und kennets doch nicht. Es ist ein Edel unnd schlecht, thewer und wolfeil, kostbar und gering, und wird an allen Enden gefunden.

... In *Summa* diese *Materia* hat so viel Namen, als dinge in der Welt seind. Dannenhero es auch kombt, das sie von den unwissenden so wenig verstanden wird.[25]

Die *Materiam* belangende, ist solche eine einige, welche in sich hat alles, was ihr von nöthen... Eben mäßigen spruch führet *Arnoldus de Villa noua*, in seinem Büchlein *Flos florum* genennet: unser Stein wird auß einem dinge, und mit einem dinge gemacht. Ebenmäßig sagt er zu dem Könige von *Neapolis*: Alles was in unserm Steine ist, ist jhme von nöthen, unnd er bedarff keines andern, sintemal der Stein einer Natur und ein Ding ist. Und *Rosinus* spricht: Versichere dich, das nur ein ding sey, darauß alles gemacht wird, was du begehrest.[26]

Die Substanz, die wir als erste zur Hand nehmen, ist Erz. ... Es ist von großem inneren Wert, wenngleich schäbig anzuschauen. Es ist des Saturn Kind, brauchst du mehr; fasse es recht, denn es ist unser erster Zugang. Es ist von düsterer Farbe, sein Körper mit silbernen Adern durchsetzt. ... Es ist von giftiger Natur.[27]

Es gebe in der Chemie einen gewissen edeln Körper (lapis), bei dessen Anfang das Elend mit Essig, am Ende aber Ergötzen mit Fröhlichkeit herrsche.[28]

Das Problem, die *prima materia* zu finden, entspricht dem Problem, das zu finden, was es in der Psychotherapie zu bearbeiten gilt. Die Texte geben uns einige Hinweise.
1. Sie ist allgegenwärtig, überall zu finden, vor den Augen aller. Das heißt, daß das psychotherapeutische Material ebenfalls überall ist, in allen gewöhnlichen, alltäglichen Begebenheiten des Lebens. Stimmungen und beiläufige persönliche Reaktionen aller Art eignen sich durchaus als Stoff, der vom therapeutischen Prozeß bearbeitet werden kann.
2. Obwohl von großem inneren Wert, ist die *prima materia* in ihrer äußeren Erscheinung schäbig und wird daher verachtet, abgelehnt und auf den Misthaufen geworfen. Die *prima materia* wird behandelt wie der leidende Gottesknecht in Jesaja. Psychologisch bedeutet das, daß die *prima materia* im Schatten zu finden ist, jenem Teil der Persönlichkeit, der einem als der verächtlichste gilt. Gerade unsere schmerzlichsten und erniedrigendsten Seiten sind es, die ans Licht gebracht und bearbeitet werden müssen.

3. Sie erscheint als Vielheit – »hat so viel Namen, als dinge in der Welt seind« –, ist aber zugleich eins. Dieser Zug entspricht dem Umstand, daß die Psychotherapie einem am Anfang seinen zersplitterten, zerrissenen Zustand vor Augen führt. Ganz allmählich werden diese sich bekämpfenden Fragmente als differierende Aspekte einer ihnen zugrunde liegenden Einheit entdeckt. Es ist, als sehe man, wie die Finger einer Hand einen Tisch zunächst nur in zwei Dimensionen berühren, als getrennte, unverbundene Finger. Bei dreidimensionaler Sicht werden die Finger als Teil einer größeren Einheit erkannt, der Hand.

4. Die *prima materia* ist undifferenziert, ohne klare Grenze, Kontur oder Form. Dies entspricht einer bestimmten Erfahrung des Unbewußten, in der das Ich dem Unendlichen ausgesetzt ist, dem *apeiron*. Sie kann die Todesangst vor der eigenen Auflösung oder die Ehrfurcht vor der Ewigkeit wecken. Sie gewährt eine Ahnung des Pleroma, des *increatum*, des Chaos vor dem Wirken des weltschöpferischen Logos. Es ist die Angst vor dem Grenzenlosen, aus der heraus man sich oft in die Grenzen des Ich schickt, die einem lieber sind als das Risiko, durch den Versuch ihrer Ausdehnung in das Unendliche zu stürzen (siehe Abb. 3 und 4).

Die Operationen

So wie wir die Alchemie in den ursprünglichen Schriften vorfinden, ist sie sehr schwer zu verstehen. Wir begegnen einer wilden, wuchernden, verworrenen Masse sich überschneidender Bilder, die den ordnungssuchenden bewußten Geist schier verrückt macht. Meine Methode, das Chaos der Alchemie zu ordnen, besteht in der Konzentration auf die wesentlichen alchymischen Operationen. Nachdem man die *prima materia* gefunden hat, muß sie zum Zweck ihrer Umwandlung in den Stein der Weisen einer Reihe von chemischen Prozeduren unterworfen werden. Praktisch kann die gesamte alchemistische Bilderwelt um diese Operationen herum geordnet werden, und nicht nur die alchemistische Bilderwelt. Auch viele Bilder aus Mythos, Religion und Volksglaube versammeln sich um

Abbildung 3: Die *prima materia* als Chaos (Marolles: *Tableaux du temple des muses*, 1655. London, British Museum).

Abbildung 4: Cerberus als verschlingender und verstrickender Aspekt der *prima materia* (15. Jahrhundert. Biblioteca Apostolica Vaticana, Cod. Pal. lat. 1066, fol. 239).

diese symbolischen Operationen, denn sie kommen alle aus derselben Quelle – der archetypischen Psyche.

Die Zahl der alchymischen Operationen ist nicht genau festgelegt, und viele Bilder überschneiden sich. Für meine Zwecke habe ich sieben Operationen als die wesentlichen gewählt, aus denen die alchymische Wandlung besteht. Es sind *calcinatio, solutio, coagulatio, sublimatio, mortificatio, separatio* und *coniunctio*. (Ich gebrauche die lateinischen Ausdrücke, anstatt von Kalzination, Lösung usw. zu sprechen, um die psychologischen Prozesse von den chemischen Verfahren abzuheben.) Jede dieser Operationen erweist sich als Zentrum eines weitgespannten Symbolsystems. Diese zentralen Symbole der Wandlung bilden den wesentlichen Inhalt sämtlicher Kulturprodukte. Sie liefern grundlegende Kategorien, mit denen sich das Leben der Psyche verstehen läßt, und sie veranschaulichen fast das ganze Spektrum der Erfahrungen, die die Individuation ausmachen.

In den folgenden Kapiteln werde ich der Reihe nach auf jede dieser Operationen eingehen. Jedem werde ich ein Schaubild der hauptsächlichen symbolischen Verbindungen beigeben, die sich um die Kernmetapher ranken. Die Schaubilder sind ein wichtiger Teil meiner Methode, weil ich den Strukturcharakter jedes Symbolsystems hervorheben möchte. Obwohl ich mich um Klarheit und Deutlichkeit bemühen werde, verlangt es die Natur der Sache, daß vieles auf der Ebene des Bildlichen und Symbolischen bleibt. Zur Rechtfertigung mögen mir diese Bemerkungen von Jung dienen:

Man darf daher ... den Alchemisten um ihrer Geheimsprache willen nicht allzu gram sein: tiefere Einsicht in die Problematik seelischen Werdens belehrt uns bald, wieviel besser es ist, das Urteil zu reservieren, anstatt vorschnell urbi et orbi zu verkünden, was was ist. Man hat zwar einen begreiflichen Wunsch nach unzweideutiger Klarheit; dabei vergißt man aber, daß seelische Dinge Erlebnisvorgänge, das heißt Wandlungen sind, welche niemals eindeutig bezeichnet werden dürfen, will man nicht das lebendig Bewegte in ein Statisches verwandeln. Das unbestimmtbestimmte Mythologem und das schillernde Symbol drücken den seelischen Prozeß treffender, vollkommener und damit unendlich viel klarer aus als der klarste Begriff; denn das Symbol vermittelt nicht nur eine Anschauung des Vorganges, sondern auch – was vielleicht ebenso wichtig ist – ein Mit- oder Nacherleben des Vorganges, dessen Zwielicht nur durch ein inoffensives Mitfühlen und niemals durch den groben Zugriff der Deutlichkeit verstanden werden kann.[29]

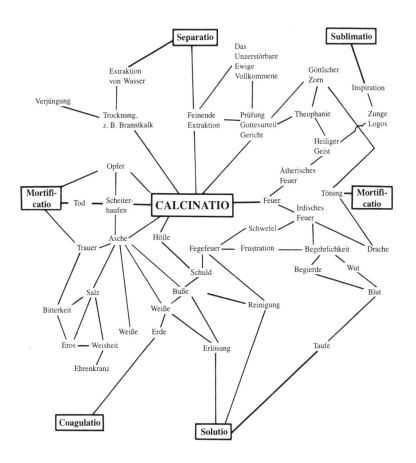

1 Calcinatio

Die meisten Auflistungen alchemistischer Operationen beginnen mit der *calcinatio*. Einige Autoren meinen, die *solutio* komme zuerst. Jedoch scheint die Reihenfolge der Operationen (mit ein oder zwei Ausnahmen) psychologisch nicht von Bedeutung zu sein. Man kann mit jeder Operation anfangen und darauf die anderen in beliebiger Ordnung folgen lassen.

Wie die meisten alchemistischen Bilder entstammt die *calcinatio* zum Teil einem chemischen Verfahren. Der chemische Vorgang der Kalzination erfordert die starke Erhitzung eines festen Stoffes, um das Wasser und alle anderen verdampfenden Bestandteile auszutreiben. Zurück bleibt ein feines, trockenes Pulver. Das klassische Beispiel für die Kalzination, von der es auch seinen Namen (*calx* = Kalk) hat, ist die Erhitzung von Kalkstein ($CaCO_3$) oder Löschkalk ($Ca(OH)_2$) zur Erzeugung von Branntkalk (CaO, *calx viva*). Branntkalk hat die interessante Eigenschaft, bei Hinzugabe von Wasser Wärme zu erzeugen. Die Alchemisten meinten, er enthielte Feuer, und setzten ihn manchmal mit dem Feuer selbst gleich.[1]

Das Wunder des Branntkalks wird für einen der Chemie Unkundigen von Augustinus lebendig beschrieben:

Betrachten wir auch das Wunder des Kalksteins. Abgesehen davon, daß er ... im Feuer, das doch andere Dinge schwarz macht, weiß wird, nimmt er obendrein höchst geheimnisvoll vom Feuer Feuer an und bewahrt es als kalt anzufühlende Scholle so tief verborgen, daß es keinem unserer Sinne wahrnehmbar wird, bis man, durch Erfahrung belehrt, erkennt, daß es, obschon man nichts davon merkt, in ihm schlummert. Deshalb nennen wir diesen Kalk lebendig [*calx viva*, Branntkalk], wie wenn das verborgene Feuer die unsichtbare Seele des sichtbaren Körpers wäre. Und wie wunderbar vollends ist es, daß er sich entzündet, wenn man ihn löscht! Um ihm nämlich das heimliche Feuer auszutreiben, wird er in Wasser geworfen oder Wasser darübergegossen, und während er vorher kalt war, wird er nun heiß durch das, was sonst alles Heiße kalt macht. Während also jene Kalkscholle gleichsam hinstirbt, tritt das entweichende, vorher verborgene Feuer zutage; sodann aber ist sie so kalt und sozusagen tot, daß sie bei weiterem Aufguß von Wasser sich nicht wieder erhitzt, worauf wir den Kalk, den wir früher lebendig nannten, gelöscht nennen.[2]

Jedes der vier Elemente hat seine eigene Operation. Die *calcinatio* ist die Operation des Feuers (die anderen sind: *solutio*, Wasser; *coagulatio*, Erde; *sublimatio*, Luft). Von daher wird jedes Bild, in dem ein offenes Feuer irgendwelche Substanzen verbrennt oder sonstwie beeinflußt, auf die *calcinatio* bezogen. Dies eröffnet das ganze reiche und komplizierte Thema der Feuersymbolik. Jung hat gezeigt, daß Feuer die Libido symbolisiert.[3] Das ist sehr allgemein ausgedrückt. Um die tieferen Bedeutungen des Feuers und seine Wirkungen genau zu bestimmen, müssen wir die Phänomenologie des Bildes in seinen mannigfachen Verzweigungen untersuchen.

In den *Zwölff Schlüsseln* des Basilius Valentinus finden wir das folgende Rezept für die *calcinatio*: »So nimm den geitzigen grauen Wolff / ... so in den Thälern und Bergen der Welt gefunden wird / und mit grossem Hunger besessen / und wirff ihm vor den Leib des Königes / daß er daran seine Zehrung haben möge: Und wenn er den König verschlungen / so mache ein groß Feuer / und wirff den Wolff darein / daß er gantz und gar verbrenne / so wird der König wieder erlöset werden: Wenn das dreymahl geschiehet / so hat der Löwe den Wolff überwunden / und wird nichts mehr an ihm zu verzehren finden / so ist dann unser Leib vollkommen zum Anfang unsers Wercks.«[4] (Siehe Abb. 5)

Read hat diese Stelle chemisch gedeutet. Er identifiziert den Wolf mit Antimon, denn man nannte es den »›Wolf der Metalle‹, weil es alle bekannten Metalle außer Gold ›fraß‹ bzw. sich mit ihnen verband. Aufgrund seiner Verwendung bei der Läuterung von geschmolzenem Gold – die Unreinheiten werden in Schaumform abgestoßen – nannte man Antimon auch *balneum regis*, das ›Bad des Königs‹.«[5] Somit würde sich die Stelle auf die Läuterung von Gold durch dreimaliges Schmelzen mit Antimon beziehen. Diese Interpretation mag vom strikt chemischen Standpunkt aus richtig

Abbildung 5: *Calcinatio* des Königs. Der Wolf als *prima materia* frißt den toten König (Maier: *Atalanta Fugiens*, 1618).

sein. Sie berücksichtigt jedoch nicht den Sinn der Phantasiebilder, die in den chemischen Vorgang projiziert werden. Diese stellen die psychische Komponente der Alchemie dar, der das Hauptinteresse des Psychotherapeuten gilt.

Der Text spricht vom »Leib des Königes«. Der König ist vermutlich bereits tot, nachdem er im Prozeß der *mortificatio* umgebracht wurde. Der Tod eines Königs ist eine Zeit der Krise und des Übergangs. Königsmord ist das schwerste aller Verbrechen. Psychologisch würde er den Tod des herrschenden Bewußtseinsprinzips bedeuten, der höchsten Autorität in der hierarchischen Struktur des Ich. Der Tod des Königs wäre demnach begleitet von einer regressiven Auflösung der bewußten Persönlichkeit. Auf einen solchen Verlauf weist die Tatsache hin, daß der Körper des Königs einem ausgehungerten Wolf zum Fraß vorgeworfen wird; das heißt, das

Ich ist von hungriger Begehrlichkeit aufgefressen worden. Der Wolf wiederum wird ein Fraß der Flammen. Aber Wolf = Begierde und Begierde = Feuer. Somit verzehrt die Begehrlichkeit sich selbst. Nach einem Abstieg in die Hölle wird das Ich (der König) phönixhaft in einem geläuterten Zustand wiedergeboren.

Wie in den Märchen zeigt die dreifache Wiederholung die Vollendung eines zeitlichen Vorgangs an.[6] Die Aussage, nach dreimaligem Vollzug »hat der Löwe den Wolff überwunden«, setzt den Löwen mit dem Feuer gleich, das den Wolf verzehrt. Der Löwe ist die »untere Sonne«,[7] eine theriomorphe Darstellung des männlichen Prinzips. Es gibt alchemistische Abbildungen, auf denen ein Löwe die Sonne frißt. Da Sonne, König und Gold Äquivalente sind, würde dies den Abstieg des Bewußtseins in das Tierreich bedeuten, wo es die feurigen Triebenergien aushalten muß. In der chemischen Bildersprache ist es die Läuterung oder Feinung des Goldes.

Unser Text unterscheidet anscheinend drei Seinsebenen. Von unten nach oben sind es die Ebene des Wolfes, die Ebene des Feuers oder des Löwen und die Ebene des Königs. Wenn wir den Wolf mit naturhafter Begehrlichkeit, den Löwen mit dem egozentrischen Machttrieb und den König mit dem unterscheidenden, objektiven Bewußtsein gleichsetzen, haben wir eine sehr genaue Parallele zu den Wandlungsstufen der Triebe, wie Esther Harding sie postuliert hat – nämlich *autos*, Ego und Selbst.[8] Obwohl Harding diese Begriffe zur Bezeichnung von Bewußtseinszentren gebraucht, die im Laufe der psychischen Entwicklung aufeinanderfolgen, lassen sie sich auch als verbliebene Strukturschichten der erwachsenen Psyche begreifen, die reaktiviert werden können. Daß der König dem Wolf zum Fraß vorgeworfen, der Wolf vom Feuer (Löwen) verzehrt und der König aus dem Feuer wiedergeboren wird, würde dann die Regression des Ich auf die ursprüngliche *autos*-Stufe autoerotischer Begehrlichkeit bedeuten. Auf diese folgt die Ego-Stufe persönlicher Macht und zuletzt die Rückkehr eines verfeinerten oder gesteigerten objektiven Bewußtseins.

Einen zu unserem Text weitgehend parallelen Traum hatte ein Mann mittleren Alters, der mit einer schweren Krankheit zu tun hatte:

Pfarrer X. war gestorben (ein bekannter Geistlicher, dem der Patient sehr zugetan war). Sein Körper sollte eingeäschert werden, und die Frage kam auf, wer wohl das Gold bekäme, das nach der Verbrennung seines Körpers übrigbliebe. Ich sah das flüssige Gold, farblich sehr dunkel, in irgendeinem dunklen Stoff, vielleicht Asche, die schwarz war. ... Mein erster Gedanke zu dem Gold war negativ, ein Gefühl der Abneigung, dann kam ich darauf, daß er etwas ganz Besonderes gewesen sein mußte und daß das Gold gewissermaßen seine Essenz war bzw. das, was er an Wertvollem zurückließ.

Dieser Traum verbindet mehrere alchemistische Motive: die *calcinatio* als Einäscherung; den Tod und die Schwärze der *mortificatio*; die Extraktion der Essenz, die *separatio*; und das Goldmachen, das Ziel des *opus*. Sowohl im Text als auch im Traum ist der tote König oder die Vaterfigur der Gegenstand der *calcinatio*.[9] Der Traum deutet darauf hin, daß ein beherrschender Wert im Leben, um den die Persönlichkeit strukturiert war, eine Neubewertung erfährt.

Das kalzinierende Feuer kann seinen Ursprung in der Sexualität haben. So hatte z.B. ein Mann mit einem zwanghaften Sexualtrieb diesen Traum:

Er sieht seine Mutter in einem Drahtkorb mit heißen Schiefersplittern bedeckt. Die Prozedur soll therapeutisch sein, aber es ist fraglich, ob sie nicht diabolisch wird, wenn die Schiefersplitter sich derart erhitzen, daß sie zur Qual ausartet.

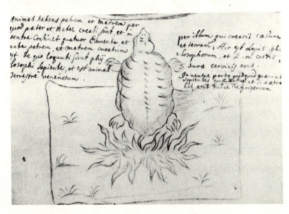

Abbildung 6: *Calcinatio* eines Erdtieres (Ms. Sloane I. 1316, 17. Jahrhundert. London, British Museum).

Abbildung 7: *Calcinatio* des verschlingenden Vaters (*Mutus Liber*, 1702).

Der Träumer wurde daran erinnert, daß er einmal Ratten gesehen hatte, die aus einem Korb voll brennendem Abfall flohen. In diesem Traum steht die Mutter für die *prima materia*, die eine *calcinatio* durchmachen muß. Mit anderen Worten, es ist der Erosbereich des weiblichen Prinzips, der der Reinigung bedarf (siehe Abb. 6 und 7).

In einem anderen Text wird die *calcinatio* folgendermaßen beschrieben: »Nimm dann alle Exkremente heraus, die in der Retorte bleiben und schwärzlich sind gleichwie Ruß, welche Exkremente man unsern Drachen heißt; von diesen Exkrementen kalziniere ... etwas in einem glühend heißen Feuer, ... bis es eine weiße calx wird, weiß wie Schnee.«[10] (Siehe Abb. 8) Hier wird der zu kalzinierende Stoff Drache genannt oder schwarze Exkremente – das heißt, er ist Schattenstoff. In einem anderen Text wird er der Äthiopier genannt: »Dann erscheint auf dem Grunde des Gefäßes der starke Äthiopier, verbrannt, kalziniert, entfärbt und gänzlich tot und leblos. Er bittet,

Abbildung 8: Das Feuer des Drachens wird zugleich angefacht und ausgelöscht (Trismosin: *Splendor Solis,* 1582).

begraben, mit seiner Feuchtigkeit begossen und langsam kalziniert zu werden, bis er aus dem starken Feuer in strahlender Gestalt hervorgeht. ... Siehe eine wunderbare Wiederherstellung oder Erneuerung des Äthiopiers!«[11]

Die drei zitierten Texte reichen aus, um die Natur der zu kalzinierenden Substanz deutlich zu machen. Sie wird abwechselnd als ausgehungerter Wolf, schwarze Exkremente, Drache oder starker Äthiopier bezeichnet. Diese Ausdrücke verraten uns, daß die *calcinatio* auf der primitiven Schattenseite durchgeführt wird, die hungrige, triebhafte Begehrlichkeit beherbergt und mit dem Unbewußten kontaminiert ist. Das Feuer für den Prozeß kommt aus der Frustration dieser triebhaften Begierden selbst. Eine solche Prüfung durch frustriertes Begehren ist ein charakteristischer Zug des Entwicklungsprozesses.

Ein Mann, der eine länger anhaltende Frustration erdulden mußte, hatte folgenden Traum:

Der Träumer befand sich in einer Art Hohlraum, vielleicht unter der Erde. Durch eine Tür kommen ungeheure weißglühende Kalksteinmassen, die an ihm vorbeirutschen oder sich wälzen. Überall ringsum sind Rauch und Feuer. Er sucht einen Ausgang, aber jedesmal, wenn er eine Tür aufmacht, schlagen ihm Rauchschwaden entgegen und treiben ihn zurück.

Beim Aufwachen waren seine ersten Assoziationen, daß dies die Hölle oder der Feuerofen des Nebukadnezar sein müßte. In diesem Traum ist der träge Kalkstein im Begriff, durch die *calcinatio* in lebendigen Branntkalk verwandelt zu werden. Die Assoziationen lassen ein biblisches Bild der *calcinatio* entstehen, Nebukadnezars Feuerofen, was psychologisch außerordentlich interessant ist. Nebukadnezar befahl, daß jeder niederfallen und sein goldenes Bild anbeten sollte. Schadrach, Meschach und Abed-Nego aber weigerten sich. In seiner rasenden Wut ließ Nebukadnezar sie in den Feuerofen werfen. Aber sie blieben unversehrt, und inmitten des Feuers erblickte man vier Männer; und der vierte sah aus, »als wäre er ein Sohn der Götter« (Dan 3,25 LB).

Der Bericht betont Nebukadnezars rasende Wut. Man kann seine Wut mit dem Feuerofen gleichsetzen. Er personifiziert das Motiv

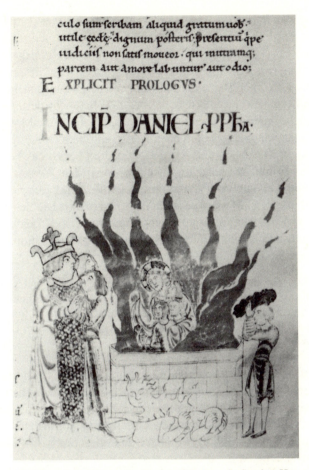

Abbildung 9: Der Feuerofen Daniels (Bibel von St. Stephen Harding, 12. Jahrhundert. Dijon, Bibliothèque Municipale, Ms. 14).

der Macht, die willkürliche Autorität des inflationierten Ich, das eine *calcinatio* durchmacht, wenn seine maßlosen Ansprüche durch die Gegenwart der transpersonalen Autorität (des Gottes von Schadrach, Meschach und Abed-Nego) frustriert werden. Nebukadnezar entspricht dem König in unserem alchemistischen Zitat, der dem Wolf zum Fraß vorgeworfen und dann kalziniert wird. Bemerkenswert ist weiter, daß die drei Männer im Feuerofen vier werden. Das ist eine deutliche Anspielung auf die Ganzheit des Selbst, die sich inmitten der Frustration der Machtansprüche des Ich durchsetzt. Nebukadnezars Feuerofen bringt eine archetypische Situation zum Ausdruck. In ihr befindet man sich immer dann, wenn man, innerlich oder äußerlich, eine willkürliche Autorität herausfordert. Ob man eine solche *calcinatio* übersteht, hängt davon ab, ob die Motive, aus denen man handelt, vom Ich oder Selbst kommen (siehe Abb. 9). Schadrach, Meschach und Abed-Nego waren gegen das Feuer gefeit. Das bringt uns auf ein typisches Motiv. Ein Wesenszug des Schamanismus und der Mythologie der frühen Metallurgie war es nach Eliade, ein »Meister des Feuers« zu werden.[12] Die Schamanen waren angeblich gefeit gegen Feuer. Sie konnten es schlucken oder ungestraft brennende Kohlen aufheben. In diesem Zusammenhang hatte eine Frau einen interessanten Traum:

Die Träumerin sah eine Frau, die sich mit einem Feuerball in den Händen über ein kesselartiges Faß beugte. Mit völliger Selbstverständlichkeit, und ohne ein Anzeichen von Schmerz oder Verletzung, hielt, formte und drückte sie den Feuerball, als ob sie ein Wäschestück wüsche. Die Träumerin schaute verwundert zu.

Zu dem Traum assoziierte die Träumerin eine alte Navajofrau, die sie einmal auf einem erhitzten Stein mit bloßen Händen hatte Brot backen sehen. Der Traum kam zu einer Zeit, als die Patientin sich anschickte, ein größeres kreatives Vorhaben in Angriff zu nehmen, und läßt erkennen, daß die kreativen Energien des Selbst aktiviert wurden[13] (siehe Abb. 10).

Das Bild der Unverwundbarkeit durch Feuer zeigt eine Gefeitheit gegen die Identifikation mit Affekten an. Eine Erfahrung der archetypischen Psyche bewirkt dies in einem solchen Maß, daß sie das Ichbewußtsein verbreitert und vertieft. Es besteht dann eine geringere Wahrscheinlichkeit der Identifikation mit den emotionalen Reaktionen von einem selbst oder von anderen. Im Gegensatz dazu ist ein schwaches Ich sehr anfällig dafür, von heftigen Affekten verzehrt zu werden. Dieses Phänomen wird in einem Gedicht von Dorsha Hayes beschrieben:

Abbildung 10: Der im Feuer lebende gestirnte Salamander. Der Merkurgeist der *prima materia* in Gestalt des Salamanders, der sich im Feuer ergötzt (Maier: *Atalanta Fugiens,* 1618).

Randvoll mit einem Haufen Allerlei
ist man im Nu entbrannt. Der ganze Wust,
den man sich angehäuft, geht eins zwei drei
in Flammen auf. Keinem ist recht bewußt,
wie leicht er brennt und dem, was ungehemmt
urplötzlich toben kann, erliegt, wenn er
den Unrat seines Lebens nicht erkennt
und die Gefahr nicht richtig schätzt, in der
er schwebt, und das, woran er sich entzündt.
Wer liederlich und zuchtlos lebt, der sucht
vor jedem hitzig aufbrausenden Wind
sein Heil in panischer, kopfloser Flucht.
    Sieht es so aus, als gäb ich mich profund?
    Ich steh auf Asche und verkohltem Grund![14]

Das Feuer der *calcinatio* ist ein reinigendes, weißendes Feuer. Es wirkt auf das Schwarze ein, die *nigredo*, und macht es weiß. Basilius Valentinus sagt: »Und wisse / daß dieses [die *calcinatio*] nur allein der rechte Weg ist hierzu tüchtig / unsere Cörper zu reinigen.«[15] Dies verbindet die *calcinatio* mit der Symbolik des Fegefeuers. Die Lehre vom Fegefeuer ist die auf das Leben nach dem Tode projizierte theologische Version der *calcinatio*. Die wesentliche Bibelstelle für diese Lehre sind die Ausführungen des Paulus in 1 Korinther 3,11-15 (LB):

Einen andern Grund kann niemand legen außer dem, der gelegt ist, welcher ist Jesus Christus. Wenn aber jemand auf diesen Grund baut Gold, Silber, edle Steine, Holz, Heu, Stroh, so wird eines jeglichen Werk offenbar werden; der Tag wird's klar machen. Denn mit Feuer wird er sich offenbaren; und welcherlei eines jeglichen Werk sei, wird das Feuer bewähren. Wird jemandes Werk bleiben, das er darauf gebaut hat, so wird er Lohn empfangen. Wird aber jemandes Werk verbrennen, so wird er Schaden leiden; er selbst aber wird gerettet werden, doch so wie durchs Feuer hindurch.

Augustinus kommentiert diese Stelle so: Der Mann, der mit Holz, Heu und Stroh baut, ist in Sinnenlust und fleischliche Begierde verstrickt, aber er kann auch »Christus zum Fundamente haben. Wenn er ihm nämlich diese seine Hinneigung und Wollust in keiner Weise vorzieht, baut er wohl Holz, Heu und Stroh darauf, doch bleibt Christus das Fundament, um deswillen er durchs Feuer gerettet werden wird. Denn dergleichen Lüste und irdische Liebesregungen … wird das Feuer der Trübsal verbrennen. Zu diesem Feuer mag man den Verlust der Gattin und sonstige Schicksalsschläge rechnen. Sie räumen damit auf.«[16] Und abermals: »Das Werk des letzteren aber wird verbrannt, weil man nicht schmerzlos verlieren kann, was man in Liebe besaß. Aber weil er, vor die Wahl gestellt, lieber diese Dinge als Christus verlieren wollte, und weil er nicht aus Furcht vor ihrem Verlust Christus verließ, so wird er selig trotz des Schmerzes, den der Verlust bereitet, aber ›wie durch Feuer‹, weil der Schmerz um den Verlust der geliebten Dinge ihn brennt. Aber es zerstört und vernichtet nicht den, der durch die Festigkeit und Unverderblichkeit des Fundamentes geschützt ist.«[17]

Die Lehre vom Fegefeuer stand zu der Zeit, als Augustinus dies schrieb, noch nicht fest. Jedoch wurden diese Bemerkungen später auf das Fegefeuer bezogen. Augustinus macht zwei wichtige psychologische Aussagen. Erstens, das Fegefeuer wird verursacht durch die Frustrationen der Wollust, Begierde und Besitzliebe – mit einem Wort, der Begehrlichkeit. Zweitens, man kann dieses Feuer überleben, ja von ihm gerettet werden, wenn man ein festes Fundament in Christus hat. Psychologisch würde das bedeuten, daß die psychische Entwicklung durch die Frustration des Lust- und Machtstrebens gefördert wird, sofern man eine grundsätzlich tragfähige Beziehung zu dem durch Christus symbolisierten Selbst hat.

Neben der Lehre vom Fegefeuer mit seinem reinigenden, aber erlösenden Feuer gibt es auch das Bild der immerwährenden *calcinatio*, die Idee des ewigen Straffeuers. Ixion wurde für seinen frevelhaften Versuch, Hera zu verführen, mit der Fesselung an ein unablässig wirbelndes Feuerrad bestraft. Die Vorstellung, daß die Bösen im künftigen Leben bestraft werden, war im Altertum weitverbreitet. Cumont schreibt: »Unter allen Formen der Bestrafung ist die durch Feuer die vorherrschende. Der Gedanke, daß die Erinyen die Verdammten mit ihren Fackeln verbrennen, ist uralt, und der Pyriphlegethon ist ein feuriger Strom, der den Tartaros umfließt. Einige Schriftsteller gingen noch darüber hinaus. In seinen ›Wahren Geschichten‹ beschreibt Lukian die Insel der Gottlosen als einen ungeheuren Feuerrost, aus dem Pech- und Schwefelflammen aufsteigen.«[18] (Siehe Abb. 11)

Ähnlich ist im Buddhismus *Avichi*, die unterste der acht buddhistischen »heißen Höllen«, ein Ort der Feuersqualen als Strafe für begangene Sünden.[19] Am deutlichsten ausgestaltet worden ist das Bild jedoch in der christlichen Lehre von der Hölle. Eine ihrer Quellen findet sich in Matthäus 25,41- 43 (EÜ): »Dann wird er sich auch an die auf der linken Seite wenden und zu ihnen sagen: Weg von mir, ihr Verfluchten, in das ewige Feuer, das für den Teufel und seine Engel bestimmt ist! Denn ich war hungrig, und ihr habt mir nichts zu essen gegeben; ich war durstig, und ihr habt mir nichts zu trinken gegeben; ich war fremd und obdachlos, und ihr habt mich

Abbildung 11: Die im Feuerregen gepeinigten Gewalttäter (Illustration von Gustave Doré zu Dantes *Göttlicher Komödie*).

nicht aufgenommen; ich war nackt, und ihr habt mir keine Kleidung gegeben; ich war krank und im Gefängnis, und ihr habt mich nicht besucht.«

Wie Augustinus, so setzt auch Origines in seinem Kommentar zu dieser Stelle das Feuer mit den Leidenschaften des Menschen gleich. Origines kommentiert diese Stelle wie folgt:

Jetzt wollen wir betrachten, was die Androhung des »ewigen Feuers« bedeutet. Wir finden beim Propheten Jesaja einen Hinweis darauf, daß es das eigene Feuer eines jeden ist, mit dem er bestraft wird; er sagt nämlich (Jes. 50,11): »Gehet hin in dem Licht eures Feuers und in den Flammen, die ihr euch selbst angezündet habt«. Mit diesen Worten wird offenbar angedeutet, daß jeder Sünder sich selbst die Flammen seines eigenen Feuers anzündet und nicht in irgendein Feuer geworfen wird, das schon vorher von einem anderen entzündet war und vor ihm selbst existierte. Die Nahrung und der Stoff dieses Feuers sind unsere Sünden, die der Apostel

Paulus »Holz, Heu und Stoppeln« nennt. ... Hieraus erkennt man, daß es Qualen gibt, die im Bereich der Seelensubstanz selbst entstehen, unmittelbar aus den schlimmen Affekten der Sünden.
[Nun] ... kann man eine Betrachtung anstellen, die ausgeht von jenen fehlerhaften Affekten, die häufig die Seele befallen. Wenn sie nämlich von den Flammen der Verliebtheit erhitzt wird, vom Feuer des Neides und der Mißgunst verzehrt wird, oder wenn sie von dem Wahnsinn des Zornes getrieben wird oder von der Maßlosigkeit der Trauer hinschwindet, dann (ist zu beachten), wie manche das Übermaß dieser Übel nicht aushalten können und es erträglicher finden zu sterben als solche Qualen zu erdulden.[20]

Für das dritte Jahrhundert ist das eine bemerkenswert psychologische Interpretation des Höllenfeuers. Sie macht deutlich, daß psychische und theologische Wirklichkeit für die frühen Kirchenväter eins waren. Das Höllenfeuer ist die denjenigen zugemessene Strafe, die am Tag des »Jüngsten Gerichts« die Verdammnis trifft, weil sie »auf der Waage gewogen und zu leicht befunden« werden. Es ist das Schicksal jenes Aspektes des Ich, der mit den transpersonalen Energien der Psyche identifiziert wird und diese um der persönlichen Lust oder Macht willen benutzt. Dieser Aspekt des Ich, der mit der Selbstenergie identifiziert wird, muß sich der *calcinatio* unterziehen. Der Prozeß wird nur dann als »ewig« aufgefaßt, wenn wir es mit einer psychischen Spaltung zu tun haben, die unwiderruflich Gut von Böse und Himmel von Hölle trennt.
Es gibt viele anschauliche Schilderungen vom Feuer des Jüngsten Gerichts. In Offenbarung 20,13-15 (EÜ) lesen wir etwa: »Und das Meer gab die Toten heraus, die in ihm waren; und der Tod und die Unterwelt gaben ihre Toten heraus, die in ihnen waren. Sie wurden gerichtet, jeder nach seinen Werken. ... Wer nicht im Buch des Lebens verzeichnet war, wurde in den Feuersee geworfen.«
An anderer Stelle wird es so ausgedrückt:

So jemand das Tier anbetet und sein Bild und nimmt das Malzeichen an seine Stirn oder an seine Hand, der soll von dem Wein des Zornes Gottes trinken, der unvermischt eingeschenkt ist in seines Zornes Kelch, und wird gequält [*basanisthesetai*] werden mit Feuer und Schwefel vor den heiligen Engeln und vor dem Lamm. Und der Rauch ihrer Qual [*basanismou*] wird aufsteigen von Ewigkeit zu Ewigkeit; und sie haben keine Ruhe Tag und Nacht, die das Tier anbeten und sein Bild, und wer das Malzeichen seines Namens annimmt[21] (Offb 14,9-11 LB).

Hier wird das strafende Feuer des Jüngsten Gerichts mit Gottes Zorn identifiziert. Das gleiche geschieht in der Sequenz aus der Totenmesse, »Dies Irae«. In ihr wird das Jüngste Gericht ganz ausdrücklich als eine *calcinatio* dargestellt:

> Dies irae, dies illa
> Solvet saeclum in favilla
> Teste David cum Sibylla

(»Tag des Zornes, jener Tag, / da die Welt in glühender Asche vergeht, / wie es David und die Sibylle bezeugen«.)
Die Erwähnung der Sibylle bringt uns zu einer Stelle im Buch II der *Sibyllinischen Orakel* (196-213):

Dann aber wird ein mächtiger Strom von brennendem Feuer
Fließen vom Himmel herab und vernichten die herrliche Schöpfung:
Trocknes Land und Meer, des Ozeans bläuliche Fluten,
Seen und Flüsse und Quellen, den unerbittlichen Hades
Und das Himmelsgewölbe. Der Mond und die leuchtende Sonne
Fließen zusammen in eins, und alles wird Wüste und Öde;
Denn vom Himmel herab in den Ozean fallen die Sterne.
Sämtliche lebenden Menschen da werden mit Zähnen knirschen,
Brennend im Strom voller Schwefel und vor dem anstürzenden Feuer
In der gewaltigen Flur, und Asche wird alles verhüllen.
Und es veröden zugleich die sämtlichen Weltelemente:
Luft und Erde und Meer, Licht, Himmel und Tage und Nächte.
Nimmer durcheilen die Luft unzähliger Vögel Geschlechter,
Nicht mehr ziehn in den Fluten die Scharen der schwimmenden Fische,
Kein beladenes Schiff fährt über die schaukelnden Wogen,
Nimmer durchschneiden am Pflug die Stiere mit Furchen das Erdreich;
Aufhört das Rauschen der Bäume von Winden geschüttelt. Doch alles
Klumpt sich in eins zusammen und trennt sich zur Läuterung wieder.[22]

In dieser Passage überschneidet sich die *calcinatio* mit dem Bild der *coniunctio*. Die vier Elemente ballen sich zu einer einzigen Quintessenz zusammen, die Vielfalt wird zur Einheit verschmolzen. Demnach wird hier auf die Integration der Persönlichkeit durch den Prozeß der *calcinatio* angespielt. Die Stelle ist ein Beispiel für die weitverbreitete Vorstellung, daß die Welt im Feuer enden wird. Die Stoiker meinten unter Berufung auf Heraklit, jeder kosmische Zyklus oder *magnus annus* ende in einem Weltbrand, einer *ekpyrosis*.[23]

Laut Josephus sagte Adam voraus, daß die Erde »teils durch Feuer, teils durch heftige Überschwemmungen« untergehen würde[24] – also durch eine *calcinatio* und durch eine *solutio*. Der gleiche Gedanke wird in 2 Petrus 3,6-7 (EÜ) zum Ausdruck gebracht: »Durch beides ging die damalige Welt zugrunde, als sie vom Wasser überflutet wurde. Der jetzige Himmel aber und die jetzige Erde sind durch dasselbe Wort für das Feuer aufgespart worden. Sie werden bewahrt bis zum Tag des Gerichts, an dem die Gottlosen zugrunde gehen.«

In einem Gedicht von Robert Frost werden die Bilder von Feuer und Eis mit dem Ende der Welt in Verbindung gebracht:

> Manch einer sagt, Feuer zerstört die Welt,
> Manch einer, Eis.
> Soweit's bei mir mit Triebkenntnis bestellt,
> Halt ich's mit dem, der es mit Feuer hält.
> Doch müßt es zweimal sein, so weiß
> ich, an den Haß denkend, sehr gut,
> daß zum Weltuntergang es Eis
> ebenfalls tut,
> mit gleichem Fleiß.[25]

Ein anderer moderner Dichter gebraucht das gleiche Bild:

Wahrlich, ein Tag wird kommen, wo das Feuer die Erde reinigen wird. Ein Tag wird kommen, da das Feuer die Erde vernichten wird. Das wird dann das Jüngste Gericht sein.
Die Seele ist eine Flamme, die an der finsteren Masse des Alls emporleckt, um sie ganz in Brand zu setzen. Eines Tages wird das All eine einzige Feuersbrunst sein.
Das Feuer ist die erste und die erhabenste Maske meines Gottes. Wir tanzen und weinen zwischen zwei großen Scheiterhaufen.[26]

Das Jüngste Gericht durch Feuer entspricht der Feuerprobe, die die Lauterkeit von Metallen prüft und alle Unreinheiten wegfeint. Es gibt im Alten Testament zahlreiche Stellen, die sich metallurgischer Metaphern bedienen, um zu beschreiben, wie Jahwe sein auserwähltes Volk auf die Probe stelllt. So spricht Jahwe beispielsweise:

Ich will meine Hand gegen dich wenden, deine Schlacken will ich mit Lauge ausschmelzen, all dein Blei schmelze ich aus (Jes 1,25 EÜ).

Siehe, ich habe dich geschmolzen wie das Silber, ich habe dich geprüft im Ofen der Leiden. Um meinetwillen, nur um meinetwillen tat ich es. Denn wie wäre mein Name entweiht! Meine Ehre gebe ich keinem anderen (Jes 48,10-11 HB).

Dieses Drittel [des Volkes] will ich ins Feuer werfen, um es zu läutern, wie man Silber läutert, um es zu prüfen, wie man Gold prüft. Sie werden meinen Namen anrufen, und ich werde sie erhören. Ja, ich werde sagen: Es ist mein Volk. Und das Volk wird sagen: Jahwe ist mein Gott (Sach 13,9 EÜ).

Du hast, o Gott, uns geprüft, / und uns geläutert, wie man Silber läutert. / Du brachtest uns in schwere Bedrängnis / und legtest uns eine drückende Last auf die Schulter. / Du ließest Menschen über unsere Köpfe schreiten. / Wir gingen durch Feuer und Wasser. / Doch du hast uns in die Freiheit hinausgeführt (Ps 66,10-12 EÜ).

Dann spricht Jahwe zu den Geläuterten oder Erlösten, jenen, die durch die *calcinatio* gegangen sind: »Fürchte dich nicht, denn ich habe dich erlöst; ich habe dich bei deinem Namen gerufen; du bist mein! Wenn du durch Wasser gehst, will ich bei dir sein, daß dich die Ströme nicht ersäufen sollen; und wenn du ins Feuer gehst, sollst du nicht brennen, und die Flamme soll dich nicht versengen. Denn ich bin der Herr, dein Gott, der Heilige Israels, dein Heiland« (Jes 43,1-3 LB).

Diese Stelle hat eine Parallele in der andernorts zu findenden Vorstellung, daß die Seelen im Tode durch einen Fluß oder ein Meer aus Feuer gehen. Die Gerechten nehmen dabei keinen Schaden, aber die Bösen müssen Leid oder Vernichtung erdulden. Zum Beispiel besagt eine Parsi-Lehre, daß alle durch einen Feuerstrom hindurch müssen. Den Gerechten ist er wie warme Milch, den Gottlosen aber wie geschmolzenes Metall.[27]

In den *Sibyllinischen Orakeln* II, 252-255 lesen wir abermals: »Und dann werden sie alle den Strom des Feuers durchschreiten, / Unauslöschlicher Flammen verzehrende Glut. Die Gerechten / Werden gerettet; verloren, verdammt sind auf ewige Zeiten / Alle, die früher in Sünden gelebt und Böses getan.«[28]

Jahwes Worte über seinen Gebrauch des Feuers lassen sich mit Bemerkungen des Paracelsus über die alchymischen Wirkungen des Feuers vergleichen, etwa daß »durch das Element des Fewrs die unvollkommen ding zerstört / verbrent und gar hin genommen werden«.[29] Oder: »Das Fewr bewehrt die ... Substantzen / und stellt sie lauter und klaar für / rein und sauber: das ist / dieweil das Fewr nit gebraucht wirdt / dieweil ist nichts bewehrdt do.«[30]

Ein anderer Alchemist vergleicht das Feuer der alchemistischen *calcinatio* eigens mit dem Feuer des göttlichen Zornes, das Christus erdulden mußte: »So wird auch jenes ... nicht unpassenderweise mit Christus verglichen, wenn jener zersetzte Körper des Sol, eine Zeitlang, der Asche gleich, am Grunde des Gefäßes ... tot daliegt... So geschah es auch Christus selber, als er am Ölberg und am Kreuze durch das Feuer des göttlichen Zornes (Matthäus 26 und 27) gequält [wörtlich: gebraten], klagte, von seinem himmlischen Vater ganz und gar verlassen zu sein.«[31]

Bereits im homerischen Griechenland finden wir das Bild vom Feuer als Läuterer und Abtrenner der Seele. Rohde zufolge muß der Körper eines Toten verbrannt werden, bevor seine Seele in den Hades entlassen wird. »Erst durch das Feuer werden die Todten ›besänftigt‹ (Il. 7, 410); so lange die Psyche ein ›Erdenrest‹ festhält, hat sie also noch eine Empfindung, ein Bewusstsein von den Vorgängen unter den Lebenden.«[32] (Siehe Abb. 12)

Überall wird Feuer mit Gott in Verbindung gebracht und stellt deshalb archetypische Energien dar, die das Ich übersteigen und als numinos erlebt werden. Der Psalmist sagt von Gott: »Du machst dir die Winde zu Boten / und lodernde Feuer zu deinen Dienern« (Ps 104,4 EÜ). In einem antiken Gebet an Mithras heißt es: »Erhöre mich, höre mich ..., Herr, der du verschlossen hast mit dem Geisthauch die feurigen Schlösser des Himmels, Zweileibiger, Feuerwaltender, des Lichtes Schöpfer, Feuerhauchender, Feuermutiger,

Abbildung 12: *Calcinatio* des Hermaphroditen (Maier: *Atalanta Fugiens*, 1618).

Geistleuchtender, Feuerfreudiger, Schönleuchtender, Lichtherrscher, Feuerleibiger, Lichtspender, Feuersäender, Feuertosender, Lichtlebendiger, Feuerwirbelnder, Lichterreger, Blitztosender, des Lichtes Ruhm, Lichtmehrer, Feuerlichthalter, Gestirnbezwinger...«[33]

In etlichen Texten wird Christus mit Feuer in Verbindung gebracht. In Lukas 12,49 (EÜ) sagt Christus: »Ich bin gekommen, um Feuer auf die Erde zu werfen. Wie froh wäre ich, es würde schon brennen!« In dem gnostischen *Thomas-Evangelium* (Log. 82) lesen wir: »Jesus sprach: Wer mir nahe ist, ist dem Feuer nah. Und wer mir fern ist, ist dem Königreich fern.«[34] (Siehe Abb. 13)

Charakteristischerweise unterscheidet das mythische Denken zwei Arten von Feuer. Die Stoiker sprachen von einem irdischen Feuer und einem ätherischen Feuer. Letzteres entspricht dem *nous*, dem göttlichen Logos, und ist der christlichen Auffassung vom Heiligen

Geist analog. Bevan beschreibt den Begriff des ätherischen Feuers wie folgt: »Die Welt war rings umgeben von einer Hülle aus feurigem Äther, rein und unvermischt, aber er durchdrang auch ihre ganze Masse, als ihre Seele. Der geordnete Lauf der Natur war sein Werk: Organische Wesen wuchsen in regelmäßigen Typen, weil die göttliche Vernunft als *logos spermatikos* in ihnen weilte, eine sich aus einem Keim entwickelnde Lebensformel. Selbst auf der Erde bewahrte sich ein Teil des göttlichen Feuers sein reines Wesen – die Vernunftseelen, eine jede ein Teilchen feurigen Äthers, der in den Herzen der Menschen wohnte.«[35]

Bei Jakob Böhme finden wir das Bild der zwei Feuerbäume – der eine aus dem Feuer des Heiligen Geistes, der andere aus dem Feuer von Gottes Zorn. »Und der Baum des Lebens ward angezündet in

Abbildung 13: Der Feuersäer (Erhard Jacoby).

seiner eigenen Qualität mit dem Feuer des H. Geistes, und seine Qualität brante im Feuer der himmlischen Freuden-Reich, in unerforschlichem Lichte und Klarheit. ... Und der Baum der grimmen Qualität, welches ist das ander Theil in der Natur, ward auch angezündet, und brante im Feuer des Zorns Gottes mit höllischem Lohe; und der grimme Quell stieg auf in Ewigkeit, und der Fürst der Finsterniß mit seinen Legionen blieb in der grimmen Qualität, als in seinem eigenen Reiche.«[36]

Der Baum des Lebens als Feuerbaum spielt an auf die Stelle in Genesis (3,24 EÜ): »Er vertrieb den Menschen und stellte östlich des Gartens von Eden die Kerubim auf und das lodernde Flammenschwert, damit sie den Weg zum Baum des Lebens bewachten.« Das Schwert gehört zur Symbolik der *separatio* und *mortificatio*. In dieser Passage gibt es also eine Überschneidung der späteren Bilder mit der *calcinatio*. Im *Sohar* heißt es, das Flammenschwert symbolisiere die Prüfungen, mit denen Gott den Menschen überhäuft, um ihn auf den Weg des Guten zurückzubringen.[37]

Das geläuterte Ich wird das göttliche Feuer eher als eine Theophanie oder göttliche Inspiration erleben. Als beispielsweise Jahwe auf den Berg Sinai herabfuhr, verwandelte er ihn in einen Kalkofen: »Der ganze Sinai war in Rauch gehüllt, denn der Herr war im Feuer auf ihn herabgestiegen. Der Rauch stieg vom Berg auf wie Rauch aus einem Schmelzofen« (Ex 19,18 EÜ).

Das Wort Gottes wird als ein Feuer beschrieben. Jahwe sagt: »Siehe, so will ich meine Worte in deinem Munde zu Feuer machen und dies Volk zu Brennholz, daß es verzehrt werde« (Jer 5,14 LB). Und abermals: »Ist mein Wort nicht wie ein Feuer, spricht der Herr, und wie ein Hammer, der Felsen zerschmeißt?« (Jer 23,29 LB). An anderer Stelle heißt es von der Zunge des Menschen, sie sei von der Hölle entzündet: »Und die Zunge ist auch ein Feuer, eine Welt voll Ungerechtigkeit. So ist die Zunge unter unsern Gliedern: sie befleckt den ganzen Leib, sie setzt des Lebens Kreis in Flammen und ist selbst von der Hölle entzündet« (Jak 3,6 LB). Im *Bruce Codex*, einem koptischen gnostischen Papyrus in der Bodleian Library in Oxford, wird ein Ritual beschrieben, das »die Feuertaufe« heißt. Die »Lebensjungfrau« spendet das »Wasser der Feuertaufe«, und die Täuflinge erhalten auf ihre Stirnen »das Siegel der Lichtjungfrau«.[38]

Im Pfingstwunder, wie es in der Apostelgeschichte 2,3 beschrieben wird, kommt der Heilige Geist in Form von Feuerzungen (siehe Abb. 14). Der folgende Fall ist ein Beispiel für das Bild des Feuers als Heiliger Geist. Ein junger Forscher gelangte in einem wissenschaftlichen Aufsatz, der auf einer wichtigen Entdeckung beruhte, zu einer brillanten Formel. Der Professor, unter dem er arbeitete, hatte seine Schlußfolgerungen als belanglos abgetan, ohne den Aufsatz gelesen

Abbildung 14: Pfingsten (Bibelillustration von Gustave Doré).

zu haben. An dieser Stelle entgegnete der junge Wissenschaftler, der gewöhnlich sehr zurückhaltend war, mit großer Heftigkeit: »Herr Professor ---, wenn Sie meinen Aufsatz kritisieren wollen, müssen Sie ihn zuerst einmal lesen und sorgfältig durchdenken«. Er war über die Heftigkeit seiner Reaktion erschrocken, aber nach einem anfänglichen ärgerlichen Aufbrausen gab der Professor seinen Fehler zu, las den Aufsatz und erkannte seinen Wert an.
In der Nacht vor diesem entscheidenden Zusammenstoß, der für die Karriere des jungen Wissenschaftlers wichtige Konsequenzen besaß, hatte er folgenden Traum:

> Ich sitze mit Gästen zu Tisch. Plötzlich wird etwas verschüttet und fängt Feuer. Dann ist der ganze Tisch mit kleinen Flammen übersät, die von einer Seite zur anderen wandern. Es ist ein wunderschöner Anblick. Beim Aufwachen denke ich an das Pfingstwunder.

Dieser Traum bezieht sich nicht nur auf den hitzigen Zusammenstoß des Träumers mit dem Professor, sondern auch, was noch wichtiger ist, auf das schöpferische Feuer des Heiligen Geistes, das sich über ihn ergoß und ihn zur Aufstellung seiner brillanten Formeln befähigte. Das göttliche Feuer, das den schöpferischen Künstler anrührt, wird im 59. Sonett von Michelangelo geschildert:

> Mit Feuer nur bezwingt der Schmied das Eisen,
> Daß es nach seinem Plan geformt sich füge,
> Nicht ohne Feuer prägt der Schönheit Züge
> Der Meister in des Goldes lichtes Gleißen.
>
> Des Phoenix Wunder kann sich nur erweisen,
> Wenn er verbrennt – so hoff' auch ich, entschwindend
> Im Tod, in Flammengluten Läuterung findend,
> Jenseits der Zeit ein Teil des Alls zu heißen.
>
> Dem Feuer hab ich großen Dank zu künden:
> Fast schon geweiht der Schar der Toten, stieg ich
> Empor, des Lebens Kraft erneut zu proben.
>
> Und flammt das Feuer hoch, sich zu verbünden
> Dem Himmel, seinem Elemente: flieg ich
> Nicht mit ihm auf, von ihm emporgehoben?[39]

Der zweideutige Kontrast zwischen dem Feuer des Heiligen Geistes (oder der Taube der Aphrodite) und dem Feuer des Begehrens wird von T.S. Eliot sehr schön beschrieben:

> Die Taube durchstößt steil die Luft
> Mit weißglühender Schreckensflamme,
> Die vielzüngig sich hell ausruft
> Als Lösung aus dem Sündenschlamme.
> Hoffnung? Verzweiflung? In der Kluft
>   Wähle brennen oder brennen –
>   Kannst nur Brand durch Brand entrinnen.
>
> Liebe wars! die die Qual ersann.
> Liebe heißt das, was keiner kennt,
> Hinter den Händen, womit man
> Wirkte das grause Flammenhemd,
> Das Menschenmacht nicht abtun kann.
>   Im Leben und im Sterben können
>   Wir nur verbrennen und verbrennen.[40]

Das »grause Flammenhemd« beschwört ein wichtiges Bild der *calcinatio*, das Hemd des Nessos im Herakles-Mythos. Herakles bewahrte Deianeira vor der Vergewaltigung durch den Kentauren Nessos, indem er ihn mit einem Pfeil erschoß, der in das giftige Blut der Hydra getaucht worden war. Vor seinem Tod gab Nessos Deianeira einen Liebeszauber in Form seines eigenen, mit dem Blut der Hydra verseuchten Blutes. Als Herakles später Interesse an einer anderen Frau zeigte, durchtränkte Deianeira ein Hemd mit diesem Zaubersaft und gab es Herakles. Als er es anzog, wurde es ein »Flammenhemd«, das sich nicht wieder ablegen ließ. Erlösung von dieser Qual fand Herakles nur dadurch, daß er sich freiwillig auf einem Scheiterhaufen verbrennen ließ. Das gleiche Bild erscheint, als Medea der Verlobten Iasons, Glauke, ein Gewand überbringen läßt, das in Flammen ausbricht, als sie es anzieht.

Das Hemd des Nessos veranschaulicht die Tatsache, daß Blut oft symbolisch mit Feuer gleichgesetzt wird. So ist die Taufe in Blut gleichbedeutend mit der Taufe in Feuer. Im Taurobolium-Ritual des

Mithraismus ließ man auf den in einer Grube verborgenen Mysten das Blut eines Stieres hinabrinnen, der auf einem durchlöcherten Bretterboden darüber geschlachtet wurde.[41] Ein etwas verfeinertes Beispiel für das gleiche Bild findet sich in der Offenbarung: »Wer sind diese, die weiße Gewänder tragen, und woher sind sie gekommen? ... Es sind die, die aus der großen Bedrängnis kommen; sie haben ihre Gewänder gewaschen und im Blut des Lammes weiß gemacht« (Offb 7,13-14 EÜ).

Die Taufe in Blut, wie die Begegnung mit dem Feuer, bezieht sich psychologisch auf das qualvolle Aushalten heftiger Affekte. Wenn das Ich besteht, hat diese Prüfung eine veredelnde und festigende Wirkung. Dies wird einer der Gründe für die primitiven Initiationsprüfungen sein, die oftmals starke Ängste auslösten.

In früher Zeit wurde den Göttern hauptsächlich durch das Feuer geopfert. Man hielt es für ein Verbindungsglied zwischen dem Reich der Menschen und dem der Götter. Ein Sakrifizium in Form eines Brandopfers bedeutete ganz wörtlich eine »Heiligmachung«. Das, was verbrannt wird, geht größtenteils in Rauch auf und steigt in die oberen Regionen empor. Es wird durch einen Sublimationsprozeß den Göttern übergeben. So wurde das griechische Brandopfer, die *thysia*, begriffen, und die Brandopfer der Juden ebenfalls.[42] In Indien ist Agni der Hindugott des Feuers, und ihm wird das Opfer dargebracht. Im hinduistischen Denken »ist es das Feuer, durch das der Mensch mit höheren Seinszuständen kommunizieren konnte, mit den Göttern und den himmlischen Sphären. Durch das Feuer konnte er am kosmischen Leben teilnehmen, mit den Göttern zusammenwirken. Er konnte sie durch den Mund des Feuers speisen. ›Agni ist der Mund der Götter; durch diesen Mund holen sie Atem‹« (Kapishthala-katha Samhita 31.20 und Shatapatha Brahmana 3.7).[43] (Siehe Abb. 15)

Von dem Opferfeuer der griechischen *thysia* sagt Iamblichus: »Genau ebenso ahmt auch das Feuer bei uns diese Energie des göttlichen Feuers nach und vernichtet alles Materielle an den Opfern, läutert, was dem Feuer nahegebracht wird, und macht es durch die Reinheit seiner eigenen Natur für die Gemeinschaft mit den Göttern geeignet. Dadurch befreit es aber auch uns auf dieselbe Weise von den Fesseln

Abbildung 15: Der im Feuerkreis tanzende Shiva (Bronze, 12. oder 13. Jahrhundert. Amsterdam, Museum van Aziatische Kunst).

der Schöpfung, ähnelt uns den Göttern an, macht uns für die Freundschaft mit den Göttern befähigt und erhebt unsere materielle Natur zur immateriellen.«[44]

In ähnlicher Weise ist in gewissen Mythen von dem Feuerbad die Rede, das Unsterblichkeit verleiht. So nimmt Demeter z.B. auf ihren kummervollen Irrungen nach der Entführung Persephones die Gastfreundschaft des Keleos und der Metaneira an, des Königs und der Königin von Eleusis. Aus Dankbarkeit will sie Demophoon, den kleinen Sohn der beiden, unsterblich machen, indem sie ihn in das Feuer hält. Metaneira sieht diese Prozedur und unterbricht sie mit ihren Schreien.[45] Unsterblichkeit ist eine Eigenschaft der Archetypen. Die psychologische Bedeutung des Feuerbades der Unsterblichkeit wird es demnach sein, daß eine Verbindung zwischen dem Ich und der archetypischen Psyche hergestellt wird, wodurch sich jenes seiner transpersonalen, ewigen oder unsterblichen Seite bewußt wird.

Das Endergebnis der *calcinatio* ist eine weiße Asche.[46] Diese entspricht der sogenannten »weißen, geblätterten Erde« vieler alchemistischer Texte. Sie steht für die *albedo*, die Phase der Weißung, und weist paradoxe Bezüge auf. Einerseits bedeutet Asche Verzweiflung, Trauer oder Buße.[47] Andererseits enthält sie den höchsten Wert, das Ziel des Werkes. Ein Text sagt: »Verachte die Asche nicht, denn sie ist das Diadem deines Herzens und die Asche aller dauerhaften Dinge«.[48] In einem anderen heißt es: »Die weiße, geblätterte Erde ist der Siegeskranz, das ist die aus der Asche extrahierte Asche und ihr (der Philosophen) zweiter Körper.«[49] Die Asche ist der unverwesliche »verherrlichte Leib«, der die Läuterungsprobe überstanden hat. Sie wird mit dem biblischen Bild des schmückenden Ehrenkranzes gleichgesetzt. Jesaja verspricht den Trauernden von Zion, »daß ihnen Schmuck statt Asche, Freudenöl statt Trauerkleid, Lobgesang statt eines betrübten Geistes gegeben werden« (Jes 61,3 LB). Paulus sagt in Analogie zu den sportlichen Wettkämpfen: »Jene tun dies, um einen vergänglichen, wir aber, um einen unvergänglichen Siegeskranz zu gewinnen« (1 Kor 9,25 EÜ). Und später: »Ich habe den guten Kampf [*agon*] gekämpft, den Lauf vollendet, die Treue gehalten. Schon jetzt liegt für mich der Kranz der Gerechtigkeit bereit« (2 Tim 4,7-8 EÜ). Und ein Beispiel für eine *calcinatio* gefolgt von einer Ehrung findet sich in einer Legende über den Evangelisten Johannes (siehe Abb. 16):

Als die heiligen Zwölfboten durch die Welt zerteilt wurden nach dem Pfingstfest, da fuhr Johannes in das Land Asia und baute in demselben Lande viele Kirchen. Das kam vor den Kaiser Domitianus, der ließ ihn greifen und hieß ihn in eine Bütte voll siedenden Öls setzen vor dem Tore zu Rom, das da heißt Porta Latina. Aus der Bütte ging Sanct Johannes ohn alle Verletzung, gleichwie er ohn alle leibliche Befleckung auf Erden war gegangen. Da aber der Kaiser sah, daß Johannes auch jetzt von seiner Predigt nicht wollte lassen, so verbannte er ihn auf eine Insel in dem Meere,

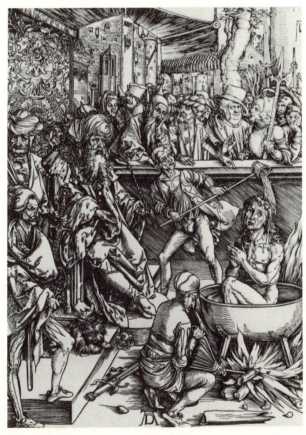

Abbildung 16: Johannes im siedenden Öl (Holzschnitt von Albrecht Dürer, 1498).

die war geheißen Pathmos. Da wohnte er ganz allein und schrieb daselbst das Buch von der heimlichen Offenbarung. Desselben Jahres ward der Kaiser um seiner großen Grausamkeit willen getötet, und wurden alle seine Gebote vom Senat widerrufen. Also geschah es, daß Johannes, der mit Unrecht auf die Insel verbannt war, mit großen Ehren wieder geführt ward in die Stadt Ephesus; und lief ihm die Menge des Volkes entgegen und sprach »Gesegnet sei, der da kommt im Namen des Herrn«.[50]

Wodurch sich die Asche der Niederlage in den Kranz des Sieges verwandelt, wird dadurch angedeutet, daß Asche alchemistisch gleichbedeutend ist mit Salz. Die Symbolik des Salzes ist von Jung ausführlich erörtert worden.[51] Grundsätzlich symbolisiert Salz Eros und tritt in einer von zwei Erscheinungsformen auf, entweder als Bitterkeit oder als Weisheit. Jung schreibt: »Tränen, Leid und Enttäuschung sind bitter, die Weisheit aber ist die Trösterin in jedem seelischen Schmerz; ja, Bitterkeit und Weisheit bilden eine Alternative: Wo Bitterkeit, da fehlt die Weisheit, und wo Weisheit, da gibt es keine Bitterkeit. Der weiblichen Natur also ist das Salz als der Träger dieser schicksalhaften Alternative zugeordnet.«[52] Zu diesem Stück moderner Weisheit gibt es eine antike Parallele bei Aischylos:

> Tropfen dringt im Schlaf ins Herz: der Gram
> Eingedenk alten Leids, und es kommt
> Weiser Sinn selbst wider Wunsch.[53]

Von der einfachsten Warte aus gesehen, ist die *calcinatio* ein Austrocknungsprozeß. Ein wichtiger Teil in der Psychotherapie verlangt die Austrocknung wassertriefender unbewußter Komplexe.[54] Das für diese Operation nötige Feuer, bzw. die emotionale Intensität, scheint in dem Komplex selbst zu sitzen und wird wirksam, sobald der Patient versucht, den Komplex bewußt zu machen, indem er ihn einem anderen mitteilt. Alle Gedanken, Taten und Erinnerungen, die mit Scham, Schuld oder Angst befrachtet sind, müssen vollständig zum Ausdruck gebracht werden. Der befreite Affekt wird zum Feuer, das den Komplex austrocknen und ihn von seiner unbewußten Kontaminierung reinigen kann.

Die notwendige Frustration der Begehrlichkeit (*concupiscentia*) ist das Hauptmerkmal der *calcinatio*-Stufe. Zuerst muß die Substanz lokalisiert, das heißt die unbewußten, uneingestandenen Wünsche, Forderungen und Erwartungen müssen anerkannt und bejaht werden. Der triebhafte Drang, der »Ich will« und »Das steht mir zu« sagt, muß vom Ich voll akzeptiert werden. Es kann, im Unterschied zur masochistischen Selbstgeißelung, keine richtige *calcinatio* geben, solange man nicht über das richtige Material verfügt. Ich glaube, diese Tatsache ist es, die der folgenden Warnung eines Alchemisten zugrunde liegt: »Sehr viele Forscher machen ganz am Anfang einen Fehler, indem sie diese *calcinatio* an einer falschen Substanz ausführen; ... oder sie wählen eine falsche Methode und korrodieren die metallischen Körper, daran sie operieren, anstatt sie zu kalzinieren. Die Kalzination kann nur vermittels der inneren Hitze des Körpers erfolgen, unterstützt durch freundliche äußere Wärme; jedoch eine Kalzination vermittels eines heterogenen Agens kann die metallische Natur nur zerstören, so sie denn überhaupt eine Wirkung zeitigt.«[55]

Das Feuer der *calcinatio*, soweit es sich vom Psychotherapeuten anfachen läßt, erreicht man zum Großteil dadurch, daß man Einstellungen und Reaktionen an den Tag legt, die den Patienten frustrieren. Das ist ein gefährliches Verfahren und muß mit großer Vorsicht angewandt werden. Wie der Text warnt, kann die *calcinatio* an der falschen Substanz ausgeführt werden oder mit einer falschen Methode, die korrodiert, anstatt zu kalzinieren. Man braucht ein hinreichend festes psychisches Fundament, um die *calcinatio* ertragen zu können, und es muß auch eine hinlänglich starke Beziehung zwischen Patient und Therapeut bestehen, die mit einer Frustration belastet werden kann, ohne destruktive Negativität zu erzeugen. Der Text sagt: »Die Kalzination kann nur vermittels der inneren Hitze des Körpers erfolgen« – mit anderen Worten, durch seine eigene Hitze, durch seine eigene Tendenz zur Selbstkalzination. Dies bedeutet, daß der Therapeut den Leitfaden seines Vorgehens dem Material des Patienten selbst entnehmen muß und die Frustration eines bestimmten Begehrens nur so weit treiben darf, wie die innere Entwicklungstendenz auch die Verweigerung des Begehrens enthält. Der Therapeut kann nur »durch freundliche äußere Wärme« unterstützen. Aber »eine Kalzination vermittels eines heterogenen Agens kann die metallische Natur nur zerstören«. Mit einem heterogenen Agens wäre etwa ein willkürliches Vorgehen gemeint, das sich nicht von dem Material und der Verfassung des Patienten leiten läßt und daher seinem Wesen fremd und schädlich ist.

In der Regel bietet die Lebenswirklichkeit, sofern man sich ihr stellt, jede Menge Gelegenheit zur *calcinatio* frustrierter Begehrlichkeit. Das primitive, undifferenzierte Begehren, das »Ich will« sagt, geht von der stillschweigenden Annahme aus, daß ihm das, was es will, auch zusteht. Wird es ihm verweigert, erbost es sich. Das ist die psychologische Homologie zum »göttlichen Zorn«, durch den Christus gebraten wurde. Die Wirklichkeit facht oft ein Feuer an, indem es die fordernden Erwartungen solcher Begierden angreift oder ablehnt. Da ihm die Rechtfertigung verweigert wird, wird das frustrierte Begehren zum Feuer der *calcinatio*. Ripley sagt: »Die *Calcinatio* ist eine Reinigung unsers Steins / so ihm seine natürliche

Abbildung 17: Austreibung der Dämonen (Kupferstich, 17. Jahrhundert).

Abbildung 18: Der König im Schwitzkasten (Maier: *Atalanta Fugiens*, 1618).

Wärme wiederbringet / und an seiner natürlichen Feuchte nichts verleuret.«[56]

Die *calcinatio* hat eine reinigende oder läuternde Wirkung. Der Substanz wird die »Wurzelfeuchte« ausgetrieben. Dies entspräche dem Abtropfen der Unbewußtheit, das aufsteigende Energien begleitet. Oder mit anderen Worten, die Energien der archetypischen Psyche treten zuerst in der Identifikation mit dem Ich auf und äußern sich als Begehren nach Ich-Lust und Ich-Macht. Das Feuer der *calcinatio* brennt diese Identifikationen aus und vertreibt die natürliche Feuchte an der Wurzel, so daß der Inhalt in seinem ewigen oder transpersonalen Zustand zurückbleibt und seine natürliche Hitze wiederbekommt – d.h. seine ihm eigentümliche Energie und Verhaltensweise (siehe Abb. 17 und 18).

Schließlich bewirkt die *calcinatio* noch eine gewisse Gefeitheit gegen Affekte und die Fähigkeit, den archetypischen Aspekt des

Daseins zu sehen. In dem Maße, wie man mit dem transpersonalen Zentrum seines Wesens in Verbindung steht, werden Affekte als ätherisches Feuer (Heiliger Geist) erlebt anstatt als irdisches Feuer – als Schmerz der frustrierten Begehrlichkeit. Jung beschreibt die Wandlung der Begehrlichkeit in der folgenden Weise:

Bei dieser Wandlung ist es wesentlich, jenen Animus- und Anima-Teufeln Objekte wegzunehmen. Sie interessieren sich nur dann für Objekte, wenn man sich gehen läßt. *Concupiscentia* nennt das die Kirche. ... Über diesen Gegenstand kommen die großen Religionen zusammen. Das Feuer der Begehrlichkeit ist das Element, das es im Brahmanismus, im Buddhismus, im Tantrismus, im Manichäismus, im Christentum zu bekämpfen gilt. Es ist auch in der Psychologie wichtig. Wenn man sich der Begehrlichkeit überläßt, sei das Begehren nun himmelwärts oder höllenwärts gerichtet, so gibt man Animus oder Anima ein Objekt; es tritt dann in die Welt hinaus, anstatt im Innern an seinem Platz zu bleiben. ... Aber wenn man sagen kann: Ja, ich begehre es, und ich werde versuchen, es zu bekommen, doch ich muß es nicht haben, wenn ich darauf verzichten will, kann ich darauf verzichten – dann haben Animus oder Anima keine Chance. Andernfalls ist man von seinen Begierden beherrscht, man ist besessen. ... Aber wenn man seinen Animus oder seine Anima in eine Flasche gesteckt hat, ist man frei von Besessenheit, selbst wenn es einem innerlich schlecht geht, denn wenn es dem eigenen Teufel schlecht geht, geht es einem selbst auch schlecht. ... Natürlich wird er einem in den Innereien herumrumoren. Aber nach einer Weile wird man sehen, daß es richtig war (ihn in die Flasche zu stecken). Man wird sich langsam beruhigen und verändern. Dann wird man gewahr werden, daß ein Stein in der Flasche wächst ..., insofern einem Selbstkontrolle, oder Unnachgiebigkeit, zur Gewohnheit geworden ist, ist es ein Stein, ... wenn diese Haltung ein *fait accompli* wird, wird der Stein zu einem Diamanten.[57]

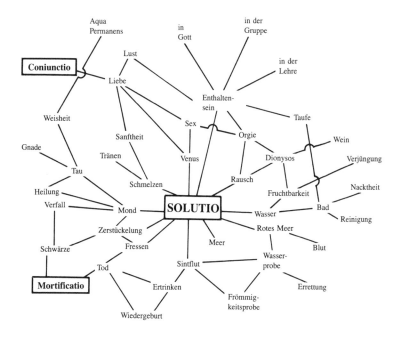

2 Solutio

Die Operation der *solutio* ist eine der wesentlichen Prozeduren in der Alchemie. Ein Text sagt: »*Solutio* ist der Alchemie Wurzel.«[1] In einem anderen heißt es: »Solange noch nicht alles Wasser ist, führe keine Operation aus.«[2] An vielen Stellen wird das *opus* mit dem Satz »*Solve et coagula*« (»Löse und verfestige«) zusammengefaßt. Genau wie sich die *calcinatio* auf das Element Feuer, die *coagulatio* auf das Element Erde und die *sublimatio* auf das Element Luft bezieht, so bezieht sich die *solutio* auf das Wasser. Grundsätzlich verwandelt die *solutio* einen festen Stoff in eine Flüssigkeit. Der feste Stoff scheint in dem Lösungsmittel verschwunden zu sein, als ob er verschluckt worden wäre. Für den Alchemisten bedeutete die *solutio* oft die Rückkehr der differenzierten Materie in ihren undifferenzierten Urzustand – d.h. in die *prima materia*. Man stellte sich das Wasser als den Mutterleib vor und die *solutio* als eine Rückkehr in den Mutterleib zur Wiedergeburt. In einem Text fügt sich der alte König der *solutio* des Ertrinkens, indem er spricht:

> Regnum Dei aliter nequeo intrare,
> Hinc ut nascar denuo me humiliare
> Volo matris sinibus meque adaptare
> In primam materiam et me disgregare.[3]

Die erste Materie oder *prima materia* ist eine Vorstellung, die die Alchemisten von den vorsokratischen Philosophen übernahmen. Bei Thales, wie auch in vielen Schöpfungsmythen, ist Wasser der Urstoff, aus dem die Welt erschaffen ward. Die Alchemisten meinten, eine Substanz ließe sich nicht umwandeln, wenn man sie nicht zuvor auf die *prima materia* zurückgeführt hätte. In einem Text steht: »Körper können nicht anders verwandelt werden als durch Rückführung auf ihre erste Materie.«[4] Diese Prozedur entspricht dem, was in der Psychotherapie geschieht. Die festen, statischen Aspekte der Persönlichkeit lassen keinen Wandel zu. Sie sind eingefleischt, man ist sich ihrer Richtigkeit sicher. Damit die Wandlung vonstatten gehen kann, müssen diese festen Aspekte aufgelöst oder auf die *prima materia* zurückgeführt werden. Dies geschieht durch den analytischen Prozeß, der die Produkte des Unbewußten überprüft und die eingefleischten Icheinstellungen in Zweifel zieht. Ein alchymisches Rezept zur *solutio* lautet folgendermaßen:

So löse nun auf das Silber und Gold in unserm Auflöß-Wasser, welches mit ihnen befreundet ist und Gemeinschafft hat, und ist von ihrer nähesten Eigenschafft, und gefällt ihnen, und ist als ein Buch, Mutterleib, Uhrsprung, Anfang und Ende ihres Lebens, und darum werden sie verbessert in diesem Wasser, sintemal die eine Natur freuet sich ihrer gleichen Natur... Also muß man die Bluts-Verwandten mit Bluts-Verwandten zusammen fügen... Weil auch das Gold und Silber vom selbigen Wasser als ihrer Mutter herkommen sind, also müssen sie auch wiederum in ihrer Mutterleib gehen, daß sie aufs neu wiedergebohren werden, damit sie stärcker, edler und kräfftiger werden.[5]

Der chemische Sachverhalt, der in diesem Text zum Ausdruck kommt, ist die Fähigkeit von Quecksilber, Gold und Silber aufzulösen oder sich mit ihnen zu amalgamieren. In der Tat ist dieser Vorgang die Grundlage eines sehr alten Verfahrens, aus grobem Erz Gold herauszuziehen. Das Erz wird pulverisiert und mit Quecksilber versetzt, welches das Gold auflöst. Das Quecksilber wird dann von dem Gold getrennt, indem man es mit Hitze destilliert. Unser Text hat jedoch diesen chemischen Prozeß in ein symbolisches Bild gebracht, indem er ihm einen projizierten psychischen Prozeß überlagert. Gold und Silber stehen für das männliche und das weibliche Prinzip, wie sie sich konkret in der Persönlichkeit am Anfang des Prozesses offenbaren. Mit anderen Worten, die dominante bewußte Einstellung des Ich wird vom Gold und die Anima auf ihrem gegenwärtigen Entwicklungsstand vom Silber vertreten.[6] Diese zwei werden in »befreundetem« Wasser aufgelöst – also in Quecksilber –, das mit dem Mutterleib gleichgesetzt wird und der *prima materia* entspricht. Die Inzestsymbolik wird in dem Satz betont: »Also muß man die Bluts-Verwandten mit Bluts-Verwandten zusammen fügen«.

Wir haben hier ein Bild des Abstiegs in das Unbewußte, welches der Mutterschoß ist, aus dem das Ich geboren wird. Es ist die *prima materia* vor der Differenzierung der Elemente durch das Bewußtsein. Dieser Text schildert die Prozedur als einen sehr angenehmen Vorgang. Es gibt andere, die es viel negativer ausdrücken. Man schaue sich z.B. dieses Zerstückelungsrezept einer *solutio* an: »Der Leib jener Frau [die ihre Männer tötet] ist voll von ›Waffen‹ und ›Gift‹. Es werde daher für jenen Drachen ein ›Grabmal‹ ausgegraben, und jene Frau mit ihm begraben, der mit jener Frau fest gefesselt, je mehr er sie bindet und sich um sie herumwälzt, desto mehr durch die weiblichen ›Waffen‹, die im Körper der Frau geschaffen sind, in Teile zerschnitten wird. Wenn er sich aber mit den Gliedern der Frau vermischt sieht, wird er des Todes sicher, und wird ganz in ›Blut‹ gewandelt.«[7]

Dieses grausige Bild bringt zum Ausdruck, wie ein einigermaßen ausgereiftes Ich die *solutio* erleben könnte. Ein unreifes Ich findet es vermutlich angenehm, sich dem Enthaltensein in einer lustvollen Regression hinzugeben; auf einer späteren Entwicklungsstufe jedoch weckt die Aussicht der *solutio* große Angstgefühle, weil der hart erkämpfte Zustand der Ichautonomie von Auflösung bedroht ist. Eine lustvolle *solutio* ist die gefährlichste. Sie entspricht Neumanns Begriff des Uroboros-Inzestes:

Der Uroboros-Inzest ist eine Form des Eingehens in die Mutter, des sich mit ihr Vereinigens, die im Gegensatz steht zu anderen und späteren Formen des Inzestes. Die Vereinigung des Uroboros- Inzestes ist lust- und liebesbetont nicht als etwas Aktives, sondern als Versuch, sich aufzulösen und aufgesogen zu werden; sie ist passives Fortgenommenwerden, Versinken im Pleroma, Vergehen im Lustmeer und Liebestod. Die Große Mutter nimmt das kindlich-Kleine in sich auf und zurück, und immer wieder steht der Tod im Zeichen des Uroboros-Inzestes der endlichen Auflösung, der Vereinigung mit der Mutter. ...
Viele Formen der Sucht und der Sehnsucht meinen diese Rückkehr, den Uroboros-Inzest der Selbstauflösung, von der unio mystica der Frommen bis zum Unbewußtwerdenwollen des Trinkers und der Todesromantik der Germanen. Der Inzest, den wir als Uroboros-Inzest bezeichnen, ist Selbstaufgabe und Rückkehr. Es ist die Inzestform des frühkindlichen Ich, das noch nahe bei der Mutter und noch nicht zu sich selbst gekommen ist, aber

es kann auch die Inzestform des kranken Ich beim Neurotiker sein und die eines späten und ermüdeten Ich, das wieder zur Mutter zurückkommt, nachdem es sich erfüllt hat.[8]

Ein Beispiel für die Sehnsucht nach einer lustvollen *solutio* ist Siegfrieds Verlangen nach Vereinigung mit Brünnhilde in Wagners *Der Ring des Nibelungen* (siehe Abb. 19):

Abbildung 19: Siegfried und die Rheintöchter (Farbillustration von Arthur Rackham zu Wagners *Nibelungenring*).

> Ein herrlich Gewässer
> wogt vor mir;
> mit allen Sinnen
> seh' ich nur sie,
> die wonnig wogende Welle:
> brach sie mein Bild,
> so brenn' ich nun selbst,
> sengende Glut
> in der Flut zu kühlen;
> ich selbst, wie ich bin,
> spring' in den Bach: –
> o daß seine Wogen
> mich selig verschlängen,
> mein Sehnen schwänd' in der Flut![9]

Oder das abschließende Todeslied Isoldes in Wagners großem *solutio*-Drama *Tristan und Isolde* (3. Aufzug, 4. Szene):

> Heller schallend,
> mich umwallend,
> sind es Wellen
> sanfter Lüfte?
> Sind es Wogen
> wonniger Düfte?
> Wie sie schwellen,
> mich umrauschen,
> soll ich atmen,
> soll ich lauschen?
> Soll ich schlürfen,
> untertauchen,
> süß in Düften
> mich verhauchen?
> In des Wonnemeeres
> wogendem Schwall,
> in der Duftwellen
> tönendem Schall,
> in des Weltatems
> wehendem All –
> ertrinken –
> versinken –
> unbewußt –
> höchste Lust![10]

Unser alchemistischer Text ist eine Bildermischung, wie wir sie in der Alchemie oft finden. Er ist eine Kombination von *solutio* und *coniunctio*. Gold und Silber werden zu ein und derselben Zeit aufgelöst und vereinigt. Dies entspricht einem gängigen Typ alchemistischer Bilddarstellungen, in denen König und Königin zusammen im Merkurbrunnen baden. Eine ganz besondere Bilderfolge dieser Art findet sich im *Rosarium Philosophorum*[11] (siehe Abb. 20).

Wie unser Text erkennen läßt, hat die *solutio* eine doppelte Wirkung: Sie läßt die eine Form verschwinden und eine neue entstehen. Die Auflösung der alten Form wird oft in negativen Bildern geschildert und mit der *nigredo* in Verbindung gebracht. Zum Beispiel sagt Philalethes: »Die Schwärze wird von Tag zu Tag ausgeprägter, bis die Substanz eine leuchtend schwarze Farbe annimmt. Dieses Schwarz ist ein Zeichen, daß die Auflösung vollbracht ist.«[12]

Abbildung 20: König und Königin im Bade (Mylius: *Philosophia Reformata*, 1622).

Die *solutio* kann so zur *mortificatio* werden. Dies ist verständlich, weil das, was aufgelöst wird, die *solutio* als eine Vernichtung seiner selbst erleben wird. Genau hierauf bezieht sich der Ausspruch des Heraklit: »Für Seelen ist es Tod Wasser zu werden.«[13] Jedoch führt die *solutio* weiter zum Entstehen einer verjüngten neuen Form, und wenn dieser Aspekt herausgestellt wird, ist der Ton positiv. Zum Beispiel heißt es im *Tractatus Aureus Hermetis*: »O gesegnete wäßrige Brunnenform, die du die Elemente auflösest! ... Denn wenn sich durch des Wassers Kraft die Zusammensetzung auflöst, dann ist der Tag der Wiederaufrichtung da; dann fliehen Dunkelheit und Tod von ihnen, und die Weisheit schreitet vor.«[14]

Oft wird die *solutio* am König vollzogen. Es gibt z.B. das Bild vom ertrinkenden König, denn »Ertrinken« ist ein Synonym für die *solutio* (siehe Abb. 21). In einem Text spricht der ertrinkende König (oder Königssohn): »Wer mich aus den Wassern befreien und mich in einen trockenen Zustand überführen wird, den werde ich mit immerwährenden Reichtümern beglücken.«[15] Psychologisch will das besagen, daß das alte herrschende Prinzip, das eine *solutio* durchgemacht hat, danach schreit, in einer neuen, wiedergeborenen Form abermals koaguliert zu werden, indem es erklärt, es stünde ihm reichlich Libido (Reichtümer) zur Verfügung.

In einem anderen Text ist von einem inneren Ertrinken an Wassersucht die Rede. Der König wünschte Wasser zu trinken und sprach: »›Ich verlange jenes Wasser, das mir am meisten am Herzen liegt und das mich vor allem liebt.‹ Als der Diener es brachte, trank der König so viel davon, ›bis alle seine Glieder gefüllt und alle seine Adern aufgetrieben waren, und er selber verfärbt wurde‹. ... ›Ich fühle mich beschwert, und mein Kopf schmerzt mich‹. Und es scheint mir, als ob sich alle meine Glieder voneinander lösen würden.‹ Er verlangte, in eine geheizte Kammer gesetzt zu werden, wo er das Wasser herausschwitzen könne. Als sie aber nach einiger Zeit die Kammer wieder öffneten, da lag er wie tot da.«[16]

Jung kommentiert diesen Text: »Der König entspräche der gesteigerten Ichsucht, die bald ihrer Kompensation begegnen wird. ...

Abbildung 21: *Solutio* des Königs. Hintergrund: Der ertrinkende König, um Hilfe rufend. Vordergrund: Der wiedergeborene König (Trismosin: *Splendor Solis*, 1582).

Sein Durst entspricht einer hemmungslosen Konkupiszenz oder Sucht. Dabei wird er vom Wasser, das heißt vom Unbewußten überwältigt.«[17]

Mit dem König ist also das Ich gemeint – zumindest das dominante oder herrschende Prinzip, nach dem das Ich strukturiert ist. Der König löst sich in seiner eigenen Unmäßigkeit auf, das heißt, eine

Inflation ist Ursache und Mittel der *solutio*. Ein angeschwollenes Ich löst sich durch sein eigenes Übermaß auf. Seine Auflösung bereitet den Weg zu einer möglichen Verjüngung auf einer tragfähigeren Grundlage.

In einem anderen Text wird beschrieben, wie der König im Venusbrunnen ertrinkt. In diesem Gedicht wird Venus mit dem Brunnen identifiziert, der Mutter und Braut des Königs, in der ihr »fixer« Vater untergeht:

> Es ist ein Stein / und doch kein Stein /
> In ihm wirckt die Natur allein /
> Daß darauß springt ein Brünnlein [Venus] klar /
> Ertränckt sein fixen Vater gar /
> Verschlinget ihn mit Leib und Lebn /
> Biß ihm die Seel wird wieder gebn.[18]

In diesem Falle ist das Lösungsmittel das Erosprinzip, Venus oder Aphrodite. Sie wurde aus dem Meer geboren, ihre Mythologie weist also wichtige Bezüge zum Wasser auf (siehe Abb. 22). Ihre gefährlichen Lösungskräfte werden durch verführerische Seejungfern oder Wassernymphen dargestellt, die die Männer in den Tod durch Ertrinken locken. Ein eindrucksvolles Beispiel für dieses Motiv kam im Traum eines jungen Mannes vor, der daran dachte, seine Frau und seine kleinen Kinder zu verlassen, um eine verführerische Frau zu heiraten:

Ich bin in einer Unterführung, wo die Leute vom Strand hin- und hergehen. Hier werden die üblichen Leckereien verkauft: riesige Lutscher, Popcorn, Bretzeln bis zu einem halben Meter lang und Schokoladenriegel. Ich habe zwei meiner Kinder dabei (die zwei jüngsten). Eine schöne Frau winkt mich zum Meer hin, und ich lasse die Kinder Bretzeln mampfend an einem Stand zurück. Der Traum endet damit, daß ich auf halbem Wege zwischen dem Meer und dem Stand stehe.

Ein klassisches Beispiel für eine *solutio* mit tödlichem Ausgang ist die Geschichte des Hylas. Während der Argonautenfahrt wurde Hylas, der schöne Liebling des Herakles, Wasser holen geschickt. Er wurde von Quellennymphen in einen Teich gezogen und nie wieder gesehen. Hier ist das Bild der *solutio* von einer homoeroti-

Abbildung 22: Die Geburt der Aphrodite (ca. 460 v. Chr., Rom, Thermen-Museum).

schen Liaison begleitet, der Neigung zwischen Herakles und Hylas (siehe Abb. 23).

Das Alte Testament bietet Beispiele für die erotische *solutio*, in denen die Motive Frau, Bad und Auflösung des Männlichen kombiniert werden. David erspähte Bathseba beim Baden (2 Sam 11,2), und so begann die Auflösung dieses zuvor Unbescholtenen (siehe Abb. 24). In dem apokryphen Text von Daniel und Susanna nähern sich die zwei Ältesten lüstern Susanna in ihrem Bade und kommen zu Fall, nachdem sie einen Meineid geschworen haben (siehe Abb. 25).

Diese Bilder sagen uns, daß Liebe und/oder sinnliche Begierde Mittel der *solutio* sind. Dies stimmt mit der Tatsache überein, daß ein bestimmtes psychisches Problem oder Entwicklungsstadium oft solange festhängt und nichts weitergeht, bis der Patient sich verliebt. Dann löst sich das Problem urplötzlich auf. Obwohl neue Komplikationen auftauchen, ist das Leben wieder in Fluß gekommen. Es hat sich verflüssigt.

Ein Alchemist definiert die *solutio* so: »Die Lösung ist das Wirken eines jeden Körpers, welcher irgend etwas niedrigeren Standes durch gewisse Gesetze innerer Sympathie seiner eigenen Essenz einverleibt.«[19] Psychologisch verstanden besagt diese Definition, daß das Lösungsmittel eine überlegene, umfänglichere Sichtweise sein wird – eine, die dem Kleineren als Behältnis dienen kann. Jungs Auffassung vom »Enthaltenen und Enthaltenden« trifft hier zu. In bezug auf eine kompliziertere Persönlichkeit sagt er, »daß die einfachere Persönlichkeit davon umgeben, ja sogar davon gefangen ist; sie geht in der umfänglicheren Persönlichkeit gewissermaßen auf, sie sieht nicht über jene hinaus. Dies ist eine fast regelmäßige Erscheinung: eine Frau, die geistig ganz in ihrem Mann, ein Mann, der gefühlsmäßig ganz in seiner Frau enthalten ist. Man könnte dies als *das Problem des Enthaltenen und des Enthaltenden* bezeichnen.«[20]

Alles, was weiter und umfänglicher ist als das Ich, droht, dieses aufzulösen. Innerlich kann das Unbewußte als latentes Selbst oder

Abbildung 23: Hylas und die Nymphen (John William Waterhouse. Manchester, City Art Gallery).

Abbildung 24: Bathseba (Rembrandt. Paris, Louvre).

Ganzheit der Psyche das Ich auflösen. Äußerlich kann ein Individuum mit einem weiteren Bewußtsein, als man selber hat, die *solutio* herbeiführen. Beispielsweise träumte ein Mann, der kurz zuvor mit Jungs Ideen in Berührung gekommen und in ihren Bann geraten war, daß er in den Zürichsee fiel. Eine Gruppe, eine Schule oder eine Partei kann ebenfalls das Lösungsmittel sein. Ein Gruppenkollektiv kann leicht die Projektion des Selbst auf sich ziehen und das Individuum, das ihr erliegt, schlucken. Identifikation mit politischen Parteien oder religiösen Bekenntnissen wären Beispiele für die *solutio* in einer Gruppe.

Im Prozeß der Psychotherapie begegnet das Ich des Patienten meist im Therapeuten einer umfänglicheren Sichtweise, die eine auflösende Wirkung hat. Dieser Vorgang führt oft zu einem teilweisen Enthaltensein des Patienten im Therapeuten und ist eine häufige Ursache der Übertragung. Wenn eine einseitige Einstellung auf eine umfassendere Einstellung stößt, die die Gegensätze einschließt, wird jene, so sie sich dem Einfluß öffnet, stets von dieser aufgelöst und gerät in einen Zustand der *solutio*. Das erklärt, warum eine umfänglichere Sichtweise oftmals als eine Bedrohung erlebt wird. Man hat ein Gefühl, als ob man darin ertränke, und widersetzt sich ihr daher. Ein solcher Widerstand ist berechtigt und notwendig und sollte respektiert werden. Der Psychotherapeut muß immer auf die Möglichkeit gefaßt sein, daß der Patient vor seiner umfänglicheren Einstellung geschützt werden muß.[21] Grundsätzlich ist es das Selbst, ob nun von innen oder als Projektion auf ein Individuum oder eine Gruppe von außen erfahren, welches das Mittel der *solutio* ist. Wie Jung sagt: »Das Ego ist im Selbst enthalten, wie Es im Universum enthalten ist, von dem wir nur den kleinsten Ausschnitt kennen. [Ein Mensch kann in gleicher Weise eine enthaltende Funktion haben, denn:] Ein

Abbildung 25: Susanna und die Ältesten (Tintoretto. Wien, Gemäldegalerie).

Mensch von größerer Einsicht und Intelligenz als ich vermag mich zu kennen, doch wäre ich nicht imstande ihn zu kennen, solange mein Bewußtsein schwächer ist als das seine.«[22]

Bad, Dusche, Bespritzen, Schwimmen, Eintauchen im Wasser usw. sind alles symbolische Äquivalente der *solutio*, die häufig in Träumen auftauchen. Alle diese Bilder stehen in einem Bezug zur Symbolik der Taufe, womit ein reinigendes, verjüngendes Eintauchen in eine das Ich transzendierende Energie und Sichtweise gemeint ist, ein regelrechter Tod samt der folgenden Wiedergeburt. Die Taufe wurde einst durch völliges Untertauchen vollzogen und sollte ein Ertrinken darstellen – ein Echo der uralten primitiven Prozedur der Wasserprobe als Gottesurteil. Sie bedeutete eine völlige Bekehrung, den Tod des alten Lebens und die Wiedergeburt einer neuen Person in die Gemeinde der Gläubigen. Man meinte, daß das Ritual buchstäblich die Schaffung einer neuen Persönlichkeit bewirke. Eliade beschreibt die Symbolik der Taufe mit folgenden Worten: »Eintauchen ins Wasser symbolisiert die Rückbildung ins Vorformale, die gänzliche Neuwerdung, Neugeburt, denn das Untertauchen bedeutet ein Auflösen der Formen, eine Reintegration im undifferenzierten Sein der Präexistenz; und das Auftauchen aus dem Wasser wiederholt den kosmogonischen Akt der Formwerdung.«[23]

In der christlichen Taufe wird das Individuum mit Christus vereint, das heißt, das Ich wird mit dem Selbst verbunden. Der Apostel Paulus sagt: »Wißt ihr denn nicht, daß wir alle, die wir auf Christus Jesus getauft wurden, auf seinen Tod getauft worden sind? Wir wurden mit ihm begraben durch die Taufe auf den Tod; und wie Christus durch die Herrlichkeit des Vaters von den Toten auferweckt wurde, so sollen auch wir als neue Menschen leben« (Röm 6,3-4 EÜ).

Ein anderes Merkmal der Taufe ist, daß sie alle Getrenntheit und alle individuellen Unterscheidungen auflöst. So Paulus: »Denn wie viele von euch auf Christus getauft sind, die haben Christus angezogen. Hier ist nicht Jude noch Grieche, hier ist nicht Knecht noch Freier, hier ist nicht Mann noch Weib; denn ihr seid allzumal *einer* in Christus Jesus« (Gal 3,27-28 LB).

Von der inneren Warte aus läuft dies auf eine Integration oder eine Vereinigung getrennter Bruchstücke hinaus. Jedoch von der äußeren Warte aus – wie auch bei einem äußerlichen religiösen Ritual – stellt es die Kollektivierung des Individuums dar, dessen einzigartige Züge durch eine Identifikation mit der neuen Sichtweise aufgelöst werden. Es ist auch ein Beispiel für die Auflösung einer beschränkteren Sichtweise in einer größeren, umfassenderen – angezeigt durch die Wendung »*in* Christus Jesus«. Denn wenn man sich etwa »in« Liebe verzehrt oder »in« Schmerzen windet, dann wird man von der entsprechenden enthaltenden Matrix umgeben, gefaßt und aufgelöst. So wurden die Gläubigen als Fische beschrieben, die im Teich mit dem Wasser, das die Lehre enthält, schwimmen.

Das doppelsinnige Wechselspiel der Gegensätze tritt darin zutage, daß die *solutio* oft nicht als Enthaltensein, sondern vielmehr als Zersplitterung und Zerstückelung erlebt wird. Ein klassisches Beispiel ist der Mythos von Aktaion (siehe Abb. 26). Der junge Jäger Aktaion stieß unerwartet auf die badende nackte Artemis. Zur Vergeltung verwandelte Artemis den Aktaion in einen Hirschen, woraufhin er von seinen eigenen Hunden zerrissen wurde. Der Hund ist ein theriomorpher Aspekt der Artemis, daher kann man Artemis selbst als die Zerreißende betrachten. Dieser Mythos schildert die Gefährlichkeit einer Begegnung mit dem archetypischen Weiblichen für ein unreifes Ich. Es wird durch die Aktivierung von Triebfaktoren (den Hunden) in eine regressive *solutio* geworfen. Man könnte es auch so ausdrücken, daß Aktaion von seiner sinnlichen Begierde aufgelöst wird. Er wird von seiner Tiernatur gebissen und gefressen. Eine ähnliche Anschauung kommt in Plutarchs Bericht von Isis und Osiris zum Ausdruck. Dieser Geschichte zufolge wurde der Knabe Maneros zum Zeugen der schrecklichen Liebes- und Schmerzbekundungen der Isis beim Anblick des toten Osiris. Ihren fürchterlichen Blick vermochte Maneros nicht zu ertragen, und er fiel aus dem Schiff und ertrank.[24] Die meisten Männer werden, wenn sie ehrlich sind, zugeben müssen, angesichts des heftigen Leids, Begehrens oder Zorns einer Frau schon die Erfahrung des Maneros gemacht zu haben.

Abbildung 26: Diana und Aktäon (Tizian. Edinburgh, National Gallery of Scotland).

Artemis ist der Mond. Ihre Zerstückelung des Aktaion entspricht also der alchemistischen Aussage: »Die *solutio* findet im Mond statt.«[25] (Siehe Abb. 27) Ein junger Mann, der in der Analyse so weit ging, wie er dazu bereit war, träumte einmal den einfachen Satz: »Die Psychoanalyse ist vom Mond«. Er erwachte aus diesem Traum in panischer Angst und brach die Analyse kurze Zeit später ab. Die Analyse kann in der Tat ein auflösendes Eintauchen in die dunkle, irrationale lunare Seite sein, und die Angst des Träumenden ist durchaus verständlich.

Das Motiv der Zerstückelung versetzt uns direkt in den Dionysos-Mythos. Als Säugling wurde Dionysos von den Titanen zerrissen. Auch die Mänaden, die ihn verehrten, waren Frauen, die alles in Stücke zerrissen, was ihnen in ihrem wahnsinnigen Treiben in den Weg kam. Dies war das Los des Pentheus in den *Bakchen* des

Euripides. Viele Aspekte des dionysischen Prinzips gehören zur Symbolik der *solutio*. Von Walter F. Otto erfahren wir: »Das Wasser ist ... das Element, in dem Dionysos zu Hause ist. ... Daß Dionysos aus dem Wasser komme und ins Wasser zurückkehre, daß er in der

Abbildung 27: Mit lunarem Wasser getauft, von Drachen gebissen (Ashmole, Hrsg.: *Theatrum Chemicum Britannicum,* 1652).

Wassertiefe seine Zufluchtstätte und Heimat habe, bezeugen Kulte und Mythen so ausdrücklich wie nur möglich.«[26]

Dionysos wird sogar als das feuchte Prinzip selbst und daher als Quell aller Fruchtbarkeit beschrieben. Psychologisch ist er das Prinzip des Lebens, der Spontaneität und der Energie im Gegensatz zu Form, Maß und Beherrschung.

Ein Aspekt der dionysischen *solutio* ist das orgiastische Triebbad. Manchmal drückt sich das Sehnen des einsamen, entfremdeten Ich nach Enthaltensein in einem größeren Ganzen als Gier nach orgiastischer, kollektiver Sexualität aus (siehe Abb. 28). Konkret ausgelebt, verschärfen solche Erfahrungen den Zustand der psychischen Zerrissenheit. Symbolisch allerdings weist das Bild einer kollektiven Orgie auf die Möglichkeit hin, die eigene verlorene Verbindung zum allgemeinen Menschsein wiederherzustellen. Gruppenerfahrungen kollektiver Identifikation können dieses Bild einer Orgie aktivieren.

Abbildung 28: Bacchanal der Andrianer (Tizian. Madrid, Prado).

Zum Beispiel löste ein Gruppenprozeß, den zu beobachten ich Gelegenheit hatte, bei manchen Teilnehmern eindeutige *solutio*-Träume aus. Ein Anfänger in der Gruppe hatte folgenden Traum, nachdem ihm die psychischen Intimitäten, die zwischen den Gruppenmitgliedern ausgetauscht wurden, einen Schock versetzt hatten:

Ich suche die Gruppe. Ich öffne eine Zimmertür, und auf dem Boden sehe ich sämtliche Gruppenmitglieder liegen und sich lieben. Ein Paar fällt direkt vor mir aus der Tür.

Ein anderes Gruppenmitglied hatte diesen Traum:

Ich bin in einem Klassenzimmer, das einem Chemieraum gleicht. Mit hohen Sitzreihen, die zu einem bühnenartigen Podium hinunterführen. Es ist unsere Gruppe, und das Anschauungsmodell zeigt einen Strand mit gewaltigen, krachenden Wellen, die urplötzlich wirklich werden. Ich kann erkennen, daß sich unter den Wellen, am Strand entlang, ein starkes, robustes Fischernetz befindet, das an mehreren Stellen fest im Sand verankert ist, offensichtlich um auch bei rauhem Wetter einen guten Fang machen und halten zu können, aber die Wellen werden so wirklich und stürmisch, daß sie nach draußen auf die Schaubühne und ins Auditorium spritzen. Etliche von uns krabbeln von den Sitzen, um nicht naß zu werden. Ich merke, daß ich in der Eile mein Portemonnaie vergessen habe, und ich denke mir, daß ich zurückgehen und es holen muß.

Wasser als dionysisches Fruchtbarkeitsprinzip wird in Goethes Hymnus an das Wasser gefeiert:

> Heil! Heil aufs neue!
> Wie ich mich blühend freue,
> Vom Schönen, Wahren durchdrungen:
> Alles ist aus dem Wasser entsprungen!
> Alles wird durch das Wasser erhalten!
> Ozean, gönn uns dein ewiges Walten!
> Wenn du nicht Wolken sendetest,
> Nicht reiche Bäche spendetest,
> Hin und her nicht Flüsse wendetest,
> Die Ströme nicht vollendetest,
> Was wären Gebirge, was Ebnen und Welt!
> Du bists, der das frischeste Leben erhält!
> Du bists, dem das frischeste Leben entquellt![27]

Fruchtbarkeit und Schöpferkraft wurden in den phallischen Aspekten dionysischer Rituale betont. Otto schreibt:

Dem Dionysischen Element der Feuchte wohnt nicht nur die lebenerhaltende, sondern auch die lebenschaffende Kraft inne, und so strömt es, als Zeugungsstoff, befruchtend durch die ganze Tier- und Menschenwelt. Der gelehrte Varro war sehr gut unterrichtet, als er erklärte, daß man das Walten des Dionysos nicht nur in den Säften der Früchte, deren Krone der Wein sei, erkenne, sondern auch in den Samen der Lebewesen. Von dieser Wirksamkeit des Gottes leitete er den Brauch ab, in seinem Kulte einen Phallos herumzuführen und zu bekränzen. Es ist bekannt genug, welche große Rolle dies Symbol der zeugerischen Kraft an seinen Festen spielte. »Ein Weinkrug, eine Rebe, ein Bock, ein Korb Feigen und dann der Phallos«, so beschreibt Plutarch die ursprüngliche Einfachheit der Dionysosfeier. Dem Phallos wurde ein Lied gesungen. Für die Aufzüge der Dionysien in Delos ist ein großer hölzerner Phallos inschriftlich bezeugt. Zu den athenischen Dionysien schickte jede Kolonie regelmäßig einen Phallos.[28]

Ein Beispiel für dionysische Phallussymbolik vereint mit Bildvorstellungen der Taufe gibt der folgende Traum. Geträumt wurde er von einer Frau mittleren Alters, deren schöpferische Fähigkeiten als Dichterin und Gelehrte sich eben entfalteten:

In der Wohnung meiner Mutter findet eine Party statt. Ein seltsamer und beunruhigender Mann, Herr X., ein Dichter, ist der Ehrengast. (Nach einigen Episoden verläßt die Mutter die Party.) Daraufhin gibt es eine Art allgemeines spontanes Frohlocken, das ich auch empfinde, wenn ich auch nicht weiß, was los ist. Ich finde es allerdings sehr bald heraus. Denn fast augenblicklich versammelt X sämtliche Frauen in einem Halbkreis um sich, woraufhin er sich auszieht und einen mächtigen Spermastrom ejakuliert, der sich wie eine Fontäne auf eine jede von uns ergießt. Ich nahm an, es ginge darum, daß wir ihm dazu dienstbar wären, aber es stellt sich heraus, daß das nur ein Teil der Sache ist. Denn als der Spermaregen uns einzeln trifft, bekommt jede von uns ihren eigenen und individuellen Orgasmus.

Dieser Traum kündigte eine sich anbahnende positive Verwirklichung der schöpferischen Fähigkeiten der Träumerin an. Manchmal jedoch ist die Beziehung, die man zu der schöpferischen Kraft hat, gefährlich. Nietzsche, der große Exponent des dionysischen Prinzips, ist ein schreckliches Beispiel für die Gefahren einer destruktiven *solutio* durch eine persönliche Identifikation mit dionysischer Schöpfungsmacht. In seiner Psychose nannte Nietzsche sich »Dionysus« und unterschrieb seine Briefe mit »Zagreus« – d.h. der »Zerrissene«. Jung hat ein paar profunde Bemerkungen über die Gefahr der Auflösung in der Identifikation mit schöpferischen Kräften gemacht:

[Die schöpferischen Kräfte] haben einen am Gängelband, und man tanzt nach ihrer Pfeife, nach ihrer Weise. Aber insofern man erklärt, diese schöpferischen Kräfte seien in Nietzsche oder in mir oder sonstwo, verursacht man eine Inflation, weil der Mensch keine schöpferischen Kräfte besitzt, er wird von ihnen besessen. Das ist die Wahrheit. Wenn er sie gänzlich von sich Besitz ergreifen läßt, ohne sie zu befragen, ohne sie sich anzuschauen, kommt es zu keiner Inflation, aber sobald er sich davon abspaltet, wenn er denkt: Das bin ja ich!, folgt eine Inflation. ...
Es geschieht automatisch, daß man seiner selbst bewußt wird, und dann ist man dran, es ist, als habe man eine Hochspannungsleitung angefaßt. Nietzsche konnte natürlich gar nicht anders, als sich die Sache anzuschauen, und dann überkam ihn Erbitterung, weil die schöpferischen Kräfte einem die Zeit stehlen, die Kraft abzapfen, und was ist das Ergebnis? Ein Buch vielleicht. Aber wo ist das persönliche Leben geblieben? Dahin. Deshalb fühlen sich solche Menschen so furchtbar betrogen, es paßt ihnen nicht, und jedermann sollte zum Ausgleich für das, was ihnen von Gott geraubt worden ist, vor ihnen niederknien. Die schöpferischen Kräfte haben es aus ihnen herausgeholt, und deshalb würden sie diese gern personifizieren, sich vorstellen, sie seien Shiva, um die Lust, schöpferisch zu sein, zu empfinden. Aber wenn man weiß, man ist schöpferisch, und es genießt, schöpferisch zu sein, wird man danach gekreuzigt, weil jeder mit Gott Identifizierte zerstückelt wird. Ein alter Kirchenvater, der Bischof Synesius, bemerkte, daß der *spiritus phantasticus*, unser schöpferischer Geist, wie Gott oder wie ein großer Dämon in die Tiefen oder die Höhen des Alls vorstoßen kann, aber aufgrund dessen muß er auch die göttliche Strafe erdulden, und das wäre die Zerstückelung des Dionysos oder die Kreuzigung Christi.[29]

Im allgemeinen ist das Dionysische dämonisch und ekstatisch und auf Intensität des Erlebens aus statt auf klaren, gegliederten Sinn. Es ist ein Auflöser von Grenzen und Beschränkungen, der maßloses

Leben bringt. In seiner Extremform ist es wild, irrational, verrückt, ekstatisch, unbegrenzt. Es ist der Feind aller konventionellen Gesetze, Regeln und hergebrachten Formen. Es steht im Dienst nicht der Sicherheit, sondern des Lebens und der Verjüngung. Die Schwachen und Unreifen können unter seinem Ansturm zerbrechen, die Gesunden werden befruchtet und belebt wie die Erde durch die Überschwemmung des Nils (siehe Abb. 29).

An vielen klinischen Syndromen ist eine konkretistische Identifikation mit dem dionysischen Prinzip schuld. Bei Alkoholismus und Drogenabhängigkeit liegt das auf der Hand. Auch der Donjuanismus läßt sich als eine Identifikation mit Dionysos begreifen, bei der sich das Individuum mit einer Gefolgschaft von Frauen in unterschiedlichen Stadien der Liebe oder der Raserei (Mänaden) umgibt. Diese Situation bedroht einen mit der eigenen psychischen Zerstückelung durch Konflikte, Verpflichtungen und Verwicklungen. Das Dionysische gewinnt etwas Zwanghaftes, wenn es in einer dissoziierten Persönlichkeit herrscht. Anders ausgedrückt, das Dionysische zer-

Abbildung 29: Badende (Auguste Renoir. Philadelphia, Sammlung Carroll Tyson).

stört das pentheusgleiche Ich, das nicht mit der Ganzheit verbunden ist. Unter günstigen Umständen fördert es die Harmonie und löst Unterschiede auf, wie es etwa dieser Päan Nietzsches an das Dionysische beschwört:

Unter dem Zauber des Dionysischen schließt sich nicht nur der Bund zwischen Mensch und Mensch wieder zusammen: auch die entfremdete, feindliche und unterjochte Natur feiert wieder ihr Versöhnungsfest mit ihrem verlorenen Sohne, dem Menschen. Freiwillig beut die Erde ihre Gaben, und friedfertig nahen die Raubthiere der Felsen und der Wüste. Mit Blumen und Kränzen ist der Wagen des Dionysus überschüttet: unter seinem Joche schreiten Panther und Tiger. Man verwandele das Beethoven'sche Jubellied der »Freude« in ein Gemälde und bleibe mit seiner Einbildungskraft nicht zurück, wenn die Millionen schauervoll in den Staub sinken: so kann man sich dem Dionysischen nähern. Jetzt ist der Sclave freier Mann, jetzt zerbrechen alle die starren, feindseligen Abgrenzungen, die Noth, Willkür oder »freche Mode« zwischen den Menschen festgesetzt haben. Jetzt, bei dem Evangelium der Weltenharmonie, fühlt sich jeder mit seinem Nächsten nicht nur vereinigt, versöhnt, verschmolzen, sondern eins, als ob der Schleier der Maja zerrissen wäre und nur noch in Fetzen vor dem geheimnisvollen Ur-Einen herumflattere.[30]

Von der Wirksamkeit des Blutes Christi sprechend, bringt der Apostel Paulus annähernd die gleiche Idee zum Ausdruck. Im Epheserbrief lesen wir: »In Christus Jesus aber seid ihr jetzt, die ihr vormals ferne gewesen seid, nahe geworden durch das Blut Christi. Denn er ist unser Friede, der aus beiden eines hat gemacht und hat abgebrochen den Zaun, der dazwischen war, nämlich die Feindschaft, indem er in seinem Fleische hat abgetan das Gesetz mit seinen Geboten und Satzungen, auf daß er in sich selber aus den zweien einen neuen Menschen schüfe und Frieden machte und beide versöhnte mit Gott in einem Leibe durch das Kreuz, an dem er die Feindschaft getötet hat« (Eph 2, 13-16 LB).
Der Wein des Dionysos und das Blut Christi sind symbolisch gleichwertig. Dieser Sachverhalt wird in dem Traum eines jungen Geistlichen anschaulich, den ich bereits in *Ego and Archetype* veröffentlicht habe.[31] Das Folgende ist eine gekürzte Fassung:

Ich soll die Kommunion zelebrieren. In der Sakristei, die wie eine Küche aussieht, muß der Meßwein durch das Mischen zweier gesonderter Weine bereitet werden – eines blauen und eines roten. Letzterer ist in einer Flasche mit einem gelben Etikett, das wie ein Scotch-Etikett aussieht und auf dem »Paulus« steht. An einem runden Tisch sitzen zwei Männer. Einer ist ein politisch Linker, der andere ein Rechter. Bis jetzt haben sie eine Fassade konventioneller Höflichkeit aufrechterhalten, aber jetzt werden sie gehässig zueinander. Ich schlage vor, daß sie wirklich auf den Grund gehen und ihre Gefühlsbeziehung lösen. An dieser Stelle verdunkelt sich die Szene wie in einem Theaterstück, und ein rot- gelber Scheinwerfer strahlt einen kleinen Tisch zwischen und hinter den beiden Männern an. Auf dem Tisch steht eine Flasche mit dem warmen Rotwein, auf dessen Scotch-Etikett deutlich »Paulus« steht. Darauf völliges Dunkel und das Klirren von Gläsern, das sich anhört, als hätten sie mit ihnen angestoßen und sie vielleicht zerbrochen. Der Sinn in dem Traum ist offensichtlich. Ich denke: Sie haben den Rotwein in ihrer Diskussion getrunken, haben sich zusammengerauft, sich dabei betrunken, sind eingeschlafen und haben ihre Gläser fallengelassen. Meine Reaktion ist Freude über die Schönheit, in der das bildlich dargestellt wurde, und Beunruhigung darüber, daß der Gottesdienst beginnen muß und wir jetzt nicht die Zutaten für die Meßweinmischung haben.

Die Psychologie des Träumers ist mir in ihrer Tiefe nicht bekannt; es ist jedoch offensichtlich, daß sich hier dionysische und christliche Symbolik verbinden. Obwohl die Vereinigung der zwei Weine – vielleicht Logos und Eros – noch bevorsteht, hat eine *solutio* stattgefunden, die den Gegensatz zwischen dem Linken und dem Rechten aufhebt, wenn auch um den Preis des Bewußtseins, denn sie schlafen ein. In diesem Falle tritt, wie so oft, eine Vermengung von echter Versöhnung der Gegensätze durch größere Bewußtheit und einer regressiven Auflösung ein, die das Bewußtsein der Gegensätze verwäscht.
Eine kosmologische Version der *solutio* ist der weitverbreitete Mythos von einer kosmischen Katastrophe durch eine Sintflut (siehe Abb. 30). Im hebräischen Mythos ist es Noahs Sintflut, im griechischen Mythos die Geschichte von Deukalion und Pyrrha. Nach einer antiken Vorstellung sollte jedes der vier Elemente einmal als Werkzeug der Weltvernichtung dienen. Nach dem Bericht des Dion Chrysostomos geht die Geschichte so: »Der Herr der Welt fährt in einem Wagen, gezogen von vier Pferden, die

jeweils dem Zeus, der Hera, dem Poseidon und der Hestia geweiht sind. Mit anderen Worten, die vier Pferde sind die vier Elemente Feuer, Luft, Wasser und Erde. In der Regel sind sie gefügig, aber hin und wieder wird das erste Roß störrisch und setzt die anderen drei in Brand. Dies ist der Ursprung der von den Griechen erzählten Geschichte des Phaethon. Dann wieder ist es das Roß des Poseidon, das störrisch wird, und es bespritzt mit seinen Schweißtropfen die anderen drei. Dies wiederum ist die Quelle, von der die Griechen ihre Geschichte von der Sintflut des Deukalion haben«, und desgleichen für die anderen zwei Pferde.[32]

Abbildung 30: Die Sintflut (Bibelillustration von Gustave Doré).

Dieser Gedanke entspricht der alchemistischen *circulatio*, in der der Stoff wiederholt sublimiert und koaguliert werden und immer wieder durch alle Seinszustände kreisen muß, bis der Stein der Weisen geschaffen ist. Die ganze Geschichte der Welt erscheint so als ein ungeheurer alchymischer Prozeß.

Die Sintflutmythen sind psychologisch recht lehrreich. Gott schickt eine Vernichtungsflut, wenn die Welt sündhaft geworden und verkommen ist. Es ist, als müßte die Menschheit durch eine *solutio* auf ihre *prima materia* zurückgeführt werden, damit sie sodann in etwas Besseres umgewandelt werden kann. Ein anderer Aspekt der *solutio* wird ebenfalls durch die Sintflutgeschichten deutlich gemacht, nämlich das Motiv des Gottesurteils in Form der Wasserprobe. In dieser Wasserprobe bleiben die Gottesfürchtigen, die ein wahrhaftes Dasein führen, unbeschadet, während die Gottlosen oder Unwahrhaften aufgelöst werden. Psychologisch würde das bedeuten, daß die bewußt mit dem Selbst verbundenen Aspekte des Ich der *solutio* widerstehen.

In den Mythen wurde die Drohung mit der Weltüberflutung dazu benutzt, zu einem Gedenken Gottes anzuhalten. Ähnlich kann die Gefahr einer Überflutung durch das Unbewußte eine heilsame Wirkung auf ein anmaßendes Ich haben und einem die Notwendigkeit einer Verbindung zum Transpersonalen zu Bewußtsein bringen. Dieser Geisteszustand wird im Psalm 69 ausgedrückt (siehe Abb. 31):

Gott, hilf mir! / Denn das Wasser geht mir bis an die Kehle. / Ich versinke in tiefem Schlamm, / wo kein Grund ist; / ich bin in tiefe Wasser geraten, / und die Flut will mich ersäufen (2-3 LB).

Errette mich aus dem Schlamm, / daß ich nicht versinke, / daß ich errettet werde vor denen, die mich hassen, / und aus den tiefen Wassern; / daß mich die Flut nicht ersäufe / und die Tiefe nicht verschlinge / und das Loch des Brunnens sich nicht über mir schließe (15-16 LB).

Sintflutträume verweisen auf die *solutio*. Sie bedeuten eine Aktivierung des Unbewußten, die die hergebrachte Ichstruktur aufzulösen und sie auf die *prima materia* zurückzuführen droht. Wichtige Lebensübergänge sind meistens *solutio*- Erfahrungen. So hatte z.B.

Abbildung 31: »Gott, hilf mir! Denn das Wasser geht mir bis an die Kehle.« (Illustration zu Psalm 69, *Stundenbuch der Visconti*. Florenz, Nationalbibliothek).

eine Frau mit drei Kindern, die eben ihre zweite Scheidung durchmachte, mehrere Sintflutträume, von denen einer von Rivkah Kluger mitgeteilt wurde:

Ich schaue aus einem Strandhaus hinaus und sehe eine große Welle. Ich rufe die Mädchen herein. Mary ist langsam, aber schafft es noch rechtzeitig, und ich schließe die Türen. Dann ist die Welle über uns. Sie kommt durch

alle Ritzen und ist rings um uns herum. Ich habe Angst um Bob, meinen Sohn, der am Strand ist, und frage mich, ob er wohl entkommen ist. Ich weiß, daß alle Schwimmer gestorben sein müssen. Es gibt kein Entkommen, und ich sage mir: »So ist das also«. Ich empfinde kein wirkliches Entsetzen. Da ein Entkommen unmöglich ist, ist es einfach so, wie es ist. Doch dann sinkt das Wasser.
Wir rennen umher und versuchen, die Ritzen zu stopfen. Im Fußboden ist ein Loch, dazu noch viele Ritzen in den Wänden. ... Eine weitere Welle kommt. Sie donnert über uns und um uns herum, aber diesmal ist der Fußboden nicht überschwemmt und hebt sich und schlingert die Hütte nicht. Wir wollen weglaufen, bevor die nächste kommt. Ich öffne die Hintertür, und da steht ein alter Freund, den ich schon seit Jahren nicht mehr gesehen habe. Ich umarme ihn voll Freude und Erleichterung. ... Das Land ist wüst, und der Schlamm ist hoch angeschwemmt. Ich erkenne, was für ein Glück wir gehabt haben, und freue mich so über den Mann, der gekommen ist, um uns wegzubringen.[33]

Ein anderes Beispiel gibt der folgende Traum. Geträumt hat ihn ein reifer Mann mittleren Alters, der eine größere Umorientierung im Leben durchmachte und eine schwere Operation vor sich hatte. Er wurde später auch geschieden:

Das Weltleben erscheint wie in einer großen Schüssel. Dann kommt eine mächtige Sintflut, so etwas wie ein Damm gibt nach, und alles wird überrollt. Es ist verheerend, eine Katastrophe von ungeheurem Ausmaß, und alles wird in den steigenden Wassern fortgeschwemmt. ... Wir fliehen vor der Sintflut, und einige von uns entkommen.
Dann sieht es so aus, als wären wir in einem neuen Zeitalter. In ihm erscheint das Weltleben im Innern einer großen Kugel. Es gibt viele Ebenen, die durch Treppen, Rampen usw. um ein offenes Zentrum herum verbunden sind. Wohnungen und Lebensräume sind Teil der Außenwand. ... Zuvor war es Nacht, jetzt ist es Tag. In der Mitte ist alles Erde. Sie ist eine dicke Schicht, die das Wasser bedeckt.

Träume von einer großen Flut beinhalten manchmal das Erlebnis, von einer göttlichen oder transpersonalen Kraft gerettet zu werden. In dem folgenden Traum ist es evident, daß durch die Entdeckung der Jungschen Psychologie eine *solutio* mit tödlichem Ausgang vermieden wurde:

[Die Träumerin] war in einem ungeheuerlichen Meer gefangen. Obwohl eine starke und geübte Schwimmerin, war ihre Kraft nahezu erschöpft, und sie wußte, daß sie nicht mehr viel länger durchhalten könnte. In dem Moment erblickte sie vor sich ein viereckiges Hausboot, das der Arche Noah ihrer Kindheit ähnlich sah. Mit einer gewaltigen letzten Anstrengung hielt sie darauf zu und gelangte gerade noch rechtzeitig an seine Seite, um halb ohnmächtig von keinem anderen hochgezogen zu werden als Dr. Jung, den sie zu der Zeit noch nie gesehen hatte.[34]

Ein Mann in mittleren Jahren, der sich in der Auflösung einer Abhängigkeitsbeziehung befand, hatte folgenden Traum:

Ich bin im Zentrum einer großen Stadt und sehe einen riesigen Menschenstrom vorbeiziehen – Individuen jeder Art und Beschreibung. Es ist wie das Fließen eines großen Stroms. Ich bin fasziniert.

Beim Aufwachen dachte der Träumer an die Lehre des Heraklit, daß »alles fließt« (*panta rhei*). Der Traum stellt also den *solutio*-Aspekt des Daseins dar – das Leben als fortwährendes Wandeln und Werden. Eine schmerzliche persönliche Erfahrung wird in einen archetypischen oder allgemeinen Kontext gestellt und damit sinnvoll und sogar faszinierend gemacht.

Auf den Zusammenhang der *solutio* mit der Erlösung deutet die Beziehung hin, die der Apostel Petrus zwischen Noahs Sintflut und der Taufe herstellt: »... zu den Zeiten Noahs, da man die Arche zurüstete, in welcher wenige, das ist acht Seelen, gerettet wurden durchs Wasser hindurch. Was jenen da widerfahren ist, das geschieht nun in der Taufe zu eurer Rettung« (1 Petr 3,20-21 LB).

Weil acht Menschen in der Flut gerettet wurden, brachte man die Zahl Acht mit der Taufe in Verbindung, der rituellen Wiederholung der Urflut. Die Christen des Altertums und des Mittelalters bauten ihre Baptisterien fast immer in oktogonaler Form. Eine vom hl. Ambrosius verfaßte Inschrift für die Taufkirche von St. Thekla zu Mailand lautet wie folgt:

> Achtfach gemischt erhebt sich der Quell zu göttlichem Dienste,
> oktogonal ist der Quell, würdig solch heiligen Tuns.
> In der mystischen Acht muß das Haus unsrer Taufe erstehen,
> denn in ihm wird geschenkt ewiges Heil allem Volk
> durch das Licht des erstandenen Christ, der die Riegel des Todes
> sprengte und aus der Gruft alle Gestorbenen befreit,
> der von der Makel der Schuld erlöst die reuigen Sünder,
> da er sie reinigt im Bad dieses kristallenen Quells. …
> Kann Gott Erhabneres wirken als an so nichtigem Ort zu lösen
> die Schuld allen Volks?[35]

Wir wissen heute, daß die Zahl Acht eine Individuationszahl ist, ein Ausdruck der Ganzheit. Die Flut- und Taufsymbolik sagt uns somit, daß wir durch das Wasser der *solutio* ganz werden – d.h. mit dem Selbst verbunden.
Der Exodus und der Zug durchs Rote Meer wurden von Paulus auch mit der Taufe in Zusammenhang gesehen: »Ihr sollt wissen, Brüder, daß unsere Väter alle unter der Wolke waren, alle durch das Meer zogen und alle auf Mose getauft wurden in der Wolke und im Meer« (1 Kor 10,1-2 EÜ).
Jung erwähnt die Interpretation der Peraten (einer gnostischen Sekte) vom Roten Meer: »Das Rote Meer habe die Ägypter verschlungen. Ägypter aber seien alle Unwissenden. … Das Rote Meer bedeutet ein Wasser des Todes für die ›Unbewußten‹, für die ›Bewußten‹ hingegen ein Taufwasser der Wiedergeburt und des ›Hinübergehens‹.«[36] Augustinus sagt: »Das Rote Meer bedeutet die Taufe«, und Honorius von Autun erklärt: »Das Rote Meer ist die glühendrote Taufe durch das Blut Christi, in welchem die Feinde, nämlich die Sünden, ertränkt werden«.[37]
Die Alchemisten griffen das Bild vom Roten Meer auf. Von der Tinktur heißt es, sie werde aus dem Roten Meer ausgezogen. Ein Text erwähnt »die ›tyrische Farbe‹, ›welche aus unserem reinsten roten Meere ausgezogen wird‹«.[38] Ein anderer sagt: »Und wisse, … daß unser Rotes Meer tingierender ist als alle Meere, und … jeglichen Körper durchdringt«.[39] Die Wendung »unser Rotes Meer« bezieht sich auf die *aqua permanens*, das Allösungsmittel

– d.h. die flüssige Form des Steins der Weisen. Das Ziel des *opus* ist also das, was durch die *solutio* des Roten Meeres gegangen ist, das Selbst. Oder anders ausgedrückt, das Rote Meer ist die Totalität der Psyche, das Mittel der *solutio*, welchem das Ich auf seinem Weg zur Individuation begegnen und durch das es hindurchgehen muß (siehe Abb. 32).

Abbildung 32: Pharaos Heer ertrinkt im Roten Meer *(Stundenbuch der Visconti.* Florenz, Nationalbibliothek).

Das Rote Meer hatte für die Alchemisten mehrere sich überschneidende Bedeutungen. Erstens war es der entscheidende Übergang des Exodus. Die Flucht der Israeliten aus der Knechtschaft wurde gleichgesetzt mit der Erlösung des im Dunkel der Materie verborgenen verlorenen Wertes, ja mit dem ganzen alchymischen Wandlungsprozeß. Es hatte zweitens die allgemeine Bedeutung des Meeres – des Urchaos, des schöpferischen Urgrunds alles Werdenden, psychologisch ausgedrückt, des Unbewußten. Drittens verband seine Röte es mit der Farbe des Steins der Weisen und der verwandelnden Tinktur. Somit war das Rote Meer nicht nur die *prima materia*, sondern auch das Ziel des *opus*. Es hing auch zusammen mit dem erlösenden Blut Christi und dem »Blut des Lammes«, wie es in der Offenbarung des Johannes beschrieben wird. »Wer sind diese, die weiße Gewänder tragen, und woher sind sie gekommen? ... Es sind die, die aus der großen Bedrängnis kommen; sie haben ihre Gewänder gewaschen und im Blut des Lammes weiß gemacht. Deshalb stehen sie vor dem Thron Gottes und dienen ihm bei Tag und Nacht in seinem Tempel« (Offb 7,13-15 EÜ).

Eine ganz konkrete Bluttaufe wurde im Taurobolium des Mithraismus vollzogen. Blut wird mit dem Element Feuer verknüpft; daher vereint die Blutsymbolik Feuer und Wasser – d.h. die Metaphorik sowohl der *calcinatio* als auch der *solutio*.

Die Taufe ist im wesentlichen ein Reinigungsritual, das einem, konkret wie auch geistlich, den Schmutz abwäscht. Waschungen waren häufige Vorübungen in religiösen Zeremonien, etwa in den eleusinischen Mysterien. Psychologisch läßt sich die durch die Taufe abgewaschene Unreinheit oder Sünde als Unbewußtheit verstehen, als Schatteneigenschaften, deren man sich nicht bewußt ist. Psychische Reinlichkeit bedeutet nicht konkrete Sauberkeit, sondern Gewahrwerden des eigenen Schmutzes. Wenn man psychisch rein ist, wird man seine Umwelt nicht mit Schattenprojektionen kontaminieren (siehe Abb. 33).

Ich kann diesen Teil über die Taufe nicht abschließen, ohne ein schönes Zitat anzuführen, das Christus und die Sonne als Täuflinge gleichsetzt. Es stammt von Melito von Sardes, einem Theologen des zweiten Jahrhunderts:

Wenn die Sonne ihren Tageslauf vollendet hat mit ihrem feurigen Gespann, wird sie durch die wirbelnde Bewegung ihres Laufes feuerfarbig und wie eine brennende Fackel. ... Dann steigt sie, dem Auge nicht leicht sichtbar, in den Ozean hinab. ... Sich badend in geheimnisvoller Tiefe jauchzt sie auf gar sehr, das Wasser ist ihre Nahrung. Sie bleibt eine und dieselbe, aber sie strahlt dennoch den Menschen auf als eine neue Sonne, gekräftigt aus der Tiefe, gereinigt im Bade. ... Ihrem Lauf folgend geht der Reigen der Sterne, wirkt die Natur des Mondes. Sie baden sich im Baptisterium der Sonne wie gute Schüler: denn nur, weil Sterne und Mond dem Lauf der Sonne folgen, haben sie reinen Glanz. Wenn nun die Sonne mit den Sternen und dem Mond sich badet im Ozean, warum sollte da nicht Christus getauft werden im Jordanfluß? Der König der Himmel, der Herzog der Schöpfung, die Sonne des Aufgangs, die auch den Toten im Hades erschien und den Sterblichen auf Erden. Als allein wahrer Helios ging er auf aus Himmelshöhen.[40]

Abbildung 33: Die Wäscherin (Maier: *Atalanta Fugiens,* 1618).

Zuvor wurde der Mond als Mittel der negativen oder gefährlichen *solutio* erwähnt. Er weist aber auch wichtige Verbindungen zu überaus positiven Bildvorstellungen auf. Der Mond wurde als Quelle des Taus betrachtet – ein Werkzeug der heilenden Gnade und identisch mit der *aqua permanens*. Isis wurde auch »Tau« genannt, und es war der Tau ihrer Tränen, der die zerstreuten Glieder des Osiris wieder zusammenfügte.[41] Jung beschreibt die Mond- und Tausymbolik mit den folgenden Worten:

> Es ist ein Lebenstau und –saft, der von der Luna ausgeht. [Ein alter alchemistischer Text sagt:] »Diese Luna ist ein Lebenssaft, der im Mercurius verborgen ist.« Schon die griechische Alchemie nahm ein Prinzip im Monde an, die »Flüssigkeit des Philosophen«, wie Christianos sie nennt. Die in der Antike hervorgehobene Beziehung des Mondes zur Seele kommt zwar in der Alchemie auch vor, aber mit einer anderen Nuance. Einerseits – und dies ist das Gewöhnliche – stammt vom Monde jener Tau, oder der Mond ist jene »aqua mirifica«, welche den Körpern die Seelen auszieht oder ihnen Leben und Seele verleiht. Mit Merkur zusammen begießt Luna den zerstückelten Drachen mit ihrer Feuchtigkeit und belebt ihn wieder, ja »macht ihn leben, laufen, wandeln und seine Farbe zur Art des Blutes verändern«. Als Ablutionswasser fällt der Tau vom Himmel, reinigt den Körper und bereitet ihn zur Wiederaufnahme der Seele vor, das heißt es bewirkt die albedo, den weißen Unschuldszustand, der mondähnlich und bräutlich den sponsus erwartet.[42]

In der kirchlichen Symbolik stellt Tau die Gnade dar, und in der Alchemie ist er die *aqua sapientiae*. Ein ausgezeichnetes Beispiel kann man auf einem der *Rosarium*-Bilder sehen, die in *Die Psychologie der Übertragung* abgedruckt sind[43] (siehe Abb. 34). Das Bild zeigt den König und die Königin im Anschluß an den Koitus verschmolzen und tot auf einer Platte liegen. Feuchtigkeit fällt in dicken Tropfen aus einer Wolke über ihnen auf sie. Jung interpretiert den herabfallenden Tau als das Wasser der göttlichen Weisheit oder den »Tau des Gideon«, ein Synonym für die *aqua permanens*. Er »bedeutet nämlich eine göttliche Intervention; er ist die Feuchtigkeit, welche die sich wieder nahende Seele verkündet«.[44] Dies entspricht der Wiederentdeckung des Gefühls, nachdem man zuvor, wie Faust vor seinem Zusammentreffen mit Mephistopheles, dem tödlichen, sterilen Zustand intellektueller Abstraktion erlegen war.

Wie Jung uns sagt: »Die Alchemisten meinten, daß zum Werke nicht nur Laborieren, Bücher lesen, Meditieren und schließlich Geduld, sondern auch die Liebe gehören.«[45]
Der Tau der göttlichen Weisheit stellt einen anderen Aspekt der *solutio* heraus, nämlich ihre Fähigkeit, Fragen zu beantworten oder eine *Lösung* von Problemen zu liefern. Gerhard Dorn sagt: »Die chemische Faulung (oder Zersetzung, putrefactio) wird dem Studi-

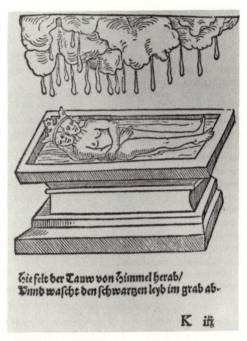

Abbildung 34: Der vereinte Leib von König und Königin wird von himmlischem Tau gereinigt und wieder zum Leben erweckt (*Rosarium Philosophorum*, Frankfurt 1550).

um der Philosophen verglichen; denn so, wie die Philosophen durch ihr Studium in den Stand gesetzt werden, zu erkennen, so werden die natürlichen Dinge durch die Zersetzung zur Lösung (ad solutionem) geführt; womit die philosophische Erkenntnis verglichen wird, denn, wie durch die Lösung die Körper zersetzt werden (solvuntur), so werden durch die Erkenntnis die Zweifel der Philosophen gelöst (resolvuntur).«[46]

Die *Rubaijat* des Omar Khaijam bringen den gleichen Gedanken in einem der *solutio* angemesseneren Stil zum Ausdruck.

> Die Rebe schmilzt zur Einheit und zur Ruh
> die zweiundsiebzig feindlich scharfen Sekten.
> Der feine Alchemist – er macht im Nu
> des Lebens Blei zu Gold und reicht dirs zu.[47]

Die *solutio*-Erfahrung »löst« psychische Probleme, indem sie die Sache in den Gefühlsbereich überführt. Mit anderen Worten, sie beantwortet »unbeantwortbare« Fragen, indem sie die Libidohemmung auflöst, deren Symptom die Frage war.

Eine Variante der *solutio* ist die *liquefactio*, der Schmelzvorgang. Manchmal wird sie auch *ceratio* genannt, die Umwandlung in einen wachsähnlichen Zustand. Über diese Prozedur sagt Ruland: »*Ceratio* wird ... an einem Körper, der, was seine Feuchte anbelangt, hart und trocken ist, durch häufig wiederholte Durchtränkung vorgenommen, bis er ganz aufgeweicht ist. Das Zeichen der vollkommenen *ceratio* ist es, ... wenn die Arznei, indem sie schnellstens auf eine erhitzte Platte geworfen wird, sich ohne Rauch, gleichwie Wachs, augenscheinlich auflöst.«[48]

Die Eigenschaft, bei Erhitzung zu schmelzen, die die meisten Metalle besitzen, wurde als ein Anzeichen der Qualität oder der edlen Art angesehen. So ruft ein Alchemist angesichts eines nicht schmelzbaren Metalles entrüstet aus: »Die *Marcasiten* seind wegen jhrer großen jrrdischen Unreinigkeit mit keinem schmeltzen zu zwingen.«[49] Das ist eine interessante psychologische Aussage. Sie verrät uns, daß psychische Qualität sich in der Fähigkeit zeigt, weich und fließend zu werden, zu schmelzen und sich zu verflüssigen. Laotse beschreibt es im *Tao Te Ching* 8 sehr schön:

Der Beste der Menschen ist wie Wasser;
Wasser nützt allen Dingen
Und wetteifert nicht mit ihnen.
Es verweilt an (niederen) Orten, die alle verachten –
Darin kommt es dem Tao nahe.

In seinem Verweilen liebt (der Weise) die (niedere) Erde:
In seinem Herzen liebt er, was tief ist;
In seinen Beziehungen zu anderen liebt er die Güte;
In seinen Worten liebt er die Aufrichtigkeit;
In der Regierung liebt er den Frieden;
In den Geschäften liebt er die Tüchtigkeit;
In seinen Handlungen liebt er es, die rechte Zeit zu wählen.
Eben weil er nicht strebt,
Ist er ohne Vorwurf.[50]

Das *I Ging* hat ein Hexagramm, die Nummer 59, das man »*solutio*« hätte nennen können. Wilhelm nennt es »Die Auflösung«. Ein Teil des Kommentars dazu lautet folgendermaßen:

Zur Überwindung des trennenden Egoismus der Menschen bedarf es der religiösen Kräfte. Die gemeinsame Feier der großen Opferfeste und Gottesdienste ... war das Mittel, das die großen Herrscher anwandten, um die Herzen in gemeinsamer Wallung des Gefühls durch heilige Musik und Pracht der Zeremonien zum Bewußtsein des gemeinsamen Ursprungs aller Wesen zu bringen, wodurch die Trennung überwunden, die Erstarrung aufgelöst wurde. ... Egoismus und Habsucht isolieren die Menschen. Darum muß eine fromme Rührung das Menschenherz ergreifen. Es muß gelöst werden in heiligen Schauern der Ewigkeit.[51]

Zusammenfassend läßt sich sagen, daß ich von sieben wesentlichen Aspekten der *solutio*-Symbolik gesprochen habe: 1) Rückkehr in den Mutterschoß oder Urzustand; 2) Auflösung, Zerstreuung, Zerstückelung; 3) Enthaltensein von etwas Kleinerem in etwas Größerem; 4) Wiedergeburt, Verjüngung, Eintauchen in den schöpferischen Energiefluß; 5) Reinigungsprobe; 6) Lösung von Problemen und 7) Schmelzen oder Erweichen. Diese verschiedenen Aspekte überschneiden sich. Einige von ihnen oder alle können unterschiedliche Facetten einer einzigen Erfahrung bilden. Grundsätzlich ist es die Konfrontation des Ich mit dem Unbewußten, was die *solutio* herbeiführt. Jung sagt:

Die Analyse und Deutung der Träume konfrontiert den Standpunkt des Bewußtseins mit den Aussagen des Unbewußten, wodurch der zu enge Rahmen des bisherigen Bewußtseins gesprengt wird. Diese Auflockerung verkrampfter Anschauungen und Einstellungen entspricht passend der solutio und separatio elementorum durch die aqua permanens, welche schon vorher im »Körper« vorhanden war und durch die Kunst daraus »hervorgelockt« wird. Dieses Wasser ist eine anima oder ein spiritus, das heißt eine psychische »Substanz«, welche nun ihrerseits wieder auf das Ausgangsmaterial angewandt wird. Dies entspricht der Verwendung des Traumsinnes zur Aufklärung der vorhandenen Probleme. Solutio wird in diesem Sinne von Dorneus definiert. »Wie durch die Auflösung die Körper aufgelöst werden, so werden durch die Erkenntnis die Zweifel der Philosophen gelöst.«[52]

In diesem Zitat wird der analytische Prozeß als eine *solutio* hauptsächlich für den Patienten beschrieben. Jedoch muß sich auch der Therapeut der *solutio* unterziehen. Einige Texte erklären dies ausdrücklich: »Derohalben thun wir wohl, daß wir die Cörper verkehren in eine flüßige Substantz, denn eine jegliche Tinctur kan tausendmal mehr tingiren in einer dünnen und weichen Substantz, als in einer harten... Derowegen ist ohnmöglich, daß eine Verwandelung der unvollkommenen Metallen geschehe durch die truckene perfecten Cörper, es sey dann, daß sie erstlich in ihre weiche und flüßige Substantz gebracht werden. Und das heisset, die Cörper wieder in ihr rohes und erstes Wesen bringen.«[53] Und weiter: »Denn was trucken ist, kan nicht eingehen noch tingiren (färben) ohne sich selbst. Demnach tingiret ein truckener irrdischer Leib nicht, er werde dann tingiret.«[54]
Sowohl Patient als auch Therapeut müssen also weich und flüssig sein. Dies stimmt mit dem überein, was Jung über die Natur der Psychotherapie schreibt:

Die Beziehung zwischen Arzt und Patient ist eine persönliche Beziehung innerhalb des unpersönlichen Rahmens der ärztlichen Behandlung. Es ist mit keinem Kunstgriff zu vermeiden, daß die Behandlung das Produkt einer gegenseitigen Beeinflussung ist, an welcher das ganze Wesen des Patienten sowohl wie das des Arztes teilhat. ... Darum ist auch für das

Resultat einer seelischen Behandlung die Persönlichkeit des Arztes (sowie die des Patienten) oft so unendlich viel wichtiger, als das, was der Arzt sagt und meint... Das Zusammentreffen von zwei Persönlichkeiten ist wie die Mischung zweier verschiedener chemischer Körper: tritt eine Verbindung überhaupt ein, so sind beide gewandelt. Wie wir in jeder wirklichen seelischen Behandlung erwarten dürfen, hat der Arzt einen Einfluß auf den Patienten. Dieser Einfluß kann aber nur stattfinden, wenn auch er vom Patienten affiziert ist. Einfluß haben ist synonym mit Affiziertsein.[55]

Zwischen Arzt und Patient bestehen irrationale Beziehungsfaktoren, welche gegenseitige *Wandlung* bewirken. Dabei wird die stabilere, stärkere Persönlichkeit den endgültigen Ausschlag geben. Es sind mir aber schon viele Fälle vor Augen gekommen, wo der Patient den Arzt assimiliert hat, aller Theorie und professionellen Absicht zum Trotz, und meist, aber nicht immer, zum Nachteil des Arztes.[56]

Jede der alchemistischen Operationen hat einen kleineren und einen größeren Aspekt, genau wie sie eine negative und eine positive Seite hat. Das Feuer der *calcinatio* kann als Höllenfeuer oder als Inspiration des Heiligen Geistes erlebt werden. Gleiches trifft auf die *solutio* zu. Ein Text sagt: »[Du] solt wissen, ob schon eine einige *Solution* ist, das doch solche *secundum prius & posterius* [in erste und zweite], wie mann in den Schulen zu reden pfleget, abgetheilet wird. Die erste ist die zertheilung ... oder zerlegung in seine erste *materiam* ...: die andere aber ist die vollkommene Auflösung des Leibes unnd des Geistes zugleich, da dann das *soluirende*, und das da *soluiret* wird, immer beysammen bleiben, und geschiehet mit dieser Auflösung des Leibes die *Coagulation* des Geistes.«[57]
Die größere *solutio* geht also mit einer Umpolung der Gegensätze einher; die Lösung des Körpers bewirkt eine Festigung des Geistes. Viele andere Texte sagen dasselbe. Kelly zitiert Avicenna: »Das wahre Prinzip unseres Werkes ist die Auflösung des Steines, weil gelöste Körper Geistnatur angenommen haben, weil nämlich ihre Qualität trockener ist. Denn die Lösung des Körpers wird begleitet von der Koagulation des Geistes.«[58] In einem anderen Text heißt es: »Unsere *Solution* ist eine Ursache unserer *Coagulation*, sintemahl die Aufflösung eins Theils / als des Cörpers / verursacht die *Coagulation* des andern *Spirituali*schen Theils.«[59]

Das ist tiefgründige und paradoxe Symbolik. Die nächstliegende Bedeutung ist, daß eine Befreiung von konkreten Einzelheiten eine Realisierung von Universalien fördert. Jedoch das paradoxe Spiel der Gegensätze bedeutet letztlich, daß die Prozedur zum Selbst führt – dem transpersonalen Zentrum der Psyche, das die Gegensätze vereinigt und versöhnt. Wir gelangen somit zum Letzten in der Symbolik der *solutio*, der Idee des Wassers, welches das Ziel des Prozesses ist. Für diese flüssige Version des Steins der Weisen werden etliche Ausdrücke gebraucht: »*aqua permanens*«, »*elixir vitae*«, »Tinktur«, »philosophisches Wasser«, »Allösungsmittel«, »göttliches Wasser« usw. Wasser als Ziel des *opus* wird in diesem Text beschrieben:

[Die Philosophen] sagen, daß das ganze Werk und die Substanz des ganzen Werkes nichts anderes seien als das Wasser: und die Behandlung desselben geschieht in nichts anderem als im Wasser. ... und mit welchen Namen die Philosophen ihren Stein benannt haben, so meinen sie immer und deuten auf diese eine Substanz, das heißt jenes Wasser, aus welchem alles (entsteht) und in welchem alles (enthalten ist); welches alles beherrscht, in welchem geirrt wird, und in welchem der Irrtum selber korrigiert wird. Ich sage aber »philosophisches« Wasser, nicht vulgäres (vulgi) Wasser, sondern aqua Mercurialis.[60]

Hier ist das philosophische Wasser, in welchem alles stattfindet, Anfang wie auch Ende des *opus*, der *prima materia* und des Steins der Weisen. Es ist ein flüssiges Symbol des Selbst, das die Gegensätze enthält und alles Einseitige in sein Gegenteil verkehrt. So heißt es: »Dieses Wasser macht die Toten lebendig und tötet die Lebenden, es erleuchtet das Finstere und verdunkelt das Helle.«[61]

Genau wie der Stein der Weisen mit Christus identifiziert wurde, so wurde das göttliche Wasser der Alchemisten auch auf das lebendige Wasser bezogen, das Christus im Johannes-Evangelium mit sich gleichsetzte: »Wer aber von dem Wasser trinkt, das ich ihm geben werde, wird niemals mehr Durst haben; vielmehr wird das Wasser, das ich ihm gebe, in ihm zur sprudelnden Quelle werden, deren Wasser ewiges Leben schenkt« (Joh 4,14 EÜ). »Wer Durst hat, komme zu mir, und es trinke, wer an mich glaubt. Wie die Schrift sagt: Aus seinem Inneren werden Ströme von lebendigem Wasser fließen« (Joh 7,37-38 EÜ).

Eine interessante Traumparallele zu den »Strömen von lebendigem Wasser« gelangte mir zur Kenntnis. Während einer Behandlungsstunde vermochte der Analytiker zu dem Traum des Patienten eine besonders ausführliche Amplifikation zu geben. In der Nacht darauf träumte der Patient, daß ein Strom von kristallklarem Wasser aus dem Mund des Analytikers floß. Diese Episode ist ein ausgezeichnetes Beispiel für Jungs Aussage: »Die Analyse und Deutung der Träume ... entspricht passend der solutio und separatio elementorum durch die aqua permanens«.[62]

Der Psalmist schreit zu Gott: »Es dürstet meine Seele nach dir, / mein ganzer Mensch verlangt nach dir / aus trockenem, dürrem Land, wo kein Wasser ist« (Ps 63,1 LB). Fast wie zur Antwort auf diesen Schrei beginnt ein alchemistisches Rezept für die *solutio* mit den Worten: »Wenn du diese trockene Erde mit dem ihr eigenen Wasser zu benetzen weißt, die Poren der Erde erweitern (oder auflockern) wirst...« Jung gibt folgende Deutung:

Wenn du deinen Mangel an Phantasie, an Einfällen und innerer Belebtheit, den du als Stockung und unfruchtbare Öde empfindest, mit jenem Interesse betrachtest (= »trächtig machst«), welches eben in dem Alarm besteht, den man als Folge des inneren Todes und als Ruf der Wüste (nicht selten ein »call of the wild«) vernimmt, so kann etwas werden, denn die innere Leere birgt eine ebenso große Fülle, wenn du dich nur so lässest, daß sie in dich eindringen kann. Wenn du dich zugänglich erweisest für den Ruf der Wüste, so wird die Sehnsucht nach Erfüllung die öde Leere deiner Seele so beleben wie ein Regen die trockene Erde.[63]

Die größere *solutio* ist eine Begegnung mit dem *numinosum*, welches die Beziehung des Ich zum Selbst erprobt und herstellt. Wie es uns die Sintflutmythen ausdrücklich sagen, kommt die Flut von Gott, das heißt, die *solutio* kommt vom Selbst. Was im Ich rettenswert ist, wird gerettet. Was nicht rettenswert ist, wird aufgelöst und eingeschmolzen, um wieder in neue Lebensformen gegossen zu werden. Auf diese Weise erneuert sich der andauernde Lebensprozeß selbst. Das Ich, das sich auf diesen transpersonalen Prozeß einläßt, wird mit ihm zusammenwirken und seine eigene Verkleinerung erfahren – als ein Vorspiel zum Kommen der größeren Persönlichkeit, der Ganzheit des Selbst.

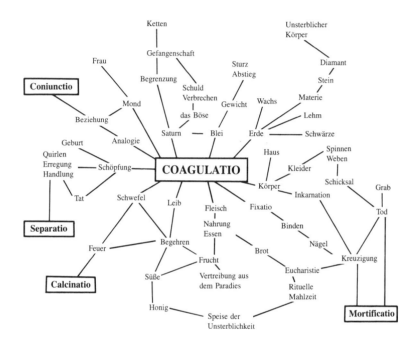

3 Coagulatio

Die *calcinatio* ist die Operation des Elementes Feuer, die *solutio* die Operation des Wassers und die *sublimatio* die der Luft; die *coagulatio* gehört zum Symbolkreis des Elementes Erde. Wie alle alchemistischen Operationen meint *coagulatio* zunächst einmal eine Erfahrung im Laboratorium. Durch Kühlung kann eine Flüssigkeit in einen festen Stoff verwandelt werden. Ein fester Stoff, den man in einem Lösungsmittel aufgelöst hat, erscheint wieder, wenn das Lösungsmittel zum Verdampfen gebracht wird.[1] Oder eine chemische Reaktion kann eine neue Verbindung erzeugen, die fest ist – man denke z.B. an das Gerinnen des Eiweißes bei Erhitzen.
In ihrem Wesen ist die *coagulatio* der Prozeß, der etwas in Erde verwandelt. »Erde« ist folglich eines der Synonyme für die *coagulatio*. Sie ist schwer und dauerhaft und von fester Lage und Gestalt. Sie löst sich weder durch Verdunstung in Luft auf, noch paßt sie sich schmiegsam der Form eines jeden Behältnisses an, wie Wasser das tut. Ihre Form und ihr Standort sind fest. Um also Erde zu werden, muß ein psychischer Inhalt in einer bestimmten ortsgebundenen Form konkretisiert, d.h. *an ein Ich geheftet* werden (siehe Abb. 35). Die *coagulatio* wird oft mit der Schöpfung gleichgesetzt. In der *Turba Philosophorum* heißt es: »Gott hat durch sein Wort alle Dinge geschaffen, indem er sprach: ›Seid!‹ Und es sind geschaffen worden mit anderem die vier Elemente, die Erde, das Wasser, die Luft und das Feuer, die er [koaguliert] hat.«[2] Gewisse Schöpfungsmythen gebrauchen explizite Bilder der *coagulatio*. In der Kosmogonie der nordamerikanischen Indianer wurde die Welt oft von einem »Taucher« erschaffen, der aus den Tiefen des Meeres Erdklümpchen heraufbrachte.[3] Beispielsweise erklärt ein Cherokee-Mythos: »Am Anfang waren die Tiere in der Himmelswelt zusammengedrängt; unten war alles Flut. Der Wasserkäfer wurde auf Kundschaft geschickt, und nachdem er auf der Oberfläche der Wasser umherge-

Abbildung 35: Die Erde säugt den *filius philosophorum* (Maier: *Atalanta Fugiens*, 1618).

flitzt war, ohne einen Ruheplatz zu finden, tauchte er in die Tiefe, von wo er ein Erdklümpchen heraufbrachte, aus dem sich durch Zuwachs die Erde entwickelte. Als die Erde trocken war, ... kamen die Tiere herab.«[4]

In der Hindu-Mythologie gibt es ein interessantes *coagulatio*-Bild. Nach der Sintflut (*solutio*), die alle Menschen außer Manu, dem indischen Noah, vernichtete, ergab sich die Notwendigkeit, in der Überschwemmung verlorengegangene wertvolle Dinge wiederzuerlangen. »Götter und Dämonen quirlten das Milchmeer, indem sie die große Schlange (Shesha-naga) als Strick und den Langsam-Berg (Mandara) als Quirl nahmen.«[5] Aus diesem Quirlvorgang entstanden durch Gerinnung verschiedene Dinge, so wie Butter aus Rahm. Dasselbe Bild erhält in den Upanishaden eine psychologische Ausdeutung: »Wie die Butter in der Milch verborgen, so wohnt das Reine Bewußtsein (*vijñānam*: der Zustand des Ātman als Brahman, lautere Seligkeit) in jedem Wesen[; ständig werde es gequirlt], wobei der Verstand als Quirl dient.«[6] Die Vorstellung, daß die Welt durch eine Rühr- oder Quirlbewegung ins Dasein koaguliert wurde, wird auch von Anaximander geäußert: »Und außerdem gab es eine ewige Bewegung, in deren Lauf die Entstehung der Welten sich vollzog.«[7] Diese »ewige Bewegung« dachte man sich als einen Wirbel im »Unbegrenzten« (*apeiron*), der *prima materia*, womit sie dem Bild des Hindu-Mythos sehr nahe kommt.

Ein Mann in mittleren Jahren, der gerade eine größere Umorientierung durchmachte, bei der er ein »Gefühl des Absterbens der alten Ordnung« hatte, träumte:

Es ist Morgengrauen, soeben beginnt es zu tagen. Ich bin bis zur Taille in einer Substanz, die eine Mischung aus schwarzem Schlamm, Schleim und Scheiße ist. Es ist niemand sonst in der Nähe, und diese schwarze Fläche ersteckt sich bis zum Horizont. Es ist wie der Anfang der Welt, der erste Schöpfungstag. Ich fange an, mit den Beinen zu strampeln, mit großer und hartnäckiger Anstrengung in dem schwarzen Schlamm herumzuquirlen. Ich setze das stundenlang fort, und langsam beginnt die Ursuppe, hart und fest zu werden. Ich bemerke, daß die Sonne in den Himmel aufsteigt und ihre Hitze das Wasser austrocknet und massive Erde schafft. Ich sehe voraus, daß ich bald auf festem Boden stehen kann.

Die Mythen sagen uns, daß die *coagulatio* durch Handeln (Tauchen, Quirlen, Wirbeln) gefördert wird. Sie entspricht dem, was Faust vom Geist des Mephistopheles lernte: »Im Anfang war die Tat«.[8] Psychologisch bedeutet das, daß Aktivität und psychische Bewegung die Ichentwicklung fördern. Indem man sich den Stürmen und Belastungen des Handelns aussetzt, dem Quirlen der Wirklichkeit, festigt man seine Persönlichkeit.

Die *Turba Philosophorum* gibt das folgende alchymische Rezept für die *coagulatio*: »Nehmet das Quecksilber und verfestiget es im ›Körper der Magnesia‹, oder im ›Kuhul‹ [Blei], oder im ›unverbrennlichen Schwefel‹; usw.«[9] Dieser Text hat einen erkennbaren chemischen Bezug. Wenn Quecksilber mit einer großen Menge eines anderen Metalls wie etwa Blei amalgamiert wird, verfestigt sich das Amalgam. Ähnlich verbindet sich Quecksilber mit Schwefel zu festem Quecksilbersulfid. Jedoch der Hinweis auf den unverbrennlichen Schwefel macht deutlich, daß den chemischen Tatsachen eine psychische Bedeutung überlagert wurde.

Die zu koagulierende Substanz ist flüchtiges Quecksilber. Dieses ist der Geist Mercurius, den Jung ausführlich behandelt hat.[10] Er ist im wesentlichen der autonome Geist der archetypischen Psyche, die paradoxe Manifestation des transpersonalen Selbst. Den Geist Mercurius der *coagulatio* zu unterziehen, bedeutet nichts Geringeres als die Verbindung des Ich mit dem Selbst, den Vollzug der Individuation. Untergeordnete Aspekte des flüchtigen Mercurius erscheinen in den Wirkungen aller autonomen Komplexe. Die Assimilation eines Komplexes ist folglich ein Beitrag zur *coagulatio* des Selbst.

Der Text erwähnt drei Wirkstoffe der *coagulatio*: Magnesia, Blei und Schwefel. Magnesia bedeutete für die Alchemisten etwas anderes als für uns heute; es war eine allgemeine Bezeichnung für verschiedene rohe metallische Erze oder unlautere Mischungen.[11] Psychologisch könnte sich dies auf die Vereinigung des transpersonalen Geistes mit der gewöhnlichen menschlichen Wirklichkeit beziehen. Vielleicht ist dies der Sinn einer Bemerkung Jungs, die von Aniela Jaffé mitgeteilt wird: »Als Jung mit einer Gruppe junger Psychiater ... in seinem Haus den Bewußtwerdungsprozeß besprach – er stand damals am Beginn des neunten Jahrzehnts – schloß er seine Ausführungen überraschend mit den Worten: ›And then you have to learn to become decently unconscious‹.«[12]

Der nächste Wirkstoff der *coagulatio*, der erwähnt wird, ist Blei. Blei ist schwer, stumpf und drückend. Es hängt zusammen mit dem Planeten Saturn, der die Eigenschaften der Niedergeschlagenheit, der Melancholie und der qualvollen Begrenzung besitzt. So muß der freie, autonome Geist mit der schweren Wirklichkeit und den Begrenzungen persönlicher Besonderheit verbunden werden. In der analytischen Praxis wird diese Verquickung mit Blei oft dann hergestellt, wenn das Individuum für flüchtige Phantasien und Ideen persönliche Verantwortung übernimmt, indem es sie gegenüber dem Analytiker oder einer anderen wichtigen Person äußert. Es ist erstaunlich, den Unterschied zwischen einer nur gedachten und einer ausgesprochenen Idee zu beobachten. Es ist der Unterschied zwischen Quecksilber und Blei (siehe Abb. 36).

Abbildung 36: Adler, an ein Erdtier gekettet (Stolcius: *Viridarium Chymicum*, 1624).

Der dritte koagulierende Wirkstoff, der erwähnt wird, ist der Schwefel oder Sulphur. Wegen seiner gelben Farbe und seiner Entflammbarkeit wird er mit der Sonne in Verbindung gebracht. Andererseits stinken seine Dämpfe und schwärzen sie die meisten Metalle, so daß Schwefel ein charakteristisches Merkmal der Hölle ist. Jung faßt seine ausgezeichnete Erörterung der Symbolik des Sulphur in *Mysterium Coniunctionis* mit den Worten zusammen, daß:

… der Schwefel die aktive Sonnensubstanz bedeutet, das heißt ins Psychologische übersetzt, *das treibende Moment im Bewußtsein*, nämlich einerseits den Willen, den wir wohl am besten als einen dem Bewußtsein unterstellten Dynamismus auffassen, andererseits das Getriebensein, eine unwillkürliche Motivierung oder Bewegtheit, die vo[m] bloßen Interesse bis zur eigentlichen Besessenheit reicht. Der unbewußte Dynamismus dürfte dem Sulphur entsprechen, denn das Getriebensein ist das große

Geheimnis des menschlichen Lebens, die Durchkreuzung unseres bewußten Willens und unserer Vernunft durch ein entflammbares Wesen, das bald als verheerender Brand, bald als lebenspendende Wärme erscheint.[13]

Darin zeigt sich »die paradoxe Natur des Sulphur, der einerseits als corruptor dem Teufel nicht allzu ferne steht, andererseits aber als Christusparallele erscheint«.[14] Wenn also der Schwefel zu einem Teil Begehrlichkeit bedeutet – das Streben nach Macht und Lust –, so gelangen wir zu dem Schluß, *daß das Begehren koagulierend wirkt.*

Im Neuen Testament wird das Fleisch ausdrücklich mit sündiger Begehrlichkeit gleichgesetzt. »Denn alles, was in der Welt ist, des Fleisches Lust und der Augen Lust und hoffärtiges Leben, ist nicht vom Vater, sondern von der Welt« (1 Joh 2,16 LB). Desgleichen Paulus: »Offenbar sind aber die Werke des Fleisches, als da sind: Unzucht, Unreinigkeit, Ausschweifung, Götzendienst, Zauberei, Feindschaft, Hader, Eifersucht, Zorn, Zank, Zwietracht, Spaltungen, Neid, Saufen, Fressen und dergleichen« (Gal 5,19-21 LB).

Nicht allein, daß Begehrlichkeit ein Merkmal des Fleisches – des koagulierten Aspektes der Psyche – ist, sondern Begierde soll auch den Inkarnationsprozeß in Gang setzen. So werden Begierde und Inkarnation beispielsweise im *Tibetanischen Totenbuch* zusammengebracht. Wenn eine Seele soweit ist, reinkarniert und in einen Mutterschoß aufgenommen zu werden, sieht sie »Visionen von männlichen und weiblichen Wesen in Vereinigung« und wird von einem heftigen Verlangen überkommen: soll sie männlich geboren werden, entsteht Zuneigung für die Mutter und Abneigung gegen den Vater, wenn aber weiblich, so Zuneigung zum Vater und Abneigung gegen die Mutter.[15] So sagt Jakob Böhme von den Urständen des Göttlichen Wesens: »Ein Begehren ist anziehend: und da es doch in der Ewigkeit nichts hat, als nur sich selber, das zeucht sich im Willen, und machet den Willen voll, das ist seine Finsterniß, da er sonst, da er nicht begehrend wäre, ein Nichts wäre, sondern eine ewige Stille ohne Wesen.«[16] In einem neuplatonischen Bild der Inkarnation der Seele erscheint diese auch durch Begehren getrieben: »Da sie von jenem höchsten Gipfel und immerwährenden Licht hinabschaut und mit geheimem Begehren die triebhafte Neigung des Körpers und sein auf der Erde so genanntes Leben erwogen hat, sinkt die Seele durch das schiere Gewicht dieser ihrer irdischen Gedanken allmählich in die Unterwelt hinab. ... In den einzelnen Sphären [die sie durchschreitet] wird sie je mit einer ätherischen Hülle umkleidet, damit sie durch diese schrittweise der Gemeinschaft dieser irdischen Bekleidung geneigt gemacht werde. Und so gelangt sie durch ebensoviele Tode, wie sie Sphären durchschreitet, in dieses auf der Erde so genannte Leben.«[17]

In dieser Passage wird der Inkarnationsprozeß mit dem Begehren, mit einem Abstieg oder Sturz vom Himmel und mit einem Anziehen von Kleidern in Verbindung gebracht. Das Motiv des Himmelssturzes aus Stolz oder Leidenschaft geht zurück auf Genesis 6,2 (LB): »Da sahen die Gottessöhne, wie schön die Töchter der Menschen waren, und nahmen sich zu Frauen, welche sie wollten.« Hierher gehört auch Luzifers Auflehnung und Sturz vom Himmel, was von Milton so schön beschrieben wurde:

> Nach Herrschaft über seinesgleichen trachtend,
> Er sich dem Höchsten gleich zu sein vermaß;
> Verruchten Krieg erhob er drum im Himmel,
> Krieg wider Gottes Thron und Majestät,
> Bis auf dem Schlachtfeld seines Stolzes Ziel
> Vereitelt ward. Die Allmacht schleuderte
> Mit gräßlicher Zerschmetterung häuptlings ihn
> Vom Himmelssitz in bodenlos Verderben,
> Daß er in diamantnen Ketten dort,
> Von Glut gepeinigt, wohne, der's gewagt,
> Zum Kampf zu fordern den allmächt'gen Gott.[18]

Diese Stelle birgt *calcinatio*-Symbolik, aber vor allen Dingen bezieht sie sich auf die *coagulatio*. Sie schildert auf großartige Weise die anfängliche vorbewußte Tat, die den Grund des Ich legt. Engel oder ihre Entsprechungen stürzen auch in modernen Träumen noch vom Himmel (siehe Abb. 37).

Abbildung 37: Der Sturz der aufbegehrenden Engel *(Les Très Riches Heures du Duc de Berry.* Chantilly, Musée Condé).

Eine junge Frau mit einer unvollständigen Ichausbildung – ein lückenhaftes Bewußtsein ihrer weiblichen Identität – hatte ziemlich am Anfang ihrer Analyse folgenden Traum (gekürzt):

Ich wurde ans Fenster gerufen, um mir eine Erscheinung am Himmel anzuschauen. Als ich den Mond betrachtete, sah ich einen anderen Körper hinter ihm hervorkommen – wie einen zweiten Mond. Plötzlich begann der zweite Körper in herrlichen Farben zu explodieren, so daß es aussah wie die Explosion einer H-Bombe. Ich dachte, wir wohnten der Geburt einer neuen Sonne bei. Auf einmal wurde bei einer weiteren Explosion ein Stück des neuen Körpers in den Raum geschleudert und landete in unserer Wohnung. Wir rannten hinaus, so schnell wir konnten, weil wir befürchteten, es könnte radioaktiv sein.

Dieser Traum gab mir den Mut, in einem langsamen und schwierigen therapeutischen Prozeß durchzuhalten. Ein wichtiger Zug dieses Prozesses war die allmähliche Entwicklung der Fähigkeit, sich ganz auf einen Mann einzulassen.

Träume von abstürzenden Flugzeugen oder fallenden Gegenständen weisen im allgemeinen auf eine *coagulatio* hin. Beispielsweise hatte ein Mann, der dabei war, eine wahrhaftigere Beziehung zu seiner Religion zu entwickeln, den folgenden Traum:

Ich bin im Zentrum von Manhattan. Hohe Gebäude werden niedergerissen. Ein riesiger Steinbrocken von der Spitze eines der Gebäude donnert zu Boden und trifft mich beinahe.

Zu diesem Steinbrocken assoziierte der Träumer Petrus, den Felsen, auf den Christus seine Kirche baute (Matthäus 16,18).

Die psychotherapeutische Erfahrung bestätigt den Gedanken, daß das Begehren die *coagulatio* fördert. Für Menschen, die bereits von Begehrlichkeit getrieben werden, ist die *coagulatio* nicht die Operation, die sie brauchen. Viele Patienten haben jedoch eine unzureichende Libido, eine Schwäche des Begehrens, die manchmal an Anhedonie, an Empfindungslosigkeit grenzt. Solche Menschen wissen nicht, was sie wollen, und fürchten sich vor ihren eigenen Wünschen. Sie sind wie ungeborene Seelen im Himmel, die vor dem Sturz in die konkrete Wirklichkeit zurückschrecken. Diese Menschen müssen ihre Wünsche pflegen – sie aufspüren, sie nähren und sich nach ihnen richten. Nur so wird psychische Energie mobilisiert, die die Lebenserfahrung und die Ichentwicklung unterstützt. In der Psychotherapie zeigt das Aufkommen von Übertragungswünschen oft den Anfang eines *coagulatio*-Prozesses an und sollte daher mit Vorsicht behandelt werden.

Der Köder des Verlangens ist die *Süße* der Erfüllung. Honig als das Paradebeispiel für Süße ist deshalb ein Wirkstoff der *coagulatio*. Paracelsus sagt, daß »die erste *materia* deß Honigs / ist die Süsse der Erden / die sich an die natürliche Gewechs anlegt«. Und abermals, Honig ist »die erste *materia materiata*, dann Honig und Wachs ist bey einander«.[19] Nach dem Rezept des Alchemisten Dorn zur Vereinigung des Geistes mit dem Körper (*unio mentalis*) ist einer der dazu erforderlichen Stoffe der Honig. Jung sagt von der Art, wie Dorn den Honig verwendet:

Dadurch erhält seine Mischung die Eigenschaft, nicht nur Unreines auszuscheiden, sondern auch Geist in Körper zu wandeln, was in Hinsicht der geplanten coniunctio spiritus et corporis besonders aussichtsvoll erscheint. Allerdings ist die »Süße der Erden« (wie allgemein bekannt) nicht ohne ein gewisses Risiko; kann sich doch der Honig ... auch in ein tödliches Gift wandeln. Er enthält nach Paracelsus »Tartarum«, der, wie sein Name andeutet, mit dem Hades einiges zu tun hat... Auch ist er ein »Saturnus calcinatus«, also ein Verwandter dieses Maleficus.[20]

Wegen seiner konservierenden Eigenschaften wurde der Honig von den Alten als Arznei der Unsterblichkeit betrachtet und fand in einigen frühen christlichen Gemeinden Verwendung in der Eucharistie.[21]

In modernen Träumen zeigt ein Vorkommen von Süßigkeiten (Bonbons, Kuchen, Plätzchen usw.) meistens eine regressive Tendenz zu kindlichem Luststreben an, das eine reduktive Interpretation (*mortificatio*) erfordert. Gelegentlich jedoch weist es auf ein echtes Bedürfnis nach *coagulatio* hin. Die *coagulatio* wird oft bekämpft, weil sie als moralisch zweideutig sowie als schmerz- und konfliktträchtig empfunden wird. Der klassische Protest ist der des Hamlet: »O schmölze doch dies allzu feste Fleisch, / Zerging und löst' in einen Tau sich auf!«[22] Die *coagulatio* wird in der Tat explizit mit dem Bösen in Verbindung gebracht. Dies erweist sich in der alchemistischen Verknüpfung der *coagulatio* mit Saturn, dem Malefizstern. In einem Text heißt es: »Die Koagulation (findet statt) im Saturn«.[23] Und Jakob Böhme sagt: »Saturnus der kalte, scharfe und strenge, herbe Regent nimt seinen Anfang und Herkommen nicht von der Sonnen: denn er hat in seiner Gewalt die Kammer des Todes, und ist ein Vertrockner aller Kräfte, davon die Leiblichkeit entstehet. Gleichwie die Sonne ist des Lebens Hertze, und ein Ursprung aller Geister in dem Leibe dieser Welt, also ist Saturnus ein Anfänger aller Leiblichkeit und Begreiflichkeit.«[24] (Siehe Abb. 38) Die gänzlich bösartige Natur des Saturn wird von Chaucer zum Ausdruck gebracht, der Saturn sagen läßt:

> Mein langer, weiter Weltenlauf giebt mir
> Weit größre Macht, als viele Menschen denken.
> Mir steht es zu, im Meer sie zu ertränken,
> Mir steht es zu, in Kerker sie zu zwängen,
> Sie zu erdrosseln und sie aufzuhängen.
> Mein ist des Pöbels Murren, die Verschwörung,
> Geheimes Gift und offne Volksempörung;
> Und strafende Vergeltung ich ertheile,
> Wenn in des Löwens Zeichen ich verweile.
> Auf meinen Wink geschieht's, daß stolze Hallen
> Und Thürme stürzen, Mauern niederfallen,
> Des Zimmermanns und Gräbers Tod vermittelnd.
> Ich schlug den Simson, an dem Pfeiler rüttelnd.
> Als Frucht der Kälte ist die Krankheit mein.
> Mein sind Complotte, mein Verrätherei'n!
> Der Pestilenz Erzeuger ist mein Blick![25]

Seit dem Altertum besteht die Tendenz, die Materie mit dem Bösen gleichzusetzen. Zum Extrem steigerte sich dies in bestimmten gnostischen Sekten. Der Sturz der Seele aus ihrer unsterblichen Verfassung in leibliche Gestalt wird oft mit einem Urverbrechen in Verbindung gebracht. So beschreibt z.B. Empedokles unsterbliche Geister, die wegen Gewaltat und Meineid zur Inkarnation ver-

Abbildung 38: Der Stein des Saturn (Maier: *Atalanta Fugiens*, 1618).

dammt wurden: »Wenn einer in Schuldverstrickung mit Mordblut seine eigenen Glieder befleckte, wer ferner im Gefolge des Streites einen Meineid schwor aus der Zahl der Dämonen, die ein sehr langes Leben erlost haben, die müssen dreimal zehntausend Horen fernab von den Seligen umherschweifen, wobei sie im Laufe der Zeit als alle möglichen Gestalten sterblicher Geschöpfe entstehen, die des Lebens mühselige Pfade wechseln. ... Zu diesen gehöre jetzt auch ich, ein von Gott Gebannter und Irrender, da ich rasendem Streite vertraute.«[26]

Nach alter Sage stand hinter der Erschaffung der Menschen ein Verbrechen der Titanen. Während sie mit dem kleinen Dionysos spielten, zerstückelten, kochten und verzehrten sie ihn – bis auf das Herz, das von Zeus gerettet wurde. Zur Strafe vertilgte Zeus die Titanen mit seinem Blitz und benutzte ihre Asche zur Erschaffung des Menschengeschlechts. So wurde die »titanische Erde«, die verstreute Teilchen des himmlischen Dionysos enthielt, zum Lehm für die menschliche *coagulatio* – einem Stoff, der aus einem Urverbrechen stammte. Prometheus, der die Menschen lehrte, die Götter zu betrügen und den besten Teil des Opfertieres für sich zu nehmen, brachte den Menschen durch einen Diebstahl das Feuer und wurde mit einer *coagulatio* bestraft – der Ankettung an einen Felsen (siehe Abb. 39). Ähnlich wurden Adam und Eva nach ihrem verbrecherischen Essen der verbotenen Frucht aus dem paradiesischen, vor-ichhaften Zustand vertrieben. Diese Beispiele demonstrieren, daß die Ichentwicklung im Zusammenhang steht mit der Erfahrung von Bosheit, Strafbarkeit und Schuld. Das Bewußtsein des eigenen Bösen – d.h. des Schattens – wirkt also koagulierend. Dies läßt sich als der psychologische Sinn des Christuswortes begreifen: »Ich sage aber euch, daß ihr nicht widerstreben sollt dem Übel« (Mt 5,39 LB). Man muß dem Übel Raum lassen, wenn man an der wirklichen Welt mitwirken will. So schrieb Jung an Richard Wilhelm: »Sie sind für unsere Westwelt *zu wichtig*. Das muß ich Ihnen viele Male sagen. Sie dürfen sich weder auflösen noch irgendwie sonst verschwinden, auch dürfen Sie nicht krank werden, sondern sogar böse Lüste sollten Sie an die Erde kreuzigen, damit ihre Tätigkeit erhalten bleibt.«[27] Wir kennen alle den Satz: »Er war zu gut für diese Welt«. Heilige und fromme Menschen haben in der Tat oft ein kurzes Leben. Früher starben sie häufig an Tuberkulose. Es ist gefährlich, einseitig zu sein, sei es auch einseitig im Guten.

Träume spielen oft auf den verbrecherischen Aspekt der Ichheit an. Sich Wille und Bewußtsein anzumaßen, kann als Diebstahl dargestellt werden. Es zu wagen, einer inneren Autorität zu folgen, kann als Mord an einer projizierten Autorität dargestellt werden, etwa als Vatermord. Ein Ich zu sein, ist unauflösbar mit Schuld verknüpft, die mit *coagulatio* bestraft wird – Einsperrung in den Grenzen der eigenen personalen Wirklichkeit (angedeutet durch das Motiv von Ketten und Gefangenschaft). Obwohl die *coagulatio* ein schuldbeladener Vorgang ist, enthält sie einem Text zufolge ihre eigene Kraft zur Erlösung: »Das Blei bedeutet Qualen und Beschwernisse, durch

Abbildung 39: Die Qual des Prometheus (Gustave Moreau).

die Gott uns heimsucht und zur Umkehr bringt. So wie nämlich das Blei alle Unreinheiten der Metalle verbrennt und vernichtet, ... so wäscht auch die Reue die vielen Makel, die wir uns in diesem Leben zuziehen, von uns ab, weshalb der heilige Ambrosius sie (die Reue) auch Schlüssel zum Himmelreich nennt.«[28]

Auf die *coagulatio* folgen im allgemeinen andere Prozesse, meistens *mortificatio* und *putrefactio*. Was sich gänzlich verdichtet hat, wird jetzt der Wandlung unterzogen. Es ist zu einer Drangsal geworden, die nach Übersteigung, nach Transzendenz ruft. Auf diese Weise können wir die Aussagen des Apostels Paulus verstehen, die den Leib und das Fleisch mit dem Tod zusammenbringen: »Wer wird mich erlösen von dem Leibe dieses Todes?« (Röm 7,24 LB). Und: »Wenn ihr nach dem Fleisch lebt, müßt ihr sterben; wenn ihr aber durch den Geist die ... Taten des Leibes tötet, werdet ihr leben« (Röm 8,13 EÜ). Und abermals: »Denn alle, die vom Fleisch bestimmt sind, trachten nach dem, was dem Fleisch entspricht, alle, die vom Geist bestimmt sind, nach dem, was dem Geist entspricht. Das Trachten des Fleisches führt zum Tod, das Trachten des Geistes aber zu Leben und Frieden. Denn das Trachten des Fleisches ist Feindschaft gegen Gott; es unterwirft sich nicht dem Gesetz Gottes und kann es auch nicht. Wer vom Fleisch bestimmt ist, kann Gott nicht gefallen« (Röm 8,5- 8 EÜ).

Leib und Fleisch werden mit dem Tod identifiziert, weil alles, was in das raumzeitliche Dasein hineingeboren wird, sich den Begrenzungen dieses Daseins unterwerfen muß, wozu auch ein Ende gehört, der Tod. Dies ist der Preis des Wirklichseins. Sobald ein Inhalt ganz koaguliert ist oder sich voll inkarniert hat, wird er leblos und besitzt keine weiteren Wachstumsmöglichkeiten mehr. Emerson bringt diesen Gedanken zum Ausdruck: »Das Leben selbst nur ist von Bedeutung, nicht das Gelebt-Haben. Im Augenblick der Ruhe schwindet die Kraft; sie ist im Moment des Überganges von einem vergangenen zu einem neuen Zustand ansässig, im Wirbeln des Strudels, im Schießen auf ein Ziel. Die Welt haßt diese eine Tatsache, daß die Seele *wird*; denn sie setzt die Vergangenheit immerwährend herunter, verkehrt allen Reichtum in Armut, Ruhm in Schande, verwechselt den Heiligen mit dem Schurken und schiebt

Jesus und Judas gleichermaßen beiseite.«[29] Auf die volle *coagulatio* folgt die *putrefactio*. »Wer auf sein Fleisch sät, der wird von dem Fleisch das Verderben ernten; wer aber auf den Geist sät, der wird von dem Geist das ewige Leben ernten« (Gal 6,8 LB). Ein alchemistischer Text greift dasselbe Thema auf: »Der Löwe, das heißt die untere Sonne, verdirbt durch das Fleisch. ... So verdirbt der Löwe in seiner Natur durch sein zeitlich mit dem Monde verbundenes Fleisch und wird zum Verschwinden gebracht. Der Mond ist nämlich der Schatten der Sonne und wird verzehrt mit den korruptiblen Körpern und durch seine Verderbnis wird mit Hilfe der Feuchtigkeit des Mercur der Löwe verdunkelt, aber dessen Eklipse wird gewandelt zur Nützlichkeit und zu einer besseren Natur und einer vollkommeneren als die erste.«[30]

Der Löwe oder die untere Sonne ist der theriomorphe Aspekt des männlichen Bewußtseins – das in Stolz und Begehrlichkeit inkarnierte Ich. Der Text sagt uns, daß er »durch sein zeitlich mit dem Monde verbundenes Fleisch« verdirbt. Die Verderbnis wohnt dem Fleisch inne, und beide werden durch den Mond gefördert. Dies spielt darauf an, daß nicht nur Saturn, sondern auch der Mond die *coagulatio* regiert (siehe Abb. 40). Nach alter Auffassung war der Mond, als der nächste »Planet« der Erde, das Tor zwischen dem himmlischen und dem irdischen Reich. Alle Geistwesen auf dem Wege zu ihrer Verkörperung wurden durch den Mond geschleust, wo sie sich materialisierten. Jakob Böhme sagt: »Die siebente Gestalt heisset *Luna*... Es liegen aller sechs Gestalten Eigenschaft darinnen, und ist gleich als ein leiblich Wesen der andern allen. ... dann die andern Gestalten werfen alle ihre Begierde durch *Solem* in *Lunam*: Dann in *Sole* werden sie geistig, und in *Luna* leiblich; ... was die Sonne in sich im Geist-Leben ist und machet, das ist und machet *Luna* in sich leiblich.«[31] Lunas Verbindung mit der *coagulatio* macht deutlich, daß diese vom weiblichen Prinzip regiert wird. Darauf deutet auch die Weiblichkeit von Erde und Materie (*mater*) hin sowie die Tatsache, daß wir nur durch einen weiblichen Schoß inkarniert werden können. Jede bestimmte Gestalt, Erscheinungsweise oder Struktur, die unsere Lebensenergien in eine einzelne, konkrete Ausdrucksform verfestigt, ist von der Art der Frau. Hei-

Abbildung 40: Jungfrau und Kind auf dem Halbmond (Albrecht Dürer).

matland, Kirche, Gemeinde, Institution, Familie, Beruf, Interessengebiet, persönliche Beziehung – alle ziehen unser Engagement mit Hilfe des weiblichen Prinzips auf sich. Selbst offensichtliche Abstraktionen wie Wissenschaft, Weisheit, Wahrheit, Schönheit, Freiheit (siehe Abb. 41) usw. werden, wenn man ihnen ganz konkret und realistisch dient, als Personifizierungen des Weiblichen erlebt. Jung hat das weibliche Prinzip als das der Bezogenheit definiert. Wir können daher sagen, *daß die Bezogenheit koagulierend wirkt.* Dies ist eine für die Psychotherapie sehr wichtige Tatsache, die eine nähere Beschäftigung rechtfertigt.

Wir kennen aus der klinischen Arbeit die tiefe Wirkung, die Kindheitserfahrungen und persönliche Beziehungen zu den Eltern auf die entstehende Persönlichkeit des Kindes haben. Wir wissen auch aus Fällen wie den »Wolfskindern«, daß sich bei einem Kleinkind, dem eine Umgebung menschlicher Beziehungen fehlt, keine

Abbildung 41: Die Freiheit führt das Volk (Eugène Delacroix. Paris, Louvre).

menschliche Persönlichkeit entwickelt. In solchen Fällen bildet sich kein Ich aus. Dasselbe geschieht in den gelegentlichen Fällen, in denen ein Kind jahrelang in einem Raum eingeschlossen und von seinen Eltern völlig abgelehnt wird. Das Kind bleibt ganz einfach ein Tier. Ähnlich bleibt in Fällen, in denen ein Elternteil im frühen Kindesalter verloren und nicht angemessen ersetzt wurde, eine Art Loch in der Psyche zurück. Ein wichtiges archetypisches Bild hat keine Personalisierung oder *coagulatio* durch eine persönliche Beziehung durchgemacht und behält dadurch eine grenzenlose und urtümliche Macht, die das Ich beim Näherkommen zu überschwemmen droht. Andererseits gibt es Patienten, die trotz herber Entbehrungen, was die Eltern anbelangt, in ihrer Kindheit eine wichtige Beziehung zu einem mehr Außenstehenden aufbauen konnten. Das kann ein Dienstmädchen, eine Tante, ein Lehrer oder ein Großeltern-Teil gewesen sein, jemand, der wirklich auf das Kind eingehen und der daher ein archetypisches Bild vermitteln und personalisieren konnte. In diesen Fällen waren die elterlichen Unzulänglichkeiten für die Entwicklung des Kindes zwar schädigend, aber nicht verhängnisvoll, weil eine andere Quelle menschlicher Bezogenheit gefunden worden war. Solche isolierten positiven Beziehungen mögen nur von kurzer Dauer gewesen sein, aber ihre Auswirkungen scheinen die heranwachsende Persönlichkeit nachhaltig geprägt zu haben.

Die klinische Erfahrung zeigt, daß das Individuum nur jene Aspekte der elterlichen Archetypen realisiert und aufgreift, die es in persönlichen Beziehungen kennengelernt hat. Den Teil des Archetypus, den die Elternpersönlichkeit aktivieren, vermitteln und verkörpern kann, wird das Kind sich am leichtesten einverleiben und in seine eigene Persönlichkeit einbauen können. Der Teil des Archetypus, zu dem Vater oder Mutter keinen Bezug haben, wird weitgehend unrealisiert im Bereich ewiger, in der Geschichte des Kindes noch nicht inkarnierter Formen verbleiben.

Der ganze frühe Prozeß der individuellen psychischen Entwicklung – in dem das Ich seinem Urzustand der Einheit mit der objektiven Psyche entwächst – läßt sich als ein Prozeß der *coagulatio* begreifen. Die Erfahrung und bewußte Realisierung der inneren archetypischen Bilder erfolgt nur so, daß man ihnen in konkreter, personaler Form inkarniert begegnet. Neumann spielt auf diesen Umstand an, wenn er von der notwendigen Phase der sekundären Personalisierung spricht. Er schreibt dazu:

Dieses Prinzip [der sekundären Personalisierung] besagt, daß sich innerhalb der Menschheit eine Tendenz durchsetzt, Inhalte, die primär transpersonale Inhalte sind, sekundär personal zu verstehen und auf Personelles zu reduzieren. Die Personalisierung hängt direkt zusammen mit der Bildung von Ich, Bewußtsein und Individuum ..., in der ... der personale, dem Ich zugehörige psychische Bezirk aus der umfassenden Schicht transpersonalen und kollektiven Geschehens sich erst herauslöst. ... Die Richtung der sekundären Personalisierung beinhaltet eine absteigende Wirksamkeit des Transpersonalen und eine steigende Bedeutung des Ich und der Persönlichkeit.[32]

Dies beschreibt die *coagulatio*, durch die archetypische Inhalte aus dem Himmel fallen und Ichform erhalten.

Die persönlichen Beziehungen der Kindheit lassen die Archetypen koagulieren, aber begrenzen und verzerren sie auch. Wenn die besonderen Aspekte, die koaguliert wurden, zu einseitig negativ oder sonstwie wachstumsfeindlich sind, müssen sie aufgelöst und unter günstigeren Bedingungen neu koaguliert werden. Eine Frau, die eine solche Erfahrung machte, hatte folgenden Traum:

> Sie sieht vier quadratische Betonplatten mit Kreisen darin. Sie sind gesprungen und zerbrochen. Eine Stimme sagt: »Dies sind deine irrigen Ansichten über Weiblichkeit, die jetzt zerstört werden.«

Die *coagulatio* wird durch ein aktives, aufgeschlossenes, teilnehmendes Verhalten von seiten des Psychotherapeuten gefördert. Bestimmte Patienten brauchen ein solches Verhalten und fühlen sich von allem, was die *solutio* unterstützt, bedroht. Der Extremfall einer Nichtkonkretisierung der archetypischen Bilder liegt in der offenen Schizophrenie vor. Das Ich wird von unbegrenzten, urtümlichen, archetypischen Bildern buchstäblich überschwemmt. Ein solches Individuum hat nicht ausreichend Gelegenheit gehabt, die Archetypen durch menschliche Beziehungen vermittelt und personalisiert zu erleben.

Das dringende Bedürfnis nach Personalisierung des Archetypus erklärt auch die Art, in der viele Patienten sich hartnäckig an ihr Urerleben der Eltern klammern. Wenn es z.B. eine größtenteils negative, destruktive Elternerfahrung gegeben hat, kann es dem Patienten sehr schwerfallen, eine positive Elternerfahrung anzunehmen und zuzulassen. Ich habe den deutlichen Eindruck gewonnen, daß jemand etwa an einer negativen Ausrichtung des Vaterarchetypus einfach deshalb festhalten wird, weil dies der Aspekt des Bildes ist, der in seinem Leben *koaguliert* ist und daher ein Element der Sicherheit und Verläßlichkeit birgt, wenn auch einer negativen. Dem positiven Aspekt des Archetypus zu begegnen, ist für so jemanden bedrohlich, denn da diese Seite niemals personalisiert wurde, ist sie von einer transpersonalen

Größe, die die festen Grenzen des Ich aufzulösen droht. Emily Dickinson beschreibt diesen Zustand:

> Ich wat durch Leid –
> Gleich tümpelweis –
> Ich bins gewohnt –
> Doch der kleinste Schubs Glück
> Zieht mir die Füße weg –
> Und ich kipp – Vollrausch –
> Oller Stolperstein – grins –
> Der neue Wein wars –
> Sonst nix![33]

Nicht nur die äußere Beziehung wirkt koagulierend, sondern auch die innere. Ein Beispiel dafür findet sich in einem alchemistischen Text: »Der hitzige Geist des natürlichen Feuers verleiblicht sich in den Substanzen, welche ihm *analog* sind. Unser Stein ist ein astrales Feuer, das mit dem natürlichen Feuer sympathisiert und das als wahrer Salamander im elementaren Feuer, welches ihm *geometrisch proportional* ist, seine Geburt empfängt, genährt wird und wächst.«[34]

Der Text spricht von zwei Feuern, einem astralen und einem natürlichen Feuer; offenbar sagt er, daß das natürliche Feuer dem Astralfeuer proportional ist und daher dieses verleiblicht oder *koaguliert*. Der Ausdruck »geometrisch proportional« bezieht sich zweifellos auf die Stelle in Platons *Timaios*, in der die Erschaffung des *Leibes* des Alls beschrieben wird:

Leibhaft also und sichtbar und tastbar muß das sein, was entsteht; ohne Feuer aber könnte wohl nie etwas sichtbar werden und nie etwas tastbar ohne etwas Festes; Festes aber gibt es nicht ohne Erde. Daraus folgt, daß der Gott, als er begann, den Leib des Alls zusammenzusetzen, ihn aus Feuer und Erde schuf. Aber nur zwei schön zusammenzufügen ohne ein Drittes, das ist nicht möglich; denn es muß doch zwischen den beiden ein Band sein, daß sie zusammenhält. Das schönste aller Bänder aber ist das, welches aus sich selbst und aus den Teilen, die es verbindet, eine möglichst feste Einheit bildet; das aber kann die [geometrische] Proportion [*analogia*] am schönsten zustande bringen.[35]

Diese Passage besagt im wesentlichen, daß der Leib des Alls mittels der Proportion oder Analogie erschaffen (d.h. koaguliert) wurde. Die Analogie ist ein Beziehungsvorgang, ein Herstellen von Verbindungen durch ein »Als-ob«. Diese Texte sagen uns, daß die Analogie den Geist verleiblicht oder koaguliert. Dies ist es, was die Alchemie für die Tiefenpsychologie so wertvoll macht. Sie ist ein Schatzhaus von Analogien, die die objektive Psyche und die Prozesse, die sie in der Entwicklung durchmacht, verleiblichen oder verkörpern. Dasselbe trifft auf die Religion und die Mythologie zu. Die Wichtigkeit der Analogie für die Realisierung der Psyche läßt sich kaum überbewerten. Sie verleiht dem, was zuvor nicht sichtbar, nicht tastbar, noch nicht koaguliert war, Form und Sichtbarkeit.

Begriffe und Abstraktionen wirken nicht koagulierend. Sie ergeben Luft, keine Erde. Sie sind Werkzeuge der *sublimatio*. Aber die Bilder der Träume und der aktiven Imagination wirken koagulierend. Sie verbinden die Außenwelt durch proportionale oder analoge Bilder mit der Innenwelt und koagulieren so den Stoff der Seele. Stimmungen und Affekte werfen uns wild hin und her, bis sie zu etwas Sichtbarem und Faßbarem koagulieren; dann können wir uns objektiv zu ihnen verhalten. Jung sagt in seinen Memoiren: »In dem Maße, wie es mir gelang, die Emotionen in Bilder zu übersetzen, d.h. diejenigen Bilder zu finden, die sich in ihnen verbargen, trat innere Beruhigung ein«.[36]

Den Alten galt das menschliche Dasein als von gewissen unerbittlichen Faktoren beherrscht, die sie Fatum, Geschick, Los oder Teil nannten. Sie gebrauchten das Bild des Spinnens und Webens. Die drei Parzen oder Moiren spinnen das Menschenleben ins Dasein. Klotho spinnt den Faden, Lachesis mißt ihn aus und Atropos schneidet ihn ab. Das Schicksal wurde als ein Gewebe oder Gewand betrachtet, ein Seil, eine Kette oder ein Joch, das einen gnadenlos in vorbestimmte Grenzen bannte.[37] Pindar ruft diesen Koagulationsfaktor als Geburtsgöttin Eleithyia an:

> Eleithyia, Beisitzerin der tiefsinnenden Moiren,
> Tochter der hochmächtigen Hera, höre,
> Die du waltest über der Geburt der Kinder!
> Ohne dich, nicht das Licht schauend, nicht die schwarze Nacht,
> Erlangten wir nicht deine Schwester
> Mit den prangenden Gliedern, Heba.
> Doch atmen wir hinan nicht alle Gleichem entgegen.
> Es beschränkt, ans Schicksal geschirrt, den einen dies,
> Das den anderen.[38]

Als Agamemnon beschließt, der Prophezeiung zu gehorchen und, ihrem jammervollen Flehen zum Trotz, seine Tochter Iphigenie als Gegengabe für günstige Winde nach Troja zu opfern, heißt es bei Aischylos: »Als er dem Joch so der Not sich beugte«.[39] Oder nach einer anderen Übersetzung: »Als er dem Zaum der Not sich unterwarf«.[40] Die *coagulatio* wird als ein Zwang erlebt, weil sie die Individuen an ihr tatsächliches Los fesselt, den Teil, den sie vom Schicksal empfangen haben. Daher wohl auch die Wendung, »er war *gezwungen*, dies und das zu tun«, mit dem die Sprache zum Ausdruck bringt, daß das Schicksal ein Zwang ist (siehe Abb. 42).

Das verkörperte Dasein wird sogar als ein Gefängnis oder Grab beschrieben. Platon spricht von einem Zustand, in dem die Seele »rein und unbelastet (war) von diesem unserem Leibe, wie wir ihn nennen, den wir jetzt, eingekerkert wie ein Schaltier, mit uns herumtragen«.[41] Weniger negativ wird der Körper als Haus oder Tempel der Seele bezeichnet. Oliver Wendell Holmes benutzt dieses Bild in seinem Gedicht »Das Perlboot«:

> Bau dir, o Seele, vornehmere Bleiben
> Im raschen Gang der Zeiten!
> Verlaß die alten Grüfte!
> Mit stolzrer Kuppel höher in die Lüfte
> Solln edler stets dich neue Tempel heben
> Und endlich ganz freigeben,
> Im wilden Meer die Schal lassend, im Leben.[42]

Abbildung 42: Fortuna oder Nemesis trägt den Kelch und das Geschirr des Schicksals (Albrecht Dürer).

Kleider sind ebenfalls ein Bild für den inkarnierten Zustand. Das Fleisch ist ein beim Abstieg der Seele durch die Planetensphären erworbenes Gewand. Obwohl Jung Kleider in Träumen gewöhnlich als zur Persona gehörend gedeutet hat, lassen sie sich durchaus auch als Formen der *coagulatio* begreifen. Die Vorstellung vom inkarnierten Leben als einem Gewebe oder einem Wandteppich findet sich in einem Traum, den mir eine soeben zum erstenmal schwanger gewordene Frau vortrug. Sie hatte diesen Traum sechs Tage, nachdem sie feststellte, daß ihre Periode ausblieb, und drei Tage, bevor sie erfuhr, daß ihr Schwangerschaftstest positiv ausgefallen war.

Ein Wandteppich wird aus dem Dachgeschoß heruntergebracht. Er besteht aus zwei getrennten Teilen, die verknüpft werden müssen – aus der Leinwandunterlage und dem Webmuster. Zuerst wird die Leinwandunterlage nach unten gebracht. Als nächstes sollte das Webmuster heruntergebracht werden. Wir sollten uns das Muster des Wandteppichs eingehend betrachten, um es zu verstehen. Dies erforderte das Zählen der Fäden. Das Muster war sehr reichhaltig und kompliziert.

Dieser Traum ist als Beispiel für die Reaktion des Unbewußten auf die biologische Tatsache der Konzeption von großem Interesse. Er hat mehrere Ähnlichkeiten mit den Mythen. Erstens wird das Ereignis als ein Fall, ein Abstieg vom Dachgeschoß beschrieben. Zweitens wird ein Unterschied gemacht zwischen der materiellen Unterlage (der Leinwand) und dem ihm überlagerten Sinn-Bild (dem Webmuster). Dies entspräche der Unterscheidung zwischen der Seele und dem Fleisch, das sie beherbergen wird, oder dem Stoff, der die Prägung ihres Bildes tragen wird. Zusätzlich verwiese das Zählen der Fäden auf die Meßtätigkeit der zweiten Parze Lachesis.

Coagulatio-Träume stellen sich manchmal beim Nahen des Todes ein, als ob sie den Sinn der nunmehr zu Ende gehenden Inkarnation ausdrücken wollten. Eine 82jährige Frau hatte wenige Wochen vor ihrem plötzlichen Tod folgenden Traum:

Ich war in der Küche und schaute in den Backofen. Es war ein Braten darin, der ganz fertig war, vielleicht ein wenig trocken. Eine Stimme sagte: »Du hast ihn zu lange drin gelassen, nicht wahr?« Ich gab zu, daß das stimmte.

Ein weiteres Beispiel ist der Bericht einer Frau vom Tod ihres Großvaters. »Bevor mein Großvater starb, war er acht oder zehn Jahre lang in einem Pflegeheim und so senil, daß er niemanden mehr zu erkennen schien. Alle fragten immerzu: ›Warum stirbt er nicht?‹ Alle verbreiteten sich ständig darüber, wie viel besser es gewesen wäre, wenn er hätte sterben können, als sein aktives Leben vorbei war; einen Sinn hatte er immer nur in Arbeit und Beschäftigung gefunden. In der Nacht vor seinem Tod träumte eine seiner Töchter (meine Tante),

daß sie einen sehr großen und sehr schönen kunstvoll und bunt gewebten orientalischen Teppich vor sich hängen sah. Sie sah, wie am oberen Rand der letzte Faden eingezogen wurde. Sie begriff, daß dieser Teppich das Seelenwerk ihres Vaters war, das er in den letzten acht oder zehn Jahren still gewebt hatte, und jetzt, da es fertig war, war er frei und konnte gehen.

Am nächsten Tag starb mein Großvater.«[43]

Besonders beeindruckend ist es, wie Träume über Kleider sich zum Zeitpunkt eines Todesfalles einstellen. Beispielsweise träumte eine Frau, die wußte, daß sie sterbenskrank war, wenige Tage vor ihrem Tod, *daß sie zu einer Modenschau ging.*[44] Ein paar Tage vor dem Tod seines Vaters träumte ein Mann, *daß er seinen Vater ganz schick in neuen Kleidern sah.* Diese Träume scheinen sich auf eine letzte *coagulatio* zu beziehen, den Erwerb eines unsterblichen Leibes. Im *Buch Henoch* lesen wir:

Die Gerechten und Auserwählten werden sich von der Erde erheben und aufhören, ihren Blick zu senken, und werden mit dem Kleide der Herrlichkeit angetan sein. Und dies soll euer Kleid sein, ein Kleid des Lebens bei dem Herrn der Geister: eure Kleider werden nicht veralten und eure Herrlichkeit wird nicht vergehen vor dem Herrn der Geister.[45]

Paulus gebraucht das gleiche Bild: »Wir wissen: Wenn unser irdisches Zelt abgebrochen wird, dann haben wir eine Wohnung von Gott, ein nicht von Menschenhand errichtetes ewiges Haus im Himmel. Im gegenwärtige Zustand seufzen wir und sehnen uns danach, mit dem himmlischen Haus überkleidet zu werden. So bekleidet, werden wir nicht nackt erscheinen. Solange wir nämlich

in diesem Zelt leben, seufzen wir unter schwerem Druck, weil wir nicht entkleidet, sondern überkleidet werden möchten, damit so das Sterbliche vom Leben verschlungen werde« (2 Kor 5,1-4 EÜ).
Die Vorstellung eines unsterblichen Körpers, die eine letzte *coagulatio* des Geistes zum Ausdruck bringt, ist ein Bild an der Grenze des Faßbaren, dessen Sinn wir nur ungefähr ahnen können. Sie entspricht dem paradoxen Symbol des Steins der Weisen und scheint sich auf das Endziel der Individuation zu beziehen.
Das erhabenste Symbol der *coagulatio* ist der christliche Mythos von der Fleischwerdung des göttlichen Logos. »Und das Wort ward Fleisch und wohnte unter uns« (Joh 1,14 LB) (siehe Abb. 43). Dieses Thema würde eine eigene Behandlung verlangen. Einige Aspekte des Lebens Christi jedoch lassen sich als besonders relevant festhalten. Christus wurde von einer Jungfrau geboren, das heißt, er inkar-

Abbildung 43: Mariä Verkündigung (Zeichnung von Rembrandt. Besançon, Musée Communal).

Abbildung 44: »Säe dein Gold in weiße Erde« (Maier: *Atalanta Fugiens*, 1618).

nierte sich durch reine Erde. Die Jungfrau Maria entspricht der alchemistischen Vorstellung von der »weißen, geblätterten Erde«. »Säe dein Gold in weiße, geblätterte Erde«, heißt es in der Alchemie (siehe Abb. 44). Die weiße Erde entspricht der Asche, die die *calcinatio* überstanden hat. Sie ist ein Widerspruch in sich, denn die Erde ist sonst von typisch schwarzer Farbe. Wie wir festgestellt haben, ist das Prinzip der Stofflichkeit, das die *coagulatio* fördert, schlecht angesehen. Dies ist die schwarze Erde. Aber in der Symbolik des Christentums, und ausdrücklicher noch in der Alchemie, entstand das symbolische Bild der weißen Erde, eines gereinigten Prinzips der Stofflichkeit. Psychologisch bedeutet das die Möglichkeit einer neuen und geläuterten Einstellung zur Stofflichkeit. Es bedeutet die Entdeckung eines transpersonalen Wertes des Ich. Was läutert, ist Bewußtsein. Die schwarze Erde ichhaften Begehrens wird zur weißen, geblätterten Erde, die das Selbst inkarniert.

Die niedrigen Umstände der Geburt Christi entsprechen den gewöhnlichen und banalen Aspekten konkreten Wirklichseins. Auch die Ereignisse der Passion passen dazu. Daß Christus mit Verbrechern verurteilt und hingerichtet wird, läßt ihn als einen willigen Träger des Bösen erscheinen. Daß er das Kreuz trägt, stellt die Realisierung der Last des eigenen Seins dar. Das herausragende Bild ist die Kreuzigung selbst – die Nagelung an die Materie (siehe Abb. 45). Alchemistisch ausgedrückt stellt das Kreuz die vier Elemente dar, aus denen die ganze Erscheinungswelt besteht. *Fixatio* ist eines der Synonyme der *coagulatio*, und die Alchemisten hatten Bilder der ans

Abbildung 45: Kreuzigung (Zeichnung aus dem Ramsey-Psalter, ca. 980. London, British Museum).

Kreuz genagelten oder an einen Baum gespießten Merkurschlange (siehe Abb. 46 und 47). Am weitestgehenden wurde dieses Bild von den Manichäern mit ihrer Lehre vom *Jesus patibilis* verallgemeinert, dem leidenden Jesus, der »an jedem Holze hängend«, »in jeder Speise gefesselt aufgetischt«, »an jedem Tage geboren wird, leidet und stirbt«.[46] Der unkoagulierte Geist ist frei, er kann folgenlos jedes Bild durchspielen. Doch ein konkret verwirklichtes Ich sein heißt, daß man an das Kreuz der erschaffenen Welt genagelt ist.

Abbildung 46: Die gekreuzigte Merkurschlange (Alchimie de Flamel, Ms. Français 14765. Paris, Bibliothèque Nationale).

Abbildung 47: Durchbohrung von Merkurschlange und König (»Speculum veritatis«, Cod. Vaticanus Latinus 7286, 17. Jahrhundert. Biblioteca Apostolica Vaticana).

Von besonderem Interesse im Hinblick auf den christlichen Inkarnationsmythos ist der erklärte Zweck des ganzen Schauspiels: die Erlösung oder Errettung des sündigen Menschengeschlechts. Es gibt eine parallele gnostische Inkarnationsgeschichte, die einen ähnlichen Zweck verkündet. In den apokryphen *Thomasakten* findet sich das sogenannte »Perlenlied«, auch »Seelenhymnus« genannt. Es beschreibt, wie der Königssohn den himmlischen Palast seiner Eltern verlassen, sein Strahlenkleid ausziehen und nach Ägypten hinabsteigen muß, um »die eine Perle (zurückzubringen), / Die im Meere ist, / Das der schnaubende Drache umringt«.[47] Nach hilfreichen Mahnungen vom Himmel vollbringt der Königssohn seine Rettungstat, kehrt in seine himmlische Heimat zurück und legt sein himmlisches Gewand wieder an. Sowohl im christlichen als auch im gnostischen Mythos dient die Inkarnation oder der Abstieg ins

Fleisch dem Zweck der Errettung. Im einen Falle ist das gefährdete Gut die in Sünden versunkene Menschheit, im anderen Falle ist es eine Perle im Besitz einer Schlange. Diese Mythen lassen die Vorstellung durchblicken, daß der Ichheit eine Erlösungsaufgabe gegenüber einem verlorenen Gut zukommt. In der Alchemie wird ausdrücklicher erklärt, daß das zu erlösende Gut ein Aspekt der Gottheit ist.

Eine merkwürdige Variante dieses Bildes von der Retterkraft des Fleisches ist ein Teil des Sagengutes geworden, das sich um den Diamanten rankt. In Indien oder Ceylon soll es ein tiefes Diamantental geben, in dem es von tödlichen Schlangen wimmelt. Um die Diamanten zu erlangen, werden *Fleischstücke* in das Tal geworfen. Die Diamanten bleiben an dem Fleisch hängen, und Geier tragen es wieder nach oben aus der Schlucht hinaus, wo man die Diamanten dann an sich nehmen kann.[48] Diese Sage ist eine wunderliche Abwandlung des Themas der »Fleischwerdung zum Zweck der Erlösung«. Wesentlich an der Geschichte ist, daß Diamanten an Fleisch hängenbleiben. Wir erhalten hier einen faszinierenden Einblick in den Sinn der Ichheit. Der Diamant in seiner Härte ist der höchste Vertreter des »fleischlichen« Prinzips in seinem unverderblichen Zustand und eines der Symbole des Selbst. Ein paralleles Bild tauchte im Traum einer in der achten Woche schwangeren Frau auf:

Ich bin auf der unteren Ebene des U-Bahnhofs. Eine junge schwarze Frau reicht mir einen Diamanten. Ich stecke ihn tief in meine Tasche, weil ich fürchte, daß er gestohlen wird, wenn die Leute von ihm wissen. Als ich die obere Ebene erreiche, fühle ich mich sicherer.

Zu dem Diamanten assoziierte sie ihre Schwangerschaft.
Genau wie die Ausdrücke »Körper« und »Fleisch« sich auf die *coagulatio* beziehen, so gehört auch das, was den Körper nährt – Bilder von Nahrung und Essen –, zu derselben Symbolik. Das Essen der verbotenen Frucht beförderte Adam und Eva in die schmerzliche Welt der raumzeitlichen Wirklichkeit. Das Alte Testament spricht vom »Tränenbrot« (Ps 80,5 EÜ), dem »Brot des Unrechts« (Spr 4,17 EÜ), dem »Brot der Lüge« (Spr 20,17 EÜ), dem »Brot der Faulheit« (Spr 31,27 HB) und dem »Brot der Bedrängnis« (Jes 30,20 HB).

Diese Wendungen verweisen auf die *Realisierung* der erwähnten Zustände. Sie werden gelebte Erfahrungen, nicht abstrakte Ideen. Etwas essen heißt, es sich einzuverleiben, d.h. es Leib werden zu lassen. Träume, in denen dem Träumenden etwas zu essen angeboten wird, zeigen daher an, daß ein unbewußter Inhalt bereit ist zur *coagulatio*, der Assimilation durch das Ich. Eine Frau mit einem sehr zerbrechlichen Ich erlebte eine Invasion des Unbewußten, die eine tägliche Psychotherapie nötig machte. Nach einem Monat heftiger Konfrontationen mit dem Unbewußten hatte sie diesen Traum (Zusammenfassung):

Eine Frau kocht in einem rechteckigen Gefäß eine geheimnisvolle Substanz. Sie öffnet es ein wenig und sagt: »Es ist fertig«. Es war eine sonderbare Masse. Der obere Teil war zu einer grünen Substanz geliert, die anscheinend aus Früchten bestand. Unterhalb dieser Schicht war eine dunkle ungelierte Flüssigkeit. Ich aß ein kleines Stück von dem grünen Zeug. Es war geschmacklos. Ein Mann in einem schwarzen Anzug kam ins Zimmer. Er ging direkt zu dem Gefäß hin, füllte acht Gläser mit der gelierten Masse und ging mit ihnen hinaus. Er wirkte wie ein seltsamer Bote. Er hatte etwas Unheimliches an sich.

Dieser Traum stellt einen kritischen Prozeß der Ichentwicklung dar. Er hat Ähnlichkeiten mit dem Essen im Garten Eden, besonders die Erwähnung der Frucht und des Mannes im schwarzen Anzug, zu dem der Teufel assoziiert wurde (siehe Abb. 48). Das Füllen von *acht* Gläsern (doppelte Quaternität) zeigt, daß dies ein Individuationstraum über den Kern und die Gesamtheit der Psyche ist.
Ein junger Mann, der ans Ende seiner Analyse gekommen war und nun im Begriff stand, gewichtigere Verantwortungen im Leben zu übernehmen, hatte folgenden Traum:

Ich gehe abends an einem ganz besonderen Ort zum Essen aus. Es ist eigentlich kein Restaurant, sondern der Keller eines Klosters. Das Essen wird von Mönchen serviert. Zum Nachtisch setzen sie mir »Kuhmistplätzchen« vor – angeblich eine Delikatesse wie etwa Rinderfilet. Sie ermahnen mich jedoch, vorsichtig zu sein, weil einige womöglich noch nicht aus ihrer früheren Form kristallisiert sind. Die Vorstellung, sie zu essen, bereitet mir großes Unbehagen.

Abbildung 48: Adam und Eva (Holzschnitt von Albrecht Dürer).

Wenn einem im Traum etwas zu essen vorgesetzt wird, sollte es in aller Regel gegessen werden, egal wie unangenehm es einem vorkommt. Manchmal, wie in diesem Traum, hat es seltsame oder wunderbare Eigenschaften, was darauf hinweist, daß es der archetypischen Ebene der Psyche entstammt. Biblische Beispiele sind das den Israeliten in der Wüste vom Himmel gesandte Manna (Ex 16,12ff.) und die Speisung der Viertausend (Mt 15,32ff.). In manchen Fällen symbolisiert die zu essende Speise deutlich die Notwendigkeit, eine Beziehung zum Selbst zu assimilieren. Jesaja spricht vom Wort Gottes als zu essendem Brot. Er läßt Jahwe sagen: »Denn gleichwie der Regen und Schnee vom Himmel fällt und nicht wieder dahin zurückkehrt, sondern feuchtet die Erde und macht sie fruchtbar und läßt wachsen, daß sie gibt Samen, zu säen, und Brot, zu essen, so soll das Wort, das aus meinem Munde geht, auch sein« (Jes 55,10-11 LB). Christus sagt: »Meine Speise ist es, den Willen dessen zu tun, der mich gesandt hat, und sein Werk zu Ende zu führen« (Joh 4,34 EÜ). Alle Träume vom Essen enthalten wenigstens einen schwachen Hin-

Abbildung 49: Das letzte Abendmahl. Man beachte den winzigen schwarzen Teufel, der Judas in den Mund schlüpft (*Stundenbuch der Katharina von Kleve*. Sammlung Guennol und Pierpont Morgan Library).

weis auf die Symbolik der Eucharistie, obwohl diese zeitweise eher wie eine schwarze Messe wirkt (siehe Abb. 49). Wenn die angebotene Speise sich deutlich auf das Selbst bezieht, wird sie zur *Speise der Unsterblichkeit*, von der Christus spricht: »Ich bin das Brot des Lebens. Eure Väter haben das Manna gegessen in der Wüste und sind gestorben. Dies ist das Brot, das vom Himmel kommt, auf daß, wer davon isset, nicht sterbe. Ich bin das lebendige Brot, vom Himmel gekommen. Wer von diesem Brot essen wird, der wird leben in Ewigkeit. Und das Brot, das ich geben werde, das ist mein Fleisch, welches ich geben werde für das Leben der Welt« (Joh 6,48-51 LB).

Das christliche Sakrament der heiligen Kommunion ist ein *coagulatio*-Ritus. Interessanterweise verbinden sich auch einige der anderen Sakramente mit der Symbolik der alchemistischen Operationen. Das Sakrament der Taufe verweist auf die *solutio*, das Sakrament der letzten Ölung auf die *mortificatio* und das Sakrament der Ehe auf die *coniunctio*. Jedoch die Eucharistie ist das zentrale Ritual des Christentums und läßt sich, wie Jung bemerkt hat, als »Ritus des Individuationsprozesses«[49] bezeichnen. Vom Standpunkt der *coagulatio*-Symbolik aus bedeutet die Teilnahme am heiligen Abendmahl, daß das Ich sich eine Beziehung zum Selbst einverleibt.

Henry Vaughns Gedicht »Die Fleischwerdung und die Passion« bedient sich mehrerer *coagulatio*-Bilder und veranschaulicht noch einmal das Thema des Verlangens (der Liebe) als Triebkraft der Inkarnation.

> Herr! da du ablegtest dein schön
> Gewand der Pracht und Herrlichkeit,
> Wardst du gering, uns zu erhöhn,
> Nahmst auf dich aller Welten Leid.
>
> Wolken zu tragen anstatt Licht,
> In Staub zu hülln den Morgenstern,
> Waren Verzichte, wie sie nicht
> Auf höhre Höhen denkbar wärn.
>
> Tapfere Würmer, tapfre Erd!
> Daß ihr in eurer Zelle Gott,
> im Grab den Schöpfer eingesperrt,
> Himmel im Leib, Leben im Tod.

Ach, lieber Gott, was sahst du bloß
Im schmutzgen, widern Lehme, daß
Für die zu sterben du beschloßt,
Die täglich töten dich mit Haß?

Welch Wunder war es, daß dich trieb,
Zu opfern uns dein kostbar Blut!
Gewiß wars *Liebe*, Herr, denn *Lieb*
Allein ist stärker als der Tod.[50]

Als letzte Veranschaulichung der *coagulatio*-Symbolik werde ich einen der bemerkenswertesten Träume zu diesem Thema vorstellen, der mir je begegnet ist. Der Träumer, ein Mann Anfang dreißig, zeichnete sich aus durch eine auffällige Diskrepanz zwischen seinem hohen Potential zu psychischer Entwicklung und den Schranken, die ihm durch schwere seelische Entbehrungen in seiner Kindheit auferlegt worden waren. Das Ergebnis war, daß ein beträchtlicher Teil seiner Ichentwicklung, der normalerweise in der Kindheit erfolgt, hintangehalten wurde und im Erwachsenenalter im Laufe einer langwierigen Psychotherapie stattfand. Der folgende Traum, den er nach zwei Jahren einer ungefähr zehn Jahre dauernden Behandlung hatte, gibt das Wesen dieses Prozesses wieder. Er läßt sich als eine Art Mikromythos der Ichentwicklung auffassen.

Ich sitze vor einem alten Intaglio einer Kreuzigung. Es ist aus Metall, aber teilweise mit einem wachsartigen Stoff überzogen, was mich entdecken läßt, daß darüber Kerzen sind, auf jeder Seite eine, und ich erkenne, daß ich sie anzünden und das Wachs in das Intaglio laufen lassen muß, und daß dies etwas mit dem ritualähnlichen Mahl zu tun hat, das ich gerade verzehren will. Ich zünde die Kerzen an, und das Wachs läuft hinab in die Leerform der Kreuzigung. Als das Intaglio voll ist, nehme ich es von der Wand über mir herunter und bin bei meiner Mahlzeit. Ich habe den Kopf des Bildes genommen, der durch das Ausfüllen des Intaglios geformt worden ist, und esse ihn. Es ist ein Stoff wie Blei – sehr schwer –, und ich frage mich, ob ich ihn wohl verdauen kann. Ich frage mich, ob Menschen Blei verdauen können. Mir wird klar, daß wir jeden Tag ein bißchen davon essen und daß wir auch Silber essen. Ich denke deshalb, es wird schon nichts machen, daß ich es gegessen habe, aber ich passe auf, daß ich nicht zuviel esse. Der Traum endet, während ich noch am Essen bin.

Dieser Traum enthält mehrere *coagulatio*-Motive: Verfestigung einer Flüssigkeit, Blei, Essen und die Kreuzigung. Das alte Kreuzigungs-Intaglio symbolisiert den in einem wohnenden Archetypus des Selbst, eine Leerform, die darauf wartet, durch einen Einstrom lebendiger Materie realisiert zu werden. Der Traum veranschaulicht sehr schön Jungs Äußerung, »daß die Archetypen nicht inhaltlich, sondern bloß formal bestimmt sind, und letzteres nur in sehr bedingter Weise. Inhaltlich bestimmt ist ein Urbild nachweisbar nur, wenn es bewußt und daher mit dem Material bewußter Erfahrung ausgefüllt ist. ... Der Archetypus ist an sich ein leeres, formales Element, das nichts anderes ist als eine ›facultas praeformandi‹, eine a priori gegebene Möglichkeit der Vorstellungsform.«[51]

Die zwei angezündeten Kerzen liefern das geschmolzene Wachs, das die Leerform füllt. Sie stellen den psychischen Lebensprozeß selbst dar. Worte wie »die Kerze an beiden Enden abbrennen lassen« oder »Aus! kleines Licht!«[52] weisen darauf hin. Die brennende Kerze spendet nicht nur Licht, sondern auch geschmolzene Materie, so, als ob der Lebensprozeß der Psyche *Substanz* ergäbe – eine *coagulatio* des Geistes. Aber warum *zwei* Kerzen? Adler teilt folgenden Traum einer Patientin mit:

Ich trage zwei angezündete Kerzen, von denen ich die eine ausblase und die andere angezündet lasse, und ich sage: »Das ist Leben und Tod«.[53]

Adler verbindet mit diesen zwei Kerzen die zwei Kinder, die Mithras in den herkömmlichen Darstellungen flankieren und je eine erhobene und eine gesenkte Fackel tragen. Vielleicht weisen die zwei Kerzen auf das Wechselspiel der Gegensätze hin, und das Fließen der zwei geschmolzenen Ströme in eine Gestalt bedeutet dann eine *coniunctio* der Gegensätze.

Das Essen der Wachsfigur entspricht den bekannten rituellen Mahlzeiten, in denen der Teilnehmer ein Abbild der Gottheit verzehrt – so z.B. in der christlichen Eucharistie. In der frühen Kirche benutzte man Wachs als ein Symbol für das Fleisch des *Agnus Dei*. »Es war in Rom und im ganzen Abendland üblich, aus dem geweihten Wachs der Osterkerze kleine Lämmer zu machen und sie für die Osteroktav aufzubewahren, wo sie nach dem heiligen Abendmahl an die Kom-

munikanten verteilt wurden.«[54] Amalarius von Trier gibt für diesen Ritus folgende Erklärung: »Das Wachs symbolisiert, wie Gregor (der Große) in seinen Predigten sagt, die Menschlichkeit Christi, denn die Honigwabe besteht aus Honig in Wachs; der Honig im Wachs jedoch ist die Göttlichkeit in der Menschlichkeit. Die Lämmer, die die Römer (aus Wachs) machen, symbolisieren das unbefleckte Lamm, das uns zum Heil gemacht ward.«[55]
Die Sorge wegen der Verdaulichkeit der Substanz ist bezeichnend. Wieviel Wirklichkeit kann das Ich verkraften? Das ist eine dringliche Frage für uns alle. Der Traum rät anscheinend zu regelmäßigen kleinen Dosen dieser bitteren Arznei.
Alles in allem entwirft dieser Traum die Ichentwicklung als einen Prozeß, in dem die latente, präexistierende Totalität, das Selbst, zuerst inkarniert und dann durch die Lebensanstrengungen des Individuums assimiliert wird. Er unterstreicht Jungs Aussage: »Wie das Unbewußte, so ist das Selbst das a priori Vorhandene, aus dem das Ich hervorgeht. Es präformiert sozusagen das Ich.«[56]
Fassen wir zusammen: Die alchemistische Operation der *coagulatio* bildet zusammen mit den Bildvorstellungen, die sich um diese Idee ranken, ein kompliziertes Symbolsystem, das den archetypischen Prozeß der Ichbildung ausdrückt. Wenn die Beziehung des Ich zum Selbst realisiert wird – das heißt, wenn das Ich sich der *coagulatio* der Psyche in ihrer Totalität nähert –, dann wird die Symbolik der Ichentwicklung identisch mit der der Individuation. Jung drückt es besser aus:

Gott will werden in der immer höher steigenden Flamme des menschlichen Bewußtseins. Und wenn dieses in der Erde keine Wurzeln hat? Wenn es kein steinernes Haus ist, in dem das Feuer Gottes wohnen kann, sondern eine elende Strohhütte, die aufflackert und vergeht? Hat dann Gott werden können? Man muß Gott ertragen können. Das ist höchste Aufgabe des Trägers der Idee. Er muß der Anwalt der Erde sein. Gott wird für Seine Seite sorgen. Mein inneres Prinzip ist: Deus *et* homo. Gott braucht den Menschen zur Bewußtwerdung, wie Er die Beschränkung in Raum und Zeit braucht. Seien wir Ihm darum Beschränkung in Zeit und Raum, irdische Umhüllung.[57]

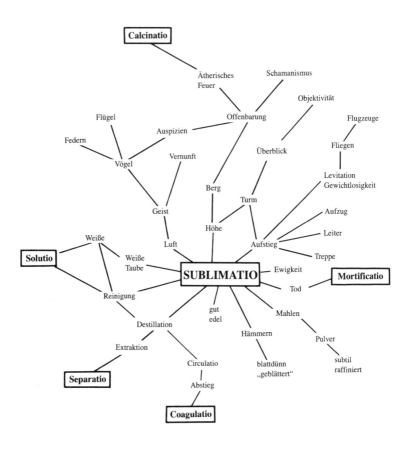

4 Sublimatio

Wie die *calcinatio* zum Feuer gehört, die *solutio* zum Wasser und die *coagulatio* zur Erde, so ist die *sublimatio* die zur Luft gehörige Operation. Sie verwandelt den Stoff in Luft, indem sie ihn verdampfen und aufsteigen läßt. Das Bild stammt aus dem chemischen Vorgang der Sublimation, in dem ein fester Stoff, den man erhitzt, direkt in den gasförmigen Zustand übergeht und im Gefäß aufsteigt, wo er sich im oberen, kühleren Bereich wieder verfestigt. Die Destillation ist ein ähnlicher Vorgang, nur daß es in ihm eine Flüssigkeit ist, die bei Erhitzung verdunstet und in einem kühleren Bereich wieder kondensiert.

Der Ausdruck »Sublimation« kommt von lateinisch *sublimis*, »hoch«. Dies deutet darauf hin, daß das entscheidende Kennzeichen der *sublimatio* ein Erhöhungsvorgang ist, bei dem eine niedere Substanz durch eine aufsteigende Bewegung in eine höhere Form überführt wird. Erde wird in Luft umgewandelt; ein fester Körper wird verflüchtigt; Unteres wird in etwas Oberes verwandelt. Alle Bilder, die eine Aufwärtsbewegung beinhalten – Leitern, Treppen, Aufzüge, Klettern, Berge, Fliegen usw. –, gehören zur Symbolik der *sublimatio*, desgleichen alle psychologischen und wertenden Konnotationen in Verbindung damit, daß etwas hoch ist anstatt niedrig. Ein alchemistischer Text sagt: »Wird demnach der Geist, vermittels des Wassers der Seele, von den Leibern ausgezogen, und der Leib verleuret seine Leibes-Natur, weil alsbald der Geist mit der Seele der Leiber hinauf steiget in den obern Theil, welches ist die Vollkommenheit des Steins, und wird genennet *sublimatio*.«[1]

Nach diesem Text wird der Körper durch Vergeistigung vervollkommnet. Psychologisch entspricht das einem bestimmten Umgang mit einem konkreten Problem. Man stellt sich »darüber«, indem man es objektiv betrachtet. Wir abstrahieren dann einen allgemeinen Sinn von ihm und sehen es als ein besonderes Beispiel für eine umfassendere Thematik an. Passende Worte oder Begriffe für einen psychischen Zustand zu finden, kann allein schon ausreichen, daß jemand weit genug aus ihm herauskommt, um auf ihn sozusagen von einer höheren Warte herabzuschauen. Indem man z.B. eine gereizte Stimmung als »Anima-Besessenheit« bezeichnet, kann man den Klammergriff dieser Stimmung lösen. Indem man eine Reaktion eines Mannes gegenüber seiner Frau als ein Beispiel für sein Mutterproblem oder eine Reaktion gegenüber seinem Chef als Teil eines Vaterkomplexes identifiziert, verbegrifflicht man die Erfahrung und hilft ihm, sich darüber zu stellen. Ein schlagendes Beispiel für eine solche Kraft des Wortes ist das eines Priesters, der beim Feiern der Eucharistie Angstzustände hatte. Eine deutliche Linderung der Symptome trat ein, als er erfuhr, daß er unter einem sehr gängigen Zustand litt, den man »Vollzugsangst« nennt.

Die *sublimatio* ist ein Aufstieg, der uns über die beengenden Verstrickungen des unmittelbaren Erdendaseins und seiner konkreten, persönlichen Besonderheiten erhebt. Je höher wir steigen, um so großartiger und umfassender wird unsere Sicht, aber um so ferner werden wir auch dem wirklichen Leben und um so unfähiger, auf das einzuwirken, was wir wahrnehmen. Wir werden erhabene, aber ohnmächtige Zuschauer (siehe Abb. 50). Der Himmel ist der Sitz der ewigen Platonischen Formen, der Universalien, der archetypischen Bilder. Wenn daher ein Traum oder eine Lebenslage vom archetypischen Standpunkt aus gedeutet wird, fördert das stets die *sublimatio*. Der Erfolg solcher Deutungen kann in Träumen durch die Flucht oder Befreiung eingesperrter Vögel oder eine andere glückverheißende Aufwärtsbewegung ausgedrückt werden.

Es sollte von Anfang an klargestellt werden, daß die Symbolik der alchemistischen *sublimatio* nichts mit der Freudschen Theorie der Sublimierung zu tun hat. Nach dem *Psychiatric Dictionary* von Hinsie und Campbell wird der Begriff »Sublimierung«, wie man ihn in der Psychoanalyse gebraucht, definiert als »der Prozeß einer solchen Modifikation des Triebimpulses, daß dieser sich den Anforderungen der Gesellschaft fügt. Die Sublimierung ist eine Ersatzhandlung, die dem infantilen Trieb, der in seiner ursprünglichen Form nicht geduldet wurde, ein gewisses Maß an Befriedigung

Abbildung 50: Satellitenphoto von Cape Cod und Umgebung (*Photo Atlas of the United States*).

verschafft. ... Anders als bei den üblichen Abwehrvorgängen handelt das Ich bei der Sublimierung nicht im Gegensatz zum Es, im Gegenteil, es verhilft dem Es zu äußerem Ausdruck. Die Sublimierung verlangt mit anderen Worten keine Verdrängung.«[2]
In einem Passus aus seinen Briefen unterscheidet Jung die Freudsche Sublimierung von der alchemistischen *sublimatio*: »*Sublimatio* gehört zur königlichen Kunst, wie das wahre Gold gemacht wird. Davon weiß *Freud* nichts, ja noch schlimmer, er verrammelt alle Wege, die zur wahren sublimatio führen können. Diese aber ist ungefähr das Gegenteil von dem, was Freud als Sublimierung versteht. Es ist keine *gewollte* und *gewaltsame* Überführung eines Triebes in ein uneigentliches Anwendungsgebiet, sondern eine *alchymische Wandlung*, zu der das *Feuer* und die *schwarze* materia prima nötig sind. Sublimatio ist ein großes Geheimnis. Freud hat sich dieses Begriffes bemächtigt und ihn für die Willenssphäre und das bürgerliche, rationalistische Ethos usurpiert.«[3]
Der Alchemist erlebte den Prozeß der Sublimation in symbolischen Bildern. Es konnte beispielsweise sein, daß er einen Vogel aus dem Stoff im unteren Teil des Gefäßes in die oberen Regionen fliegen sah. Das alchemistische Gefäß wurde mit dem Makrokosmos gleichgesetzt, wobei sein unterer Teil die Erde und sein oberer Teil der Himmel war. Das Sublimat flieht die Erde und wird in den Himmel befördert. In einem Text heißt es: »Am Ende der Sublimation nämlich keimt eine strahlend weiße Seele (anima candida) durch die Vermittlung des Geistes, und mit dem Geist selbst fliegt sie zum Himmel. Und dies ist der Stein klar und offenkundig.«[4] (Siehe Abb. 51)
Diese »weiße Seele« wird oft als ein weißer Vogel dargestellt, der aus dem erhitzten Stoff befreit wird. Ein Bild zeigt einen Mann, der in einem Wasserbad gekocht wird, während ein weißer Vogel aus seinem Kopf austritt (siehe Abb. 52). Eine Parallele zu diesem Bild stellt der Traum einer jungen Frau dar, die eine heftige und schmerzhafte Aktivierung des Unbewußten durchmachte:

Ich bin in einem Krankenhaus, schwanger, aber noch nicht ganz geburtsbereit. Ich gehe schlafen, und als ich aufwache, ist es ganz dunkel. Ich fühle, wie etwas sehr hart auf meine Rippen drückt, und es scheint, als ob

Abbildung 51: *Sublimatio (Sapientia veterum philosophorum sive doctrina eorundem de summa et universali medicina,* 18. Jahrhundert. Paris, Bibliothèque de l'Arsenal, Ms. 974).

dieses unsichtbare Äußere mich zu gebären zwinge. Eine Stimme sagt: »Wie würde es dir gefallen, einen Sohn zu bekommen?« Als ich aufwachte, kamen die Bilder weiter. Ich sah ein Mädchen wie das auf Munchs Lithographie »Der Schrei« (siehe Abb. 53). Ihr Mund ist eine kreisrunde Öffnung. Sie ist in einem weißen Kreis, umgeben von weiteren Kreisen aus schwarzen Linien. Aus ihrem Mund kommt ein Schwarm weißer Tauben.

Dieser Traum teilt der Patientin mit, daß die Angst, von der sie heimgesucht wird, Teil eines größeren Wandlungsprozesses ist, in dem das Ich von Entsetzen erhitzt wird, um ein Neues zu gebären,

Abbildung 52: Extraktion der weißen Taube (Trismosin: *Splendor Solis,* 1582).

das »Sublimat«, dargestellt von dem Schwarm Tauben. Träume von Vögeln beziehen sich im allgemeinen auf die *sublimatio,* und Vogelphobien können die Angst vor einer notwendigen *sublimatio* anzeigen. Sie hängen auch oft mit einer Angst vor dem Tod zusammen, denn der Tod ist die letzte *sublimatio,* durch welche die Seele vom Körper getrennt wird.

Ein Aspekt der *sublimatio* überschneidet sich mit der *separatio*-Symbolik – nämlich daß sie sich eines Extraktionsverfahrens bedient. Zum Beispiel läßt sich Quecksilber durch Erhitzen aus be-

Abbildung 53: Der Schrei (Edvard Munch, 1895. Oslo, Nationalmuseum).

stimmten Verbindungen ausziehen. Es verdampft, sublimiert und schlägt sich am kühleren Teil des Gefäßes wieder nieder. Ein früher Text spielt auf diesen Vorgang an: »›Gehe zu den Strömungen des Nils, und dort wirst du einen Stein finden, der einen Geist (*pneuma*) hat. Diesen nimm, zerteil ihn und lange mit deiner Hand in dessen Inneres und ziehe dessen Herz heraus: seine Seele (*psyche*) nämlich ist in seinem Herzen.‹ Ein dazwischen redender Kommentator macht dazu die Bemerkung: ›Du wirst dort, sagt er, diesen Stein finden, der einen Geist hat, was sich auf die Austreibung des Quecksilbers (*exhydrargyrosis*) bezieht.‹«[5]

Diese »Austreibung des Quecksilbers« geschieht durch die *sublimatio*, die den im Stoff verborgenen Geist freisetzt. Im weitesten Sinne bezieht sich dies psychologisch auf die Erlösung des Selbst von seinem ursprünglichen unbewußten Zustand. Die Austreibung des Quecksilbers kann auch im kleineren als das Herausziehen von *Sinn* aus gedrückten Stimmungen, konkreten Vorfällen oder der einfachen Gegebenheit der Natur erlebt werden (siehe Abb. 54).

Berthelot führt aus, daß das griechische Wort, das die Alchemisten lateinisch mit »sublimatio« übersetzten, *rhinisma* lautete, was ursprünglich »Feilspäne« bedeutete. Damit wurde der Gedanke der extremen Verringerung des Stoffes zum Ausdruck gebracht. Dieselbe Vorstellung wurde später an den Begriff »Alkoolisation« geheftet, der die Reduktion auf den Zustand eines äußerst feinen Pulvers bezeichnet.[6] Ein Text sagt: »So ihr die Körper nicht derart subtil macht, daß sie mit dem Tastsinn nicht mehr fühlbar sind, werdet ihr euer Ziel nicht erreichen. Sind sie nicht zermahlen worden, so wiederholt eure Operation und schaut darauf, daß sie zermahlen und subtiliert werden.«[7]

Folglich kann die *sublimatio* ein »Zermahlen« oder »Zerhämmern« bedeuten, das eine Verringerung des Stoffes herbeiführen soll. Die Konsistenz eines sehr feinen Pulvers kommt einem Gas nahe. Man beachte auch, daß die Symbolik des Mahlens die moralischen Kategorien Gut und Böse enthält. Ein aus kleinen Teilchen bestehendes Pulver wird »fein« genannt, ein aus großen bestehendes »grob«. Gut sein heißt, gründlich pulverisiert sein. Die Begegnung mit dem *numinosum* kann eine pulverisierende Wirkung haben, wie es das Sprichwort sagt: »Gottes Mühlen mahlen langsam, mahlen aber trefflich klein«. Etwas blattdünn zu hämmern, hat denselben Hintersinn. Ein bereits erwähntes Rezept lautet: »Säe dein Gold in weiße, geblätterte Erde« – d.h. in sublimierte Erde. »Geblättert« wird durch Hämmern. Die folgenden Zeilen von Rilke lassen sich als Ankündigung einer drohenden *sublimatio* auffassen:

Abbildung 54: Extraktion des Mercurius und Krönung Marias. Unten: Mercurius (als Mischwesen dargestellt) wird aus der *prima materia* gezogen. Oben: Erhöhung und Krönung Marias, wodurch die Trinität in eine Quaternität verwandelt wird (*Speculum Trinitatis*, aus Reusner: *Pandora*, 1588).

> Was sich ins Bleiben verschließt, schon *ists* das Erstarrte;
> wähnt es sich sicher im Schutz des unscheinbaren Grau's?
> Warte, ein Härtestes warnt aus der Ferne das Harte.
> Wehe –: abwesender Hammer holt aus![8]

In Shakespeares *Antonius und Kleopatra* entringt sich dem Enobarbus, bevor er aus Reue über seinen Treuebruch an Antonius Selbstmord begeht, dieses Bild einer *sublimatio* durch Pulverisierung. Er redet den Mond an:

> Du höchste Herrscherin wahrhafter Schwermut,
> Den gift'gen Tau der Nacht gieß über mich,
> Daß Leben, meinem Willen längst empört,
> Nicht länger auf mir laste! Wirf mein Herz
> Wider den harten Marmor meiner Schuld!
> Gedörrt von Gram zerfall es dann in Staub,
> Mit ihm der böse Sinn![9]

In einem Text von Paracelsus heißt es: »Dan zu gleicherweiß / wie in der Distillirung von allen Phlegmatischen und Wässerigen dingen / ihr Wasser auffsteiget / unnd sich von seinem Corpus hindan scheidet: Also in der Sublimation / das Spiritualisch vom Corporalischen / das Volatilisch / vom Fixen / in Trucknen dingen / als da sein alle *Mineralia*, sich darvon auffhebt und erhöcht und Subtiliert / unnd das Rein vom Unreinen absundert.«[10]

Hier wird die *sublimatio* als Reinigung beschrieben. Wenn Stoff und Geist in einem Zustand unbewußter Kontamination vermischt sind, müssen sie durch Trennung gereinigt werden. In diesem unreinen Zustand muß der Geist zuerst seine eigene Reinheit anstreben und wird alles Fleischliche und Stoffliche – das Konkrete, das Persönliche, das Begehrliche – als Feind betrachten, den es zu überwinden gilt. Die ganze Geschichte der kulturellen Entwicklung läßt sich als eine große *sublimatio* begreifen, in der die Menschen lernen, sich und ihre Welt objektiv zu sehen. Die stoische Philosophie war eine einzige große Bemühung, die Menschen zu lehren, durch Erhebung über die Leidenschaften, die sie an die Erde fesseln, das stoische Ziel der *apathia* zu erreichen. Ähnlich war Platons Idealismus, ebenso wie spätere idealistische

Systeme, bestrebt, das Leben ausgehend von ewigen Formen und allgemeinen Ideen darzustellen, um die empörende sklavische Bedingtheit der Menschen durch das Materielle zu überwinden. Die Vernunft, die den Menschen einen Standpunkt außerhalb ihrer persönlichen Neigungen und Abneigungen verschafft, wird zu einem unentbehrlichen Mittel der *sublimatio*, indem sie die Menschen lehrt, sich selbst als reflektierende Zuschauer gegenüberzustehen. Schopenhauer drückt es sehr schön aus:

Daher ist es betrachtungswerth, ja wunderbar, wie der Mensch, neben seinem Leben *in concreto*, immer noch ein zweites *in abstracto* führt. Im ersten ist er allen Stürmen der Wirklichkeit und dem Einfluß der Gegenwart Preis gegeben, muß streben, leiden, sterben, wie das Thier. Sein Leben *in abstracto* aber, wie es vor seinem vernünftigen Besinnen steht, ist die stille Abspiegelung des ersten und der Welt worin er lebt... Hier im Gebiet der ruhigen Überlegung erscheint ihm kalt, farblos und für den Augenblick fremd, was ihn dort ganz besitzt und heftig bewegt: hier ist er bloßer Zuschauer und Beobachter. In diesem Zurückziehn in die Reflexion gleicht er einem Schauspieler, der seine Scene gespielt hat und bis er wieder auftreten muß, unter den Zuschauern seinen Platz nimmt, von wo aus er was immer auch vorgehn möge, und wäre es die Vorbereitung zu seinem Tode (im Stück), gelassen ansieht, darauf aber wieder hingeht und thut und leidet wie er muß.[11]

Wer über den Dingen stehen und sich selbst objektiv betrachten kann, besitzt die Fähigkeit zur Dissoziation. Der Gebrauch dieses Wortes läßt sogleich die Gefahr der *sublimatio* erkennen. Jede der alchemistischen Operationen hat, ins Extrem gesteigert, ihre eigene pathologische Symptomatik, aber moderne Individuen mißbrauchen die *sublimatio* wahrscheinlich mehr als andere. Die Fähigkeit der Psyche, von etwas abzurücken, ist gleichermaßen die Quelle des Ichbewußtseins und die Ursache von Geisteskrankheiten. Als ich im Rockland State Hospital arbeitete, behandelte ich einen jungen Mann. Er war ein hervorragender Mathematikstudent, hatte jedoch nie Freunde oder soziale Kontakte gehabt, und bevor er aufs College kam, war ihm nicht einmal klar, daß es zwischen Jungen und Mädchen anatomische Unterschiede gibt. Er war arbeitslos und lebte bei seiner Mutter, bis er nach einem Ausbruch von Gewalttätigkeit gegen diese, weil sie den Fernseher nicht hatte reparieren lassen, in die Klinik eingeliefert wurde. Als ich ihn nach seinen Träumen befragte, erzählte er mir die folgenden:

Ich träumte einmal, daß ich eine Leiter zu einer hohen Plattform hochgestiegen war und daß dann jemand die Leiter wegzog, so daß ich nicht wieder hinunterkam und dort oben bleiben mußte.

Ein andermal kletterte ich meilenweit über der Erdoberfläche eine Leiter hoch, während irgend etwas mich immer weiter trieb. Ich wagte nicht hinunterzuschauen aus Angst, schwindlig zu werden und den Halt auf der Sprosse zu verlieren.

Ein andermal lag ich alle Viere von mir gestreckt auf dem Glasboden eines Aufzugs ohne Wände. Es gab keinen Liftschacht. Ein hydraulischer Kolben schob die Fläche immer höher. Ich spähte ängstlich über den Rand des Bodens und sah die Erde in der Ferne verschwinden.

Dieser junge Mann war der archetypischen Dynamik der *sublimatio* als eines autonomen Dissoziationsprozesses auf tragische Weise ausgeliefert. Sie zwang ihn immer weiter von der persönlichen, irdischen Wirklichkeit weg, bis ihn die unvermeidliche Enantiodromie zu Boden schmetterte.

Ein Traum mit einer ähnlichen Metaphorik, aber einem völlig anderen Ergebnis wird von Emerson mitgeteilt. Im Jahre 1840, als er 37 war und gerade seine *Essays: First Series* zur Veröffentlichung fertigmachte, träumte er:

Ich schwebte, ganz nach meinem Willen, im großen Äther, und ich sah, wie auch diese Welt nicht weit entfernt dahintrieb, aber auf die Größe eines Apfels zusammengezogen. Da nahm sie ein Engel in die Hand und brachte sie mir und sprach: »Dies mußt du essen.« Und ich aß die Welt.[12]

Ein Traum vom Schweben im »großen Äther« scheint zum Urheber des Emersonschen Transzendentalismus symbolisch zu passen. Dieser Traum ist erhaben, aber nicht überhoben. Im Gegensatz zu den Träumen davor enthält dieser sein eigenes Korrektiv. Die außerordentliche *sublimatio* wird durch das *coagulatio*-Bild vom Essen des Apfels der Welt kompensiert.

Eine sehr schöne dichterische Beschwörung der *sublimatio*-Stimmung findet sich in diesen Zeilen aus Miltons *Il Penseroso*:

> Laß nächtlich meiner Lampe Schein
> Auf hohem Turm zu sehen sein;
> Dort überwache ich den Bären
> Bei Hermes Trismegistus' Lehren,
> Und Platos Geist entfaltet mir
> Der höhern Welten weit Revier,
> Die einst die ew'ge Seele fassen,
> Wenn sie ihr irdisch Haus verlassen.[13]

Das Bild des Turmes ist ein typisches *sublimatio*-Symbol. Das Hexagramm 20 des *I Ging*, »Die Betrachtung (Der Anblick)«, stellt einen Turm dar und beschreibt die Betrachtung des archetypischen Bereiches in gleicher Weise wie Milton. Der Kommentar des *I Ging* spricht von denen, die sich der »Betrachtung des göttlichen Sinns des Weltgeschehens« widmen: »Dadurch schauen sie die geheimnisvollen göttlichen Lebensgesetze und verschaffen ihnen durch den höchsten Ernst innerer Sammlung Verwirklichung in ihrer eigenen Persönlichkeit«.[14]

Das Turmbild tauchte bei mir selbst in einem Traum auf, nachdem ich einen eindrucksvollen Vortrag über Mythologie gehört hatte. Ich träumte:

Ich sehe einen gewaltig hohen Turm. Es ist der Sendeturm einer Rundfunkstation. Man ersteigt ihn auf einer Leiter an der Außenseite. Ein Mann ist dort, der auf dem Turm arbeitet. Tag für Tag steigt er morgens zur Spitze hoch und abends wieder herunter. Ich frage ihn, ob das nicht sehr schwer ist. Er sagt: »Überhaupt nicht«. Mir wird klar, daß ich eine solche Höhe nur sehr widerwillig erklimmen würde.

Der Traum gestaltet meine Reaktion auf den Vortrag aus. Ich war von seiner Brillanz und seinem Weitblick ganz benommen. Durch das Erklimmen einer Höhe erhält man einen Überblick, den man vom Boden aus nicht hat. So ist in der mythologischen und religiösen Bilderwelt eine Offenbarung des göttlichen Bereiches oftmals von einem Aufstieg begleitet. Gott begegnet den Menschen auf dem Berg – Moses auf dem Sinai beispielsweise. Wen Gott einer Offenbarung würdigt, der wird oft »emporgehoben« und gen Himmel entrückt. Beispielsweise beginnt eine Vision des Ezechiel mit den Worten: »Und ich sah eine Gestalt, die wie ein Mann aussah. Unterhalb von dem, was wie seine Hüften aussah, war Feuer, und oberhalb von seinen Hüften schien etwas zu leuchten wie glänzendes Gold. Er streckte etwas aus, das wie eine Hand aussah, und packte mich an meinen Haaren. Und der Geist hob mich empor zwischen Erde und Himmel und brachte mich in einer göttlichen Vision nach Jerusalem« (Ez 8,2-3 EÜ).

Henoch ist eine weitere Gestalt, die auf einer Himmelfahrt eine Offenbarung empfängt. In den pseudoepigraphischen *Geheimnissen des Henoch* wird er von Engeln emporgehoben, erhält eine Führung durch die zehn Himmel und sieht schließlich Gott selbst. Nach einer bekannten Legende wurde Mohammed leiblich durch die sieben Himmel in die Gegenwart Gottes gebracht, um eine Offenbarung zu empfangen. Die Symbolik des Schamanismus enthält ebenfalls dieses Motiv des Aufstiegs; der Schamane erklimmt die Weltsäule oder die kosmische Leiter, oder er unternimmt einen magischen Flug auf der Suche nach einer übernatürlichen Offenbarung.[15]

Ein gutes Beispiel für *sublimatio*-Symbolik bietet ein antikes mithraisches Einweihungsritual. In demselben Ritual kommt auch das Bild des Sonnenphallus vor, das Jung als erstes zur Entdeckung der Archetypen führte.[16] Das Ritual beginnt mit einem Gebet: »Gnade sei mit mir von dir, Vorsehung und Schicksal, wenn ich schreibe diese ersten überlieferten Mysterien, allein aber für mein Kind Unsterblichkeit, einen Mysten, würdig dieser unserer Kraft, die der große Gott Helios Mithras mir hat geben lassen von seinem Erzengel, auf daß ich allein, ein Adler, den Himmel beschreite und erschaue alles.«[17]

Nach weiteren Gebeten fährt das Ritual mit den folgenden Anweisungen fort:

Hole von den [Sonnen-]Strahlen Atem, dreimal einziehend, so stark du kannst, und du wirst dich sehen aufgehoben und hinüberschreitend zur Höhe, so daß du glaubst mitten in der Luftregion zu sein. Keines wirst du hören weder Mensch noch Tier, aber auch sehen wirst du nichts von den Sterblichen auf Erden in jener Stunde, sondern lauter Unsterbliches wirst du schauen. Denn du wirst schauen jenes Tages und jener Stunde die göttliche Ordnung, die tagbeherrschenden Götter hinaufgehen zum Himmel und die andern herabgehen; und der Weg der sichtbaren Götter wird durch die Sonne erscheinen, den Gott, meinen Vater.[18]

Darauf folgen Begegnungen mit verschiedenen göttlichen Gestalten, und das Ganze gipfelt in der Apotheose des Mysten mit folgenden Worten: »Herr, wieder geboren verscheide ich, indem ich erhöhet werde, und da ich erhöht bin, sterbe ich; durch die Geburt, die das Leben zeugt, geboren, werde ich in den Tod erlöst und gehe den Weg, wie du gestiftet hast, wie du zum Gesetze gemacht hast und geschaffen hast das Sakrament.«[19]

Dieses Ritual sollte eine Offenbarung des Göttlichen herbeiführen und dem Mysten durch einen Aufstieg zum Himmel Unsterblichkeit verleihen. Psychologisch ausgedrückt ist es eine Offenbarung der archetypischen Psyche, die von der personalen Icheinstellung befreit, so daß man sich als einen Unsterblichen erleben kann – d.h. als mit archetypischen Wirklichkeiten lebend und einen Beitrag zur archetypischen Psyche leistend. Ähnliche Offenbarungserfahrungen kommen in modernen Träumen und Visionen vor. Beispielsweise hatte Liliane Frey tief über den Tod und ihren eigenen Mythos vom Tod als Verwandlung nachgedacht. Sie schreibt: »Der Tod besteht aus dem Wunder der Verwandlung in eine neue Seinsform. Der Tod ist für mich das Tor zu einer neuen Geburt und der Durchbruch des transzendentalen Bereichs in unsere Erfahrungswelt. Ich bin überzeugt, daß wir in den letzten Momenten unseres Lebens eine völlige Verwandlung unseres Seins erleben. Gleichzeitig mit dem Tod des Körpers und der Ichpersönlichkeit wird etwas Neues geboren, das weder Stoff noch Geist ist, sondern beide zusammen in einer nicht zu entscheidenden Weise.«[20] Bei der Entwicklung dieser Gedanken hatte sie einen sehr eindrucksvollen Traum:

Sie flog in einem eigens für sie gebauten Flugzeug immer höher und hatte einen wunderbaren Blick über die ganz in ein tiefes Blau getauchten Alpen.[21]

J.B. Priestley teilte diesen höchst beeindruckenden Traum einer *sublimatio*-Offenbarung mit:

Ich träumte, ich stand auf der Spitze eines sehr hohen Turmes, allein, und blickte auf Tausende von Vögeln hinab, die alle in einer Richtung flogen; jede Art Vogel war vertreten, alle Vögel der Welt. Es war ein stolzer Anblick, dieser weite himmlische Vogel-Fluß. Aber dann wurde auf mysteriöse Weise geschaltet, das Tempo wurde schneller, so daß ich Generationen von Vögeln sah, beobachtete, wie sie aus dem Ei krochen, flügge wurden, sich paarten, schwächer wurden, abnahmen und starben. Flügel wuchsen, nur um zu zerbrechen; Körper waren schlank und dann, mit einem Schlage, verbluteten sie und verschrumpelten; und der Tod schlug zu, überall, jeden Augenblick. Wozu der ganze blinde Kampf ins Leben hinein, das eifrige Erproben der Flügel, das eilige Paaren, das Fliegen und Aufschwingen, die ganze gigantische, sinnlose biologische Anstrengung? Als ich hinunterstarrte, anscheinend die unwürdige Geschichte jeder Kreatur fast mit einem Blick erfassend, blutete mir das Herz. Es wäre besser, wenn kein einziges von ihnen allen, wenn kein einziger von uns allen geboren wäre, wenn der Kampf für immer aufhörte. Ich stand auf meinem Turme, verzweifelt unglücklich, immer noch allein. Aber dann wurde wieder geschaltet, die Zeit lief noch schneller ab, sie stürzte so schnell, daß die Vögel keinerlei Bewegung mehr zeigen konnten, sondern wie eine ungeheuere, mit Federn besäte Ebene aussahen. Aber durch diese Ebene, aufleuchtend durch die Körper selbst, lief jetzt eine Art weißer Flamme, zitternd, tanzend, dann vorwärtsstürzend; und sobald ich sie sah, wußte ich, daß diese weiße Flamme das Leben selbst war, die reine Quintessenz des Lebens; und dann ging mir auf, in einer raketenartigen Ekstase, daß es auf nichts ankam, daß es nie auf irgend etwas ankommen könnte, weil nichts wirklich war außer diesem vibrierenden, eilenden Glanze des Daseins. Vögel, Menschen oder Geschöpfe, noch ungeformt und ungefärbt, sie alle hatten Bedeutung nur soweit diese Lebensflamme durch sie zog. Keine Trauer blieb zurück; was ich für Tragik gehalten hatte, war nur Leere oder ein Schattenspiel; denn jetzt war alles wirkliche Gefühl beschlossen und verklärt in der weißen Flamme des Lebens und tanzte in Ekstase weiter mit ihr.[22]

Eine ähnliche Vision des menschlichen Geschichtsverlaufs, wie aus ungeheurer Höhe gesehen, wurde einer Dichterin zuteil:

Ich sah die Erde umspannt von einem einzigen großen Baum, dessen mannigfache Wurzeln von der inneren Sonne aus Gold zehrten, dem *lumen naturae*. Es war ein Baum, dessen Äste aus Licht und dessen Zweige liebevoll verschlungen waren, so daß er geradezu ein Geflecht der schönen Liebe bildete. Und es sah so aus, als ob er sich aus den aufgesprungenen

Samen vieler, zahlloser Iche erhöbe, die nun das eine Selbst hatten durchbrechen lassen. Und bei der Betrachtung dessen zeigte es sich, daß die Sonne und der Mond und die Planeten etwas ganz, ganz anderes waren, als man angenommen hatte. Soweit ich erkennen konnte, war Gott selbst der Alchemist, und aus dem kollektiven Gemenge und Leiden, der Unwissenheit und Verunreinigung »raffinierte« Er das Gold.[23]

Ein anderes Beispiel für eine *sublimatio*-Offenbarung liefert die LSD-Erfahrung einer Akademikerin, Mutter von drei Kindern:

Ich wußte, daß es losging, als ein befreiendes und herrliches Gefühl, in der Atmosphäre zu treiben, mich überkam und mein ganzes Sein überspülte. Mein Gefühl, vom Körper gehalten zu sein, löste sich auf. Ich lachte vor Freude und sagte laut: »Jetzt erinnere ich mich, wie es ist, ohne einen Körper zu sein«. Ich stand in Kontakt mit einer Seinsebene, auf der ich voll bewußt, aber ohne Verkörperung war. Eine Klarheit gewann in mir Gestalt, daß ich mich dagegen gesträubt hatte, in meiner jetzigen Inkarnation auf die Welt zu kommen. Ich verstand, warum. Luft ist mein wahres Element, die Matrix meines Seins. Die Ekstase, frei vom Körper, vom Altern, von Rückenschmerzen, Kopfweh, knirschenden Gelenken zu sein, währte eine Ewigkeit. Ich war nicht mehr von den raumzeitlichen Dimensionen der Erde beschränkt. Wie erstaunlich, »ich« zu sein, hellwach und voll bewußt und doch ohne irgendeinen physischen Träger.

Darauf folgten andere Erfahrungen, darunter das erneute Durchleben der eigenen Geburt, und dann kam diese abschließende Vision:

Dann fing ein komplexer Kreislauf des Lachens und der Tränen an; das Lachen ging gewöhnlich mit einem Öffnen der Arme und Beine einher, das Weinen mit einem Zusammenziehen und Zumachen des Körpers. Ich ging durch zahllose Menschheitsepochen in der Zeit zurück, erlebte in meinem Körper zahllose Geburts-, Todes- und Wiedergeburtskreisläufe. Ich fand mich in verschiedenen Weltteilen wieder (vor allem Europa), eher mit einfachen Bauern und Handwerkern zusammen als mit Königen und Adligen. Ich wurde beerdigt und beerdigte andere, die mir lieb gewesen waren, bekam die Augenlider zugedrückt und die Arme über der Brust gekreuzt oder vollzog dieses Ritual an anderen. Der schmucklose Holzkasten wird in das Grab hinuntergelassen, die Erde wird darüber geworfen, die Trauernden klagen. Dann bin ich eine Frau, die gebiert oder Geburtshilfe leistet. Da ist der Schrei des neugeborenen Kindes, das kreisförmige

Schließen der Mutterarme, um das Kind an die Brust zu ziehen. Geburtsschreie und Todesrasseln vermischen sich innerhalb eines Augenblicks. Mir wird klar, daß mein eigener Ort in dem rhythmischen Muster von Tod und Geburt nur ein bewegtes Nu ist – und das ist mehr als genug. Das Gefühl der Einheit mit dem All, mit dem durch die Gesamtheit meines Körper-Selbst erlebten Prozeß von Geburt und Tod, überschwemmt mich gnadenvoll. Es ist, als ob ich ein derart kostbares Geschenk erhalten hätte, daß ich nie wieder fragen müßte: »Was ist der Sinn meines Lebens?«[24]

Die bemerkenswerte Ähnlichkeit zwischen dieser LSD-Vision und Priestleys Traum deutet darauf hin, daß solche Erfahrungen eine objektive Geltung besitzen, das heißt, sie bezeugen die Wirklichkeit der Psyche.

Ein anderer Aspekt der Aufstiegssymbolik ist das Motiv der Entrückung in die Ewigkeit. Zum Beispiel stieg Herakles von seinem Scheiterhaufen zum Olymp auf, eine ganz buchstäbliche *sublimatio*. Infolge Erhitzung verschwand er von der Erde und tauchte auf einer höheren Ebene wieder auf. Das gleiche widerfuhr Elija (2 Kön 2,11 HB): »Siehe, da kam ein feuriger Wagen mit feurigen Rossen und trennte die beiden [Elija und Elischa] voneinander, und Elija fuhr im Sturmwind gen Himmel« (siehe Abb. 55).

Auch Elija wird durch Feuer sublimiert. Laut 1 Makkabäer 2,58 war Elijas Himmelfahrt die Frucht seiner feurigen religiösen Inbrunst. »Elija kämpfte mit leidenschaftlichem Eifer für das Gesetz und wurde in den Himmel aufgenommen« (EÜ). Christus fuhr vierzig Tage nach seiner Auferstehung zum Himmel auf (Apg 1,9). Der Legende nach stieg Maria zum Zeitpunkt ihres Todes zum Himmel auf, und der Festtag Mariä Himmelfahrt steht seit dem siebzehnten Jahrhundert auf dem Kirchenkalender (15. August), obwohl ihre Himmelfahrt erst 1950 zum Dogma erhoben wurde (siehe Abb. 56).

Die Symbolik der Entrückung in die Ewigkeit stammt ursprünglich wahrscheinlich aus Ägypten. In der altägyptischen Religion meinte man, die Toten verwandelten sich in Sterne oder Begleiter der Sonne. James Breasted schreibt: »Eine andere Vorstellung sah im Glanze des nächtlichen Himmels die Schar derer, die früher auf Erden gelebt hatten. Als Vögel waren sie dort hinaufgeflogen, über

Abbildung 55: Entrückung Elijas (Bibelillustration von Gustave Doré).

alle feindlichen Unholde sich aufschwingend, welche die Luft bevölkerten, und der Sonnengott [Re] hatte sie als Gefährten in seine himmlische Barke aufgenommen; dort fuhren sie nun mit ihm über den Himmel als ewige Sterne.«[25]

Ein Pyramidentext beschreibt die Entrückung des toten Königs in das himmlische Reich mit folgenden Worten: »Der König steigt zum Himmel auf, unter die am Himmel wohnenden Götter. ... Er [Re] reicht dir auf der Treppe zum Himmel seinen Arm. ›Wer seinen Platz kennt, kommt‹, sagen die Götter. O Reiner, nimm deinen Sitz in der

Barke des Re ein und segele über den Himmel. ... Segele mit den unvergänglichen Sternen, segele mit den nimmer müden Sternen.«[26] Und E.A. Wallis Budge schreibt folgendes:

Die primitiven Ägypter glaubten, daß der Boden des Himmels, der zugleich das Firmament dieser Welt bildete, aus einer ungeheuren rechteckigen Eisenplatte bestünde, deren vier Ecken auf vier Säulen ruhten, den Markierungen der vier Weltgegenden. Auf dieser Eisenplatte lebten die Götter und die seligen Toten, und es war das Ziel jedes guten Ägypters, nach dem

Abbildung 56: Mariä Himmelfahrt (*Stundenbuch der Katharina von Kleve*. Sammlung Guennol und Pierpont Morgan Library).

Tod dorthin zu gelangen. An gewissen heiligen Stellen war der Rand der Platte den Gipfeln der Berge so nahe, daß der Verstorbene ohne weiteres hinaufklettern und so Einlaß in den Himmel erhalten konnte, an anderen jedoch war der Abstand zwischen ihr und der Erde so groß, daß er Hilfe brauchte, um sie zu erreichen. Es bestand der Glaube, daß Osiris selbst sich schwergetan hatte, auf die eiserne Platte zu kommen, und daß er letztendlich nur mit Hilfe der Leiter, die sein Vater Ra ihm aufstellte, in den Himmel gestiegen war. An der einen Seite der Leiter stand Ra und an der anderen stand Horus, der Sohn der Isis, und beide Götter halfen dem Osiris, sie zu erklimmen. Ursprünglich waren die zwei Wächter der Leiter Horus der Ältere und Set, und es gibt in den frühen Texten etliche Hinweise auf die Hilfe, die sie dem Verstorbenen leisten, welcher natürlich mit dem Gott Osiris identifiziert wurde. Aber entweder um diese Götter an ihre vermeintliche Pflicht zu erinnern oder um sie zu zwingen, ihr nachzukommen, wurde oftmals die Nachbildung einer Leiter auf oder neben den toten Körper im Grab gelegt, und ein besonderes Schriftstück wurde aufgesetzt, das die Leiter für den Verstorbenen zum Mittel seines Aufstiegs in den Himmel machen sollte. So läßt man in dem für den Pepi geschriebenen Text den Verstorbenen die Leiter mit folgenden Worten anreden: »Verehrung dir, o göttliche Leiter! Verehrung dir, o Leiter des Set! Stehe aufrecht, o göttliche Leiter! Stehe aufrecht, o Leiter des Set! Stehe aufrecht, o Leiter des Horus, auf welcher Osiris in den Himmel gelangte.«[27]

Die Aufforderung, aufrecht zu stehen, erinnert an die *Djed-* oder *Tet*-Säule. Dieses klassische Bild des auferstandenen Osiris sieht auf manchen Darstellungen einer Leiter auffallend ähnlich (siehe Abb. 57). Der Vorgang der Entrückung in die Ewigkeit wurde in der Antike durch das Bild vom Erklimmen der Leiter der Planetensphären anschaulich gemacht. Wenn eine Seele in einen Erdenkörper hineingeboren wird, steigt sie vom Himmel durch die Planetensphären hinab und erwirbt dabei die zu einer jeden gehörigen Eigenschaften. Macrobius schreibt:

Durch den Antrieb ihres ursprünglichen Gewichtes erwirbt sich die Seele, nachdem sie sich vom Schnittpunkt von Tierkreis und Milchstraße aus auf ihre Abwärtsbahn zu den gestaffelt darunter liegenden Sphären begeben hat, bei ihrem Durchgang dieser Sphären ... jedes der Attribute, deren sie sich später bedienen wird. In der Saturnsphäre erlangt sie Vernunft und Verständnis, *logistikon* und *theoretikon* genannt; in der Jupitersphäre Handlungsvermögen, *praktikon* genannt; in der Marssphäre ungestümen

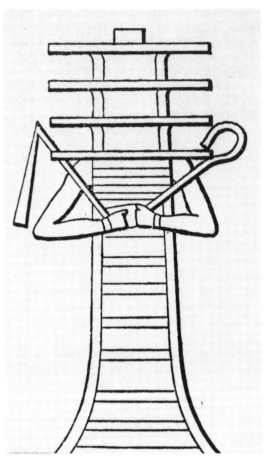

Abbildung 57: Osiris als Leiter (Papyrus Ani. London, British Museum).

Mut oder *thymikon*; in der Sonnensphäre Sinneswahrnehmung und Einbildungskraft, *aisthetikon* und *phantastikon*; in der Venussphäre den Trieb der Sinnlichkeit, *epithymetikon*; in der Merkursphäre das Sprach- und Auslegungsvermögen, *hermeneutikon*; und in der Mondsphäre die Gabe, Körper zu bilden und wachsen zu machen, *phytikon*. Als die von den Göttern am weitesten entfernte ist diese letzte Gabe bei uns und der gesamten irdischen Schöpfung die erste.[28]

Wenn die Seele sich gereinigt hat, darf sie die Leiter der Plantensphären hinaufsteigen, »denn wenn sie sich aller Makel des Bösen vollständig entledigt und es verdient hat, sublimiert zu werden, so verläßt sie den Körper wieder und kehrt, ihren früheren Stand gänzlich wiedererlangend, in den Glanz des ewigen Lebens zurück«.[29] Der Aufstieg durch die Sphären wird in einem Gedicht von Henry Vaughn beschrieben:

> Solch Kraft ist meiner Seele untertan,
> Daß sterbend ich mein Teil zergliedern kann.
> Erst geb ich meinen dumpfen Lehm der Erd,
> Der Mutter, die uns all gebiert und nährt.
> Die Wachstumskräfte sende ich sodann
> Dem feuchten Mond, von dem ich sie gewann.
> Jedwede Spitz- und sonstge Findigkeit
> Wird dem gewitzten Merkur zugeleit.
> Törichte Lieben, die aus mir den Knecht
> Der Schönheit machten, Venus, sei'n dein Recht.
> Hoffärtgen Stolz (hätte ich solchen wohl)
> Geb ich Euch gerne wieder, König Sol.
> Alle Tolldreistheit und den kecken Mut
> Vererb ich Mars als sein gerechtes Gut.
> Mein scheeler Geiz (ist er denn auch nur schwach),
> Jupiter, deinen Flammen ich vermach.
> Falsche Magie sei, so ich drauf gebaut,
> Samt Lügenmystik Saturn anvertraut.
> Euch, finstre Phantasien, leg ich ab,
> Des Aberglaubens Sphär sei euer Grab.
> Auf, auf, entbundne Seele, denn ganz rein
> Ist nun dein Feuer; zieh die Flügel ein,
> Oder brich auf! Glücklicher Flug, ja du
> Trägst mich dem lichten Empyreum zu.
> Als ein gelöstes Wesen seh ich schon
> Der Gottheit ganze Emanation.[30]

Es war ebenfalls Henry Vaughn, der eine *sublimatio*- Erfahrung in diese bekannten Zeilen faßte:

> Ewigkeit sah ich neulich Nacht
> Wie einen Ring endloser lichter Pracht,
> So still wie hell entfacht;
> Drunter zog Zeit in Jahr und Tag und Stund
> Sphärenbewegt im Rund
> Gleich einem Riesenschatten, darein fiel
> Die Welt und all ihr Spiel.[31]

Zu dem Motiv, den Planetenarchonten die jedem gehörigen Eigenschaften wieder zurückzugeben, gibt es, wie in dieser Passage von Gershom Scholem deutlich wird, eine kabbalistische Parallele:

> Die Aufgabe der Kabbala ist es, die Seele zu ihrer ursprünglichen Heimat in der Gottheit zurückführen zu helfen. Für jede einzelne *Sefira* gibt es ein entsprechendes ethisches Attribut im menschlichen Verhalten, und wer es auf dieser Erde erwirbt, wird in das mystische Leben und die harmonische Welt der *Sefirot* aufgenommen. ... Es herrschte unter den Kabbalisten Einmütigkeit über den der Seele am Ende ihres mystischen Pfades erreichbaren höchsten Rang, nämlich den der *Debekut*, des mystischen Hängens an Gott. ... [Er wird erlangt durch das Erklimmen der] Leiter der *Debekut*.[32]

Den Stand der *Debekut*, der Gemeinschaft mit Gott, erreichte man nach Ansicht der Kabbalisten durch das Gebet:

> Der Gläubige benutzt die feststehenden Worte des Gebetes während seiner Meditation als ein Geländer, welches er auf seinem Höhenweg packt, damit er nicht verwirrt oder abgelenkt wird. Solche Meditation führt zum Anschluß des menschlichen Denkens an den göttlichen Gedanken oder den göttlichen Willen. ... Das Denken weitet sich aus und steigt zu seinem Ursprung auf, so daß es bei der Ankunft dort aufhört und nicht weiter steigen kann, ... daher erhoben die frommen Männer von alters, während sie die Gebote und Gebetsworte hersagten, ihr Denken zu seinem Ursprung. Durch diese Prozedur und den Stand des Anhaftens (Debekut), den ihr Denken erreicht hatte, wurden ihre Worte gesegnet, gemehrt, voll des (göttlichen) Einstromes.[33]

Einige chassidische Aussprüche gebrauchen das Bild der Leiter, etwa das folgende: »Aus der Himmelswelt zur Erde sind die Seelen auf einer Leiter niedergestiegen, dann wurde sie hinweggezogen. Nun ruft man von oben die Seelen heim. Die einen rühren sich nicht vom Fleck, denn wie kann man ohne Leiter in den Himmel? Die andern machen einen Sprung, fallen hin, machen noch einen Sprung, fallen wieder hin, dann geben sie es auf. Etwelche aber wissen wohl, daß sie's nicht schaffen können, und versuchen es doch Mal um Mal, bis Gott sie auffängt und emporzieht.«[34]

Eine andere Überlieferung lautet: »Es steht geschrieben: ›Und er träumte: da, eine Leiter, auf die Erde gestellt.‹ Das ist jeder Mensch. ... aber ›ihr Haupt rührt zu dem Himmel‹, bis an den Himmel reicht meine Seele, ›und da, Boten Gottes steigen daran auf und nieder‹, sogar Aufstieg und Niederstieg der Engel hangen an meinen Taten.«[35]

Von dem Bild der geistlichen Leiter oder des Stufenweges machten asketische christliche Mystiker reichlich Gebrauch (siehe Abb. 58). Es geht wahrscheinlich zurück auf die Stelle in den *Bekenntnissen* des Augustinus, wo er vom Aufstieg der Seele in das himmlische Jerusalem spricht: »Wir erklimmen die gebahnten Wege im Herzen und singen den Gesang der Stufen. In Deinem Feuer, Deinem guten Feuer entbrennen wir und gehen, da wir hinaufgehen zum Frieden Jerusalems.«[36]

Bei etlichen christlichen Märtyrern taucht das Bild einer Leiter auf. Am bekanntesten unter ihnen ist wohl die hl. Perpetua, die kurz vor ihrem Märtyrertod in der Arena von Karthago im Jahre 203 im Gefängnis den folgenden Traum hatte:

Ich sehe da eine eherne Leiter von wunderbarer Größe, die bis zum Himmel reichte und so schmal war, daß man nur einzeln hinaufsteigen konnte. Auf beiden Seiten der Leiter waren allerlei Eisengeräte befestigt: Schwerter, Lanzen, Mauerhaken, Dolche und Spieße, so daß einer, der nicht acht gab oder nicht nach oben gerichtet emporstieg, zerfleischt wurde und an diesen Waffen hängen blieb. Unter der Leiter aber lag ein riesiger Drache, der den Emporsteigenden auflauerte und sie davon abschreckte hinaufzusteigen. Saturus aber stieg vor mir hinauf (wie er sich ja auch uns zuliebe freiwillig als Erster hinrichten ließ, weil er selbst uns gelehrt hatte, und dann, als wir verhaftet wurden, nicht dabei gewesen war), und er gelangte an das obere Ende der Leiter und wandte sich zu mir und sprach: »Perpetua, ich halte dich. Aber sieh zu, daß dich jener Drache nicht beißt.« Und ich antwortete: »Er wird mir nicht schaden im Namen Jesu Christi«. Und der Drache streckte von unter der Leiter her, als ob er mich fürchtete, langsam den Kopf hervor, und ich trat ihm, wie wenn ich den ersten Sproß der Leiter

Abbildung 58: Die Himmelsleiter der Mystiker (Ikone aus dem Katharinenkloster, Sinai 11. - 12. Jahrhundert).

betreten wollte, auf sein Haupt und stieg empor. Und ich sah einen riesigen Garten, und in der Mitte desselben einen großen weißhaarigen Mann im Hirtengewand sitzen, welcher Schafe molk, und um ihn herum viele Tausende weißgekleideter Leute. Und er hob den Kopf, sah mich an und sprach: »Gut, daß du gekommen bist, Kind!«, und er rief mich herbei und gab mir von dem Käse, den er molk, gleichsam einen Bissen, und ich empfing ihn mit gefalteten Händen und aß. Und alle Umstehenden sagten: »Amen.« Und durch den Widerhall dieses Ausrufes erwachte ich, indem ich noch immer irgend etwas Süßes, ich weiß nicht was, aß. Und sogleich berichtete ich es meinem Bruder, und wir erkannten, daß es die zukünftige Passion bedeutete, und von da an begannen wir keine Hoffnung mehr auf diese Welt zu setzen.[37]

Dieser ehrfurchtgebietende Traum verdeutlicht den Zeitgeist der damals gerade anbrechenden christlichen Ära. Der neue christliche Geist war der Geist der *sublimatio* (siehe Abb. 59). Dies beweist die folgende Passage des syrischen Dichters Jakob von Batnae, der die Jakobsleiter als eine Präfiguration des Kreuzes Christi begreift. »Das Kreuz ist aufgerichtet als eine wundervolle Leiter, auf welche[r] die Menschen in Wahrheit zum Himmel hinaufgeleitet werden… Christus erhob sich auf Erden wie eine stufenreiche Leiter und richtete sich empor, damit alle Irdischen durch ihn emporgehoben würden… In der Leiter erblickte Jakob den Gekreuzigten wahrhaftig… Auf dem Berg befestigte er (der Herr) das geheimnisvolle Kreuz wie eine Leiter, stellte sich selbst auf dessen Spitze und segnete von ihm herab alle Nationen… Das Kreuz war damals vorbildlich aufgerichtet gleich einer Leiter und diente den Völkern als ein zu Gott hinaufführender Pfad.«[38]

In seinem »Paradiso« gibt Dante ein schönes Beispiel für die Leiter der *sublimatio*. Im 21. Gesang wird Dante, begleitet von Beatrice, der siebte Himmel des Saturn gezeigt, der Sitz der beschaulichen Seelen (siehe Abb. 60).

> In dem Kristall, der sich benennt noch heute,
> Die Welt umkreisend, nach dem Prinzipal,
> Darunter keine Bosheit sie entweihte,
>
> Sah ich, in Gold getaucht, darin ein Strahl
> Erglänzt, so ragen einer Leiter Sprossen,
> Daß, ihr zu folgen, war mein Licht zu fahl.

Ich sah auch auf die Stufen hingegossen
Solch Schimmern, daß ich dachte, alles Licht
Am Himmelzelte sei dorthin geflossen.[39]

Ich habe oben eine Reihe von Beispielen für das symbolische Motiv des Übergangs in die Ewigkeit gegeben. Jetzt kommt die Frage: Was hat das psychologisch zu bedeuten? Wir sprechen hier von der größeren *sublimatio* im Unterschied zur kleineren. Auf die kleinere *sublimatio* muß stets ein Abstieg folgen, während die größere *sub*-

Abbildung 59: Simeon Stylites wird auf seiner Säule von einer Schlange angegriffen (Reliquienschrein, 6. Jahrhundert. Paris, Louvre).

limatio ein Kulminationsprozeß ist, die endgültige Entrückung des in der Zeit Erschaffenen in die Ewigkeit. Was hat es psychologisch zu bedeuten, wenn etwas in der Zeit Erschaffenes in die Ewigkeit entrückt wird? Individuelles Bewußtsein oder Realisierung der Ganzheit ist das psychologische Produkt des zeitlichen Prozesses der Individuation. Die Vorstellung, daß dieser ewig werden soll, ist höchst geheimnisvoll. Sie scheint zu besagen, daß das von Individuen erworbene Bewußtsein eine dauerhafte Hinzufügung zur archetypischen Psyche wird. Es spricht in der Tat vieles für diese Vorstellung.[40] Zum Beispiel hatte Jung *sublimatio*-Visionen, als er 1944

Abbildung 60: Dantes Leiter des Saturn (Illustration von Gustave Doré zu Dantes *Göttlicher Kömödie*).

dem Tode nahe war. Er sah sich weit über die Erde hinausgehoben und auf eine »objektive Form« gebracht:

Ich hatte das Gefühl, als ob alles Bisherige von mir abgestreift würde. Alles, was ich meinte, was ich wünschte oder dachte, die ganze Phantasmagorie irdischen Daseins fiel von mir ab, oder wurde mir geraubt – ein äußerst schmerzlicher Prozeß. Aber etwas blieb; denn es war, als ob ich alles, was ich je gelebt oder getan hätte, alles, was um mich geschehen war, nun bei mir hätte. Ich könnte auch sagen: es war bei mir, und das war Ich. Ich bestand sozusagen daraus. Ich bestand aus meiner Geschichte und hatte durchaus das Gefühl, das sei nun Ich. »Ich bin dieses Bündel von Vollbrachtem und Gewesenem.« – Dieses Erlebnis brachte mir das Gefühl äußerster Armut, aber zugleich großer Befriedigung. Es gab nichts mehr, das ich verlangte oder wünschte; sondern ich bestand sozusagen objektiv: ich war das, was ich gelebt hatte. Zuerst herrschte zwar das Gefühl der Vernichtung, des Beraubtseins oder Geplündertseins vor, aber plötzlich wurde auch das hinfällig. Alles schien vergangen, es blieb ein fait accompli, ohne irgendwelche Rückbeziehung auf das Frühere. Es gab kein Bedauern mehr, daß etwas weggefallen oder fortgenommen war. Im Gegenteil: ich hatte alles, was ich war, und ich hatte nur das.[41]

Ich verstehe diese Passage als Beschreibung der größeren *sublimatio* in ihrer totalen und äußersten Form. In Teilaspekten findet dieser Prozeß meiner Meinung nach immer dann statt, wenn ein Stück der eigenen persönlichen Psychologie in entscheidender Weise objektiviert wird. Es wird dann zu einem ewigen Faktum, unberührbar durch Freude oder Kummer oder Wandel.

Die Mehrzahl der *sublimatio*-Bilder, denen wir als Therapeuten begegnen, gehört der kleineren *sublimatio* an. Tatsächlich weisen für heutige Patienten Bilder von Aufstiegen, Höhen und Flügen fast immer auf die Notwendigkeit eines Hinunterbegebens hin. Modernen Individuen ist ohnehin schon ein Übermaß an *sublimatio* zuteil geworden, wenigstens von der kleineren Art. Sie bedürfen des Abstiegs und der *coagulatio* (siehe Abb. 61). Die relative Freiheit des sublimierten Zustandes ist eine wichtige Errungenschaft in der psychischen Entwicklung, aber nur ein Teil. Es kann verhängnisvoll sein, am Himmel hängenzubleiben. Aufstieg und Abstieg sind beide nötig. Wie es ein alchemistischer Ausspruch sagt: »Sublimiere den Körper, und koaguliere den Geist«.

Genau wie auffliegende Vögel die *sublimatio* und die Entrückung vom Zeitlichen ins Ewige darstellen, so stellen herabstoßende Vögel Inhalte aus der archetypischen Welt dar, die sich durch den Einbruch in die persönliche Ichsphäre inkarnieren. Die Taube des Heiligen Geistes ließ sich auf Christus nieder, als er getauft wurde, was den Inkarnationsprozeß anzeigt. Auf Tarquinius Priscus senkte sich auf seinem Weg nach Rom ein Adler nieder zum Zeichen der ihm bestimmten Königswürde. Von jeher galten Vögel als Boten Gottes. In alten Zeiten stellte man die Auspizien an (von *avis*, »Vogel«, und *specio*, »schauen«), indem man das Verhalten von Vögeln beobachtete. Psychotische Patienten haben mir erzählt, daß ihnen Vögel Botschaften von Gott überbringen. Die Aufwärtsbewegung verewigt; die Abwärtsbewegung personalisiert. Wenn diese zwei Bewegungen verbunden werden, erhalten wir einen anderen alchymischen Prozeß, die *circulatio*. Ein Absatz aus der *Tabula Smaragdina*

Abbildung 61: Der Turm zu Babel (Pieter Bruegel d.Ä., 1563. Wien, Kunsthistorisches Museum).

Hermetis verweist auf die *circulatio*: »Es steigt von der Erde zum Himmel empor, steigt wieder zur Erde herab und empfängt die Kraft des Oberen und des Unteren. So wirst du die Herrlichkeit der ganzen Welt haben. Daher wird dich alle Dunkelheit fliehen.«[42]
In der astrologischen Bildersprache bezieht sich die *circulatio* auf den wiederholten Aufstieg und Abstieg durch die Planetensphären, wodurch man hintereinander jedem der archetypischen Prinzipien, symbolisiert durch die Planetenarchonten, begegnet. Chemisch meint *circulatio* den Prozeß, in dem eine Substanz in einem Rücklaufkolben erhitzt wird. Die Dämpfe steigen auf und kondensieren; dann wird die kondensierte Flüssigkeit wieder zurück in den Bauch des Kolbens geleitet, wo der Kreislauf wiederholt wird. *Sublimatio* und *coagulatio* werden so in einem fort abwechselnd wiederholt.
Psychologisch ist die *circulatio* das wiederholte Kreisenlassen aller Aspekte des eigenen Wesens, welches allmählich zum Gewahrwerden eines transpersonalen, die streitenden Faktoren vereinigenden Zentrums führt. Es kommt zu einem Durchlaufen der Gegensätze, die wechselweise stets aufs neue erlebt werden, was schließlich zu ihrer Versöhnung führt. Jung stellt die *circulatio* so dar:

Ascensus und descensus, Höhe und Tiefe, Auf und Ab beschreiben ein emotionales Realisieren von Gegensätzen, welches allmählich zu einem Ausgleich derselben führt oder führen soll. Daher kommt dieses Motiv auch sehr häufig in Träumen vor als das Den-Berg-hinauf-und-hinunter-Steigen, Treppensteigen, mit Lift, Ballon oder Flugzeug Auf- oder Absteigen usw. In diesem Sinne entspricht das Motiv dem Kampf des geflügelten mit dem ungeflügelten Drachen, das heißt dem Ouroboros... Das Zwischen-den-Gegensätzen-Schwanken oder Hin-und-Hergeworfenwerden ist ... ein In-den-Gegensätzen-Enthaltensein. Die Gegensätze werden zu einem Gefäß, in welchem jenes Wesen, das zuvor bald das eine, bald das andere war, vibrierend schwebt, wodurch das peinliche Suspendiertsein zwischen Gegensätzen sich allmählich in eine bilaterale Tätigkeit des Mittelpunktes verwandelt.[43]

Die *circulatio* ist ein wichtiges Vorstellungsbild in der Psychotherapie. Kreisen um ein Zentrum ebenso wie Auf und Ab sind in Träumen häufig. Man muß den Kreislauf der eigenen Komplexe im

Zuge ihrer Verwandlung immer wieder vollziehen. Die »Kräfte des Oberen und Unteren« werden soweit verbunden, daß die geeinte Persönlichkeit entsteht, die die personale Psyche (unten) mit der archetypischen Psyche (oben) zusammenbringt.

Die obige Stelle aus der *Tabula Smaragdina* bringt den Unterschied zwischen der alchemistischen Einstellung und der christlichen religiösen Einstellung deutlich zum Ausdruck. Jung stellt diesen Umstand heraus, weil dadurch das Wesen des psychologisch-empirischen Standpunktes klar wird, dessen Vorreiter die Alchemisten waren. Er schreibt: »Es handelt sich [in der *Tabula Smaragdina*] also keineswegs um einen einsinnigen Aufstieg zum Himmel, sondern, im Gegensatz zum Wege des christlichen Erlösers, der von oben nach unten kommt und von da wieder nach oben zurückkehrt, beginnt der filius macrocosmi seine Laufbahn unten, steigt nach oben, und kehrt wieder, mit den Kräften des Oberen und Unteren vereint, zur Erde zurück. Er macht also die umgekehrte Bewegung und offenbart damit seine Gegennatur zu Christus und den gnostischen Erlösern.«[44]

Der Unterschied der Bildvorstellungen entspricht dem Unterschied zwischen religiösem Glauben und psychologischem Empirismus. An anderer Stelle drückt Jung es so aus: »[In der religiösen Sichtweise] rechnet der Mensch die Erlösungsbedürftigkeit sich selber zu und überträgt der autonomen göttlichen Figur die Erlösungsleistung, das eigentliche *athlon* oder ›opus‹; [in der alchemistischen Sichtweise] rechnet sich der Mensch die Verpflichtung zur Ausführung des erlösenden ›opus‹ zu, indem er den leidenden und darum erlösungsbedürftigen Zustand der im Stoffe gebundenen ›anima mundi‹ zuschreibt.«[45] Und noch einmal: »Sein [des Alchemisten] Augenmerk ist daher nicht auf seine eigene Erlösung durch die Gnade Gottes, sondern auf die *Befreiung Gottes* aus der Dunkelheit des Stoffes gerichtet.«[46]

Der alchemistische *filius philosophorum* beginnt und endet auf der Erde. Dies besagt, daß die vorrangige Bedeutung auf der konkreten raumzeitlichen Wirklichkeit des Ich liegt. Die Erfüllung der begrenzten menschlichen Verfassung wird über die ideale Vollkommenheit gestellt. Dennoch darf diese Unterscheidung nicht zu weit getrieben werden. Höchst interessanterweise folgt unmittelbar auf die Bibelstelle, die unser hauptsächlicher Beleg für die Himmelfahrt Christi ist, eine Äußerung über seine Rückkehr zur Erde: »[Da] wurde er vor ihren Augen emporgehoben, und eine Wolke nahm ihn auf und entzog ihn ihren Blicken. Während sie unverwandt ihm nach zum Himmel emporschauten, standen plötzlich zwei Männer in weißen Gewändern bei ihnen und sagten: Ihr Männer von Galiläa, was steht ihr da und schaut zum Himmel empor? Dieser Jesus, der von euch ging und in den Himmel aufgenommen wurde, wird ebenso wiederkommen, wie ihr ihn habt zum Himmel hingehen sehen« (Apg 1,9-11 EÜ).

Trotz der Gefahr der *sublimatio* für den modernen Menschen bleibt ihre Symbolik im Kern alles menschlichen Strebens nach Höherentwicklung bestehen. Alles, was unsere bessere, »höhere« Natur wachruft, ja alles sittliche Empfinden, hat teil an der Bilderwelt der *sublimatio*. Dies wird sehr gut von Longfellow zum Ausdruck gebracht, aus dessen Gedicht »The Ladder of St. Augustine« (Die Leiter des hl. Augustinus) ich zum Abschluß dieses Kapitels ein paar Strophen zitieren möchte:

> Heiliger Augustin, es stimmt:
> Aus unsern Lastern, da erstünd
> Uns eine Leiter, die erklimmt',
> Wer niederträte jede Sünd.
>
> Das, was alltäglich und gemein,
> Womit die Stund begann und schloß,
> Die Freuden und die Schererein –
> Alles sei unsers Aufstiegs Sproß.
>
> . . . .
>
> Die Jagd nach dem, was ohne Wert,
> Anstatt nach Wahrem bloß nach Schaum,
> Die Herzverhärtung, die entehrt
> Der Jugend hochgemuten Traum;
>
> . . . .

Sie alle müssen erst vorher
Zertrampelt werden, wolln wir denn
Im hellen Land geistlicher Ehr
Ein Wohnrecht unser eigen nenn'n.

. . . .

Stehend auf dem, was Last uns war,
Die Schultern beugte, brach den Blick,
Sehen wir – zuvor unsichtbar –
den Pfad zu höherem Geschick.

So scheint, was endgültig dahin,
Nicht ganz umsonst, nicht ganz verirrt,
Wenn uns, da wir die Trümmer fliehn,
Ein Edleres zu eigen wird.[47]

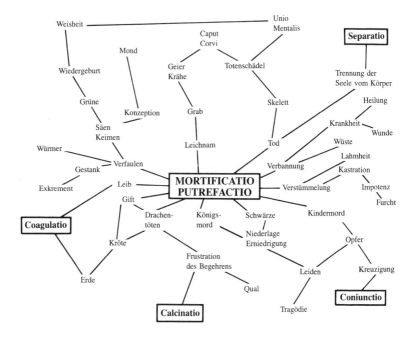

5 Mortificatio

In einem Interview des Jahres 1952 gibt Jung uns ein hervorragendes Resümee des alchemistischen *opus*:

In der Alchemie wird die Projektion eines zugleich kosmischen und geistigen Problems auf das »Laboratorium« ersichtlich. Das alchemistische *opus magnum* hatte sowohl zum Ziel, die Seele des Menschen zu erlösen, als auch den Kosmos zu heilen, ganz zu machen. ... Diese Arbeit ist aber schwierig und voller Hindernisse: Das alchemistische *opus* birgt viele Gefahren. Gleich zu Beginn begegnet man dem »Drachen«, dem chthonischen Geist, dem »Teufel« oder – in alchemistischer Sprache – der »Schwärze«, der *nigredo*. Und diese Begegnung bringt Leiden mit sich. ... In alchemistischen Begriffen leidet die Materie so lange, bis die *nigredo* weicht und die »Morgendämmerung« (*aurora*) durch den »Pfauenschwanz« (*cauda pavonis*) angekündigt wird, worauf ein neuer Tag anbricht, die *leukosis* oder *albedo*. Aber in diesem neuen Zustand der »Weiße« lebt man nicht eigentlich, es handelt sich um eine Art abstrakten Idealzustand. Um ihn mit Leben zu erfüllen, braucht es »Blut«, braucht es das, was die Alchemisten die *rubedo* nennen, die »Röte« des Lebens. Nur die vollständige Erfahrung des Seins vermag diesen Idealzustand der *albedo* in eine integrierte menschliche Seinsweise zu wandeln. Allein das Blut vermag das verklärte Bewußtsein wiederzubeleben, in welchem die letzte Spur der Schwärze aufgelöst worden ist, und in welchem der »Teufel« keine autonome Existenz mehr führen kann, sondern mit der grundlegenden Einheit der Seele wieder verbunden ist. Nun ist das *opus magnum* der Alchemisten beendet: Die menschliche Seele ist vollkommen integriert.[1]

Nach dieser Passage hat das alchemistische *opus* drei Stufen: *nigredo*, *albedo* und *rubedo*, das Schwärzen, das Weißen und das Röten. Dieses Kapitel befaßt sich mit der ersten der drei, der *nigredo* oder Schwärzung, die zu der *mortificatio* genannten Operation gehört (siehe Abb. 62).

Die zwei Ausdrücke »*mortificatio*« und »*putrefactio*« überschneiden sich und beziehen sich auf unterschiedliche Aspekte derselben

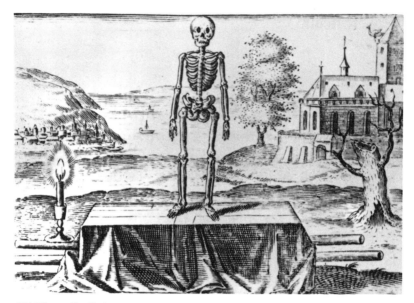

Abbildung 62: Skelett als Bild der *mortificatio (The Hermetic Museum,* übers. von A. E. Waite).

Operation. *Mortificatio* hat mit Chemie überhaupt nichts zu tun. Wörtlich bedeutet sie »Tötung«, diese Operation wird folglich auf die Erfahrung des Todes verweisen. In der religiösen Askese gebraucht, bezieht sie sich auf »die Unterwerfung der Leidenschaften und Gelüste durch Buße, Enthaltsamkeit oder dem Körper zugefügte schmerzhafte Härten« (Webster). Einen chemischen Vorgang als *mortificatio* zu beschreiben, ist ganz und gar die Projektion eines psychischen Bildes. Dies passierte in der Tat. Das Material im Kolben wurde personifiziert, und die daran vorgenommenen Operationen wurden als Qual aufgefaßt.
Putrefactio ist die »Faulung«, die Verwesung, die tote organische Körper zersetzt. Sie ist ebenfalls nichts, was in den Operationen der anorganischen Chemie vorkommen würde, mit denen sich die Alchemisten größtenteils beschäftigten. Wenn man jedoch der Verwesung eines toten Körpers, insbesondere eines menschlichen Leich-

nams, beiwohnt, was im Mittelalter nichts Ungewöhnliches war, so hat das eine sehr starke psychologische Wirkung. Die Folgen dieser Erfahrung können dann in den alchymischen Prozeß projiziert werden (siehe Abb. 63).
Die *mortificatio* ist die negativste Operation in der Alchemie. Sie hat zu tun mit Finsternis, Niederlage, Qual, Verstümmelung, Tod und Verfaulen. Zwar führen selbst diese dunklen Bilder oft zu außerordentlich positiven – Wachstum, Auferstehung, Wiedergeburt –, aber Kennzeichen der *mortificatio* bleibt die Farbe Schwarz. Beschäftigen wir uns zuerst mit einigen Texten.

Wer nicht erstlich schwärtzet, der kan hernach nicht weiß machen, den die Schwärtze ist ein Anfang der Weisse und ein Zeichen der Fäulung und Veränderung, und daß der Cörper nun durchgängig und getödtet sey.[2]

Abbildung 63: Der Triumph des Todes (Fresko von Francesco Traini, ca. 1350. Pisa, Camposanto).

O glückliches Tor der Schwärze, ruft der Weise aus, das du der Durchgang zu dieser so herrlichen Verwandlung bist. Trachte also, der du dich dieser Kunst zuwendest, allein danach, dieses Geheimnis zu kennen, denn es kennen heißt alles kennen, aber es nicht kennen heißt alles nicht kennen. Denn der Hervorbringung jeder neuen Form geht die Faulung voraus.[3]

Die Putrefaction aber ist einer solchen grossen Würckung / das sie die alte Natur verzehret / unnd Transmutirt alle ding in ein Newe unnd andere Natur / unnd bringt herfür ein newe Frucht: Alle Lebendige ding sterben darinnen / alle Gestorbene ding faulen darinnen / und alle Todte ding uberkomen wider ein Leben darinnen / verenderet alle Corosivische Saltzgeist von irer schärpffe / machts Milt unnd Süß.[4]

Psychologisch ausgedrückt verweist die Schwärze auf den Schatten. Diese Texte, die positiv von der Schwärze sprechen, spielten demnach, auf der personalen Ebene, auf die positiven Konsequenzen an, die es hat, seines eigenen Schattens gewahr zu sein. Auf der archetypischen Ebene ist es ebenfalls wünschenswert, sich des Bösen bewußt zu sein, denn »die Schwärtze ist ein Anfang der Weisse«. Nach dem Gesetz der Gegensätze konstelliert ein starkes Bewußtsein einer Seite ihr Gegenteil. Aus der Finsternis wird das Licht geboren. Im Gegenzug treten Träume, die die Schwärze betonen, meistens dann auf, wenn das bewußte Ich einseitig mit dem Hellen identifiziert wird. So hatte z.B. ein Weißer, der in der schwarzen Bürgerrechtsbewegung sehr aktiv war, folgenden Traum:

Ich bin im Hades und versuche wiederholt, ohne Erfolg, zu entfliehen. Es findet irgendeine wilde sexuelle Orgie statt. Alle sind mit schwarzem Teer bedeckt.

Dieser Patient hatte sein persönliches Bedürfnis, die Schwärze zu akzeptieren, veräußerlicht, indem er durch sein politisches Engagement die Gesellschaft dazu zwingen wollte, Schwarze zu akzeptieren. Dies erfolgte sehr selbstgerecht, indem er den Schatten auf alle projizierte, die nicht mit ihm übereinstimmten. Obwohl er in seinem bewußten Leben für eine Überwindung der Diskriminierung von Schwarzen in weißen Restaurants demonstrierte, hatte er Träume davon, in schwarzen Restaurants zu sitzen, die Weiße diskriminierten.

Wenn sie nicht der ursprüngliche Zustand ist, wird die Schwärze herbeigeführt, indem man irgend etwas umbringt. Am häufigsten ist es der Drache, den es zu töten gilt (siehe Abb. 64). Der Drache ist »eine Personifikation der Instinktseele«[5] und eines der Synonyme für die *prima materia*. Dieses Bild verbindet das alchemistische *opus* mit dem Mythos vom heldischen Drachentöter. Genau wie der Held die gefangene Jungfrau aus der Gewalt des Drachens befreit, so erlöst der Alchemist durch die *mortificatio* der *prima materia* die *anima mundi* aus ihrer Gefangenschaft in der Materie. Oder, wie Jung es ausdrückt, »die mortificatio des Drachen [gilt] also der ersten gefährlichen und giftigen Stufe der anima (= Mercurius), die aus ihrer Gefangenschaft in der prima materia befreit wurde«.[6] Die *mortificatio* der ersten gefährlichen und giftigen Stufe der Anima (Frauen mögen bitte »des Animus« lesen) ist ein wichtiges Moment im Prozeß der Psychotherapie. Ausbrüche von Affekten, Ressenti-

Abbildung 64: Sol und Luna töten den Drachen (Maier: *Atalanta Fugiens*, 1618).

ments, Lust und Machtansprüchen – sie alle müssen sich der *mortificatio* unterziehen, wenn die in primitiven, infantilen Formen gefangene Libido verwandelt werden soll.

Ein anderer häufiger Gegenstand der *mortificatio* ist der »König« (siehe Abb. 65). Zum Beispiel zeigt ein alchemistisches Bild eine Rotte Bewaffneter, die einen König erschlagen[7] (siehe Abb. 66). Anstelle des Königs kann es Sol sein, die Sonne, die getötet werden soll. In einem Text sagt Sol etwa: »Wenn ihr mich aber getötet haben werdet, so wird euer Verständnis vollkommen sein, und es wächst

Abbildung 65: Der Tod schenkt dem König ein (Hans Holbein: *Der Totentanz*, 1538).

Abbildung 66: Tod des Königs (Stolcius: *Viridarium Chymicum*, 1624).

in meiner Schwester Luna entsprechend dem Grade unserer Weisheit«.[8] Es kann auch der Löwe sein, der die *mortificatio* erduldet – der König der Tiere und der theriomorphe Aspekt der Sonne. In einer Version hat der Löwe abgeschnittene Pranken.[9] Desgleichen kann ein Adler gestutzte Schwingen haben.
König, Sonne und Löwe verweisen alle auf das herrschende Prinzip des bewußten Ich und auf den Machttrieb. An einem bestimmten Punkt müssen sie getötet werden, damit sich ein neues Zentrum herausbilden kann. Wie Jung sagt: »Die dem Bewußtsein spezifische Notwendigkeit und zugleich Sünde ist die Ichsucht.«[10] Auf der archetypischen Ebene wird sich die *mortificatio* des Königs oder der Sonne auf Tod und Verwandlung eines kollektiven dominierenden oder herrschenden Prinzips beziehen. Darauf wird im folgenden Text angespielt, der den König als Greis interessanterweise mit dem Drachen gleichsetzt:

Ich bin ein hinfälliger und schwacher Greis, mit dem Beinamen Drache; deswegen bin ich in einer Höhle eingeschlossen, damit ich durch die königliche Krone losgekauft werde... ein feuriges Schwert fügt mir große Qualen zu; der Tod aber schwächt mein Fleisch und Gebein; ... Meine Seele und mein Geist verlassen mich, ein furchtbares Gift, werde ich dem schwarzen Raben verglichen; denn das ist der Lohn der Bosheit; in Staub und Erde liege ich, damit aus dreien Eines werde. O Seele und Geist verlaßt mich nicht, daß ich wiederum das Tageslicht erblicke und aus mir jener Held des Friedens, den der ganze Erdkreis erblicken möge, aufgehe.[11]

Der hinfällige und schwache Greis stellt ein bewußtes dominantes oder geistiges Prinzip dar, das seine Wirksamkeit verloren hat. Es ist auf den Stand der urtümlichen Psyche (Drache) regrediert und muß daher die Wandlung über sich ergehen lassen. Die Höhle, in der er eingeschlossen ist, ist das alchemistische Gefäß. Die Qualen sind die Feuerprobe, die die Wandlung herbeiführt, »damit aus dreien Eines werde«, das heißt, damit Körper, Seele und Geist in einer integrierten Persönlichkeit vereinigt werden können.

Der »Held des Friedens, den der ganze Erdkreis erblicken möge«, ist der Stein der Weisen, der Versöhner der Gegensätze, aber diese Ausdrucksweise besagt, daß das, was sich da der *mortificatio* und Verjüngung unterzieht, nichts anderes ist als das kollektive Gottesbild. Ein sehr interessantes Bild der *mortificatio* und *putrefactio* entnehmen wir der sogenannten »Vision of George Ripley«:

> Als eines Nachts ich grad mit meinem Buch beschäftigt war,
> Bot sich meinem getrübten Blick diese Vision hier dar:
> Eine knallrote Kröte trank den Rebensaft so flink,
> Bis ihr Gedärm, von Brühe überfüllt, in Stücke ging;
> Von dem verdorbnen Rumpf stieß sie den Giftbalg ab sodann,
> worauf aus Leid und Schmerz ein jedes Glied zu schwelln begann;
> Tropfend von giftgem Schweiß kam so sie zum geheimen Nest
> Und hat die Höhle mit rauchigen Winden ganz geweißt,
> Aus welchen alsodann im Raum ein goldner Saft vorkam,
> Von dessen Tropfen die Erde einen Rotton bekam;
> Und da der Leich die Kraft des Lebensatems langsam starb,
> Gewann die sterbende Kröte der Kohle schwarze Farb;
> Als sie derart im eignen giftgen Schwall ertrunken war,
> Stand sie die Frist von vierundachtzig Tag verfaulend da;

Hab drauf durch Feinung auszutreiben dieses Gift gedacht
Und drum ihren Kadaver sanftem Feuer übermacht;
Darauf – ein Wunder für mein Aug, doch mehr für euer Ohr –
Ward die Kröte allseits von seltenen Farben durchbohrt;
Und als das ganze Bunt gewichen, war ein Weiß zu sehn,
Welches, da es mit Rot tingiert, blieb alle Zeit bestehn.
Aus dem derart traktierten Gift machte ich drauf Arznei,
Die Gift tötet und jeden, der davon genommen, heilt.
Gepriesen sei er, der uns solch geheime Kunst gewährt,
Anbetung und Lobpreisung sei ihm als auch Macht und Ehr.
Amen.[12]

Diese Vision ist eine Zusammenfassung des gesamten *opus*. Die Kröte als *prima materia* wird durch ihre eigene Gier oder ungezügelte Begehrlichkeit vernichtet. Es ist das Motiv des Ertrinkens im eigenen Überfluß. Im Sterben wird sie schwarz, verfault und füllt sich mit Gift. Dann tritt der Alchemist ins Bild und übermacht den giftdurchtränkten Kadaver dem Feuer des alchymischen Prozesses. Dies bewirkte eine fortschreitende Farbveränderung von schwarz über bunt zu weiß und schließlich rot. Gleichzeitig wird das Gift in eine paradoxe Arznei verwandelt, die töten oder erretten kann, das Elixier. Die Kröte ist eine symbolische Variante des giftigen »kalten Drachen«.[13] Sie bezeichnet auch die »philosophische Erde«, die nicht sublimiert werden kann.[14] Erde bedeutet *coagulatio*, was auf den Umstand anspielt, daß die *mortificatio* auf die *coagulatio* folgen muß. Was Erde oder Fleisch geworden ist, unterliegt dem Tod und der Verwesung. Wie der Apostel Paulus sagt: »Wenn ihr nach dem Fleisch lebt, müßt ihr sterben; wenn ihr aber durch den Geist die ... Taten des Leibes tötet, werdet ihr leben« (Röm 8,13 EÜ).

Wie auf die *coagulatio* früher oder später die *mortificatio* folgt, so führt der Vollzug der kleineren *coniunctio* gleichfalls zur *mortificatio*. Beispiele dafür sind Tristan und Isolde, Romeo und Julia und die Bilderserie aus dem *Rosarium Philosophorum*.[15] Diese Tatsache hilft die Abneigung erklären, die empfindliche Menschen dagegen haben, sich dem Individuationsprozeß zu unterziehen. Sie spüren im voraus das Leiden, auf das sie sich dabei einlassen.

Man meinte, die giftige Kröte hätte ein Juwel im Kopf, genau wie der Drache. Ruland sagt: »Draconites ... ist ein Edelstein ..., der sich im Hirn von Schlangen bildet. Aber so er nicht herausgerissen wird, dieweil sie lebendig sind, wird er ob der Mißgunst des Tieres, das den Tod nahen fühlt, niemals ein Edelstein werden. Daher trennt man den schlafenden Schlangen den Kopf ab und bemächtigt sich so seiner. ... Seine Farbe ist weiß, er vertreibt alle Gifte und heilt vergiftete Bißwunden.«[16]

Der Edelstein ist der aus der häßlichen *prima materia* herausgezogene Stein der Weisen, der in seiner Urgestalt Gift, aber nach der *mortificatio* ein Allheilmittel ist. Shakespeare bringt den gleichen Gedanken zum Ausdruck:

> Süß ist die Frucht der Widerwärtigkeit,
> Die, gleich der Kröte, häßlich und voll Gift,
> Ein köstliches Juwel im Haupte trägt.
> Dies unser Leben, vom Getümmel frei,
> Gibt Bäumen Zungen, findet Schrift im Bach,
> In Steinen Lehre, Gutes überall.[17]

Um die Frucht der Widerwärtigkeit geht es auch in dem großen Handbuch der *mortificatio*, der *Nachfolge Christi* des Thomas von Kempen. Dort lesen wir folgendes:

Daß uns Dinge begegnen, die uns lästig und durchaus zuwider sind, das ist für uns selbst sehr gut. Denn sie treiben den Menschen, der aus seinem Herzen flüchtiggegangen ist, wieder in sein Herz zurück und erinnern ihn daran, daß er hier auf Erden noch in der Verbannung weilt und daß er seine Hoffnung auf nichts Irdisches setzen darf.
Es ist gut, daß wir Widersprüche erfahren, daß die Menschen schlecht und ungerecht von uns denken und reden, auch wenn wir gut handeln und gute Absichten haben.
Denn das sichert unsere Demut und bewahrt uns vor dem Zauberdunst der Eitelkeit.
Gerade dann nämlich, wenn uns die Menschen in aller Öffentlichkeit für schlechte Leute ausschreien und uns nichts Gutes mehr zutrauen, gerade dann werden wir weit mehr als sonst gedrängt, bei Gott als dem *einen* Zeugen, der unser Innerstes kennt, Zuflucht zu suchen.

Ebendeswegen sollte der Mensch sich ganz an Gott und so fest an Gott allein halten, daß er nicht nötig hätte, viel Trost bei den Menschen zu suchen.[18]

Ein Geist, der rein, einfältig und fest in sich selbst geworden ist, wird auch durch die mancherlei Geschäfte des Lebens nicht abgelenkt; denn er tut alles zur Ehre seines Gottes und arbeitet in sich darauf hin, allen geheimen Wünschen der Eigenliebe für immer zu entsagen.
Was hindert und plagt dich noch mehr als die Begier und Neigung deines Herzens, die noch ihr volles, ungetötetes Leben hat?[19]

Wir haben bis jetzt mehrere mögliche Gegenstände der *mortificatio* festgestellt, nämlich Drache, Kröte, König, Sonne und Löwe. Ein anderer Gegenstand ist die Gestalt der Reinheit und Unschuld. In einem Text heißt es:

> Nimm sie frisch, rein, lebensweiß und klar,
> Binde dann fest Hände und Füße
> Mit den allerstärksten Stricken,
> Daß sie im verschlossenen Haus der Faulung
> Erstickt und stirbt.[20]

Dies entspricht dem klassischen Opfertier, das rein und makellos sein muß wie das Passahlamm (Ex 12,5). Eine alchemistische Zeichnung stellt den Kindermord des Herodes von Bethlehem als »Auflösung der metallischen Keime« dar, die dann in das alchemistische Gefäß gegossen werden[21] (siehe Abb. 67). Die psychologische Vorstellung hinter diesen Bildern ist die, daß der Kindheitszustand der Reinheit und Unschuld geopfert werden muß. Eine Frau, die sich dieser Forderung nicht stellen konnte, träumte einmal, daß ein Lamm geopfert werden sollte, und sie es nicht mit ansehen konnte.[22] Ein anderer Patient, ein junger Mann auf der Schwelle zum Erwachsenwerden, träumte, daß ein reiner weißer Truthahn getötet wurde. Der Träumer wird dabei mit Blut befleckt. In diesen Fällen ist die *nigredo* nicht das Anfangsstadium. Eine vorherige *albedo* muß zuerst zerstört werden. Wenn etwas Weißes getötet wurde, verfault es und wird schwarz. Es tritt durch das »Tor der Schwärze«. Ruland sagt: »*Putrefactio* Fäulung ist wan es schwartz wird / als dann stinckt es auch / wie ein Mist und Aaß /, und hie geschicht die ware *solutio corporis*,

Abbildung 67: Der Kindermord zu Bethlehem (Alchemistische Zeichnung).

da werden die Element zertrennet und verstöhret / als die unter unnd in einander wircken unnd leiden. Das gibt die mancherley Farben / biß der Sieg erhalten / unnd alles wider vereiniget wirdt.«[23]

Kot, Ausscheidungen und schlechte Gerüche weisen auf die *putrefactio* hin. Die häufigen Träume von verwahrlosten oder überlaufenden Toiletten, die puritanisch eingestellte Menschen plagen, gehören zu dieser Symbolik. *Odor sepulcrorum* (der Gestank der Gräber) ist ein weiteres Synonym der *putrefactio*. Da man heutzutage selten einen verwesenden Leichnam zu riechen bekommt, taucht dieses Bild in Träumen nicht oft auf. Ein modernes Gegenstück, das mir untergekommen ist, ist ein Traum von starker Luftverschmutzung. Würmer begleiten die Verfaulung, und Träume von Würmern verleihen diesem Bild eine nachhaltige Wirkung (siehe Abb. 68). Im *I Ging* heißt das Hexagramm 18 »Die Arbeit am Verdorbenen«, und der Text belehrt uns: »Das chinesische Zeichen Gu stellt eine Schüssel dar, in deren Inhalt Würmer wachsen. Das bedeutet das Verdorbene.«[24] Es ist typisch für die paradoxe Bildersprache des Unbewußten, daß der verächtliche Wurm sich in den höchsten Wert verwandeln kann. So wird in dem messianischen Psalm 22, Vers 7,

Abbildung 68: Der Tod bläst auf der Wurmtrompete (J. Meydenbach: *Doten Dantz,* ca. 1492. Mainz).

der Messias einem Wurm gleichgesetzt: »Ich aber bin ein Wurm und kein Mensch, ein Spott der Leute und verachtet vom Volke« (LB). In einem alchemistischen Text heißt es: »Wisset, ihr Söhne der Lehre, daß ihr das Zusammengesetzte 40 Tage lang faulen lassen ... müßt«.[25] Durch die Symbolik der Zahl 40 verbindet diese Stelle die *putrefactio* mit dem Motiv der Wüste. Die Israeliten wanderten vierzig Jahre in der Wüste umher; Elija fastete vierzig Tage lang in der Wüste; und Jesus wurde vierzig Tage lang in der Wüste versucht. Auch die ägyptische Einbalsamierung soll vierzig Tage gedauert haben (Gen 50,3), und analog dazu verstrichen vierzig Tage zwischen Christi Auferstehung und Himmelfahrt. In bezug auf das alchemistische *opus* sagt Jung: »Die Schwärzung erfolgt meist in 40 Tagen... Die Sonne ist hier gewissermaßen von ihr [der *anima media natura*] umhüllt und deshalb schwarz. Es ist ein Zustand der Inkubation oder Schwangerschaft.«[26] Die *anima media natura* entspricht der in der Umarmung der Physis gefangenen Sophia und wird mit der Göttlichen Weisheit, dem weiblichen Gegenstück Gottes, gleichgesetzt (siehe Abb. 69). Selbst durch die Weisheit Gottes verursacht, bleibt die Schwärzung oder Verfinsterung der Sonne doch eine furchterregende Erfahrung. In der Tat wird die Furcht sprichwörtlich mit der Weisheit verknüpft, wenn es heißt: »Die Furcht des Herrn ist der Anfang der Erkenntnis« (Spr 1,7 LB). Die Furcht als Mittel der *mortificatio* wird in dieser Passage aus Emersons Essay »Kompensation« beschrieben:

Alle Verletzungen der Liebe und der Billigkeit in unseren sozialen Beziehungen werden schnell bestraft. Sie werden durch Furcht bestraft. Stehe ich in einfacher Beziehung zu meinem Mitmenschen, so empfinde ich kein Unbehagen in der Begegnung mit ihm. ... Aber sobald die geringste Abweichung von der Einfachheit eintritt und ein Versuch zur Halbheit gemacht wird, oder etwas für mich gut ist, was für ihn nicht gut ist, fühlt mein Nächster den Falsch; er weicht vor mir geradeso zurück, wie ich vor ihm zurückgewichen bin; sein Auge sucht nicht länger das meine; Krieg ist zwischen uns; Haß ist in ihm und Furcht in mir.
Alle alten Mißbräuche in der Gesellschaft, die allgemeinen und die besonderen, alle ungerechten Anhäufungen von Eigentum und Macht werden auf die gleiche Weise gerächt. Die Furcht ist ein Lehrer großen Scharfsinns

Abbildung 69: *Coniunctio* im schwarzen Gefäß. Die *nigredo* (Paris, Bibliothèque de l'Arsenal, Ms. 975, fol.14).

und der Herold aller Revolutionen. Eines lehrt sie, daß Fäulnis dort ist, wo sie erscheint. Sie ist eine Aaskrähe, und obwohl du nicht recht siehst, was sie umkreist, ist irgendwie der Tod da.[27]

In der Bibel finden wir eine klassische Stelle von Jeremia zur *nigredo* in der Wüste. Johannes vom Kreuz zieht diese Passage in seiner Beschreibung der dunklen Nacht der Seele heran.[28] Jeremia beklagt hier sowohl seine eigenen Leiden als auch die Zions (Klgl 3,1-18 EÜ):

> Ich bin der Mann, der Leid erlebt hat
> durch die Rute seines Grimms.
> Er hat mich getrieben und gedrängt
> in Finsternis, nicht ins Licht.
> Täglich von neuem kehrt er die Hand
> nur gegen mich.
> Er zehrte aus mein Fleisch und meine Haut,
> zerbrach meine Glieder,
> umbaute und umschloß mich
> mit Gift und Erschöpfung.
> Im Finstern ließ er mich wohnen
> wie längst Verstorbene.
> Er hat mich ummauert, ich kann nicht entrinnen.
> Er hat mich in schwere Fesseln gelegt.
> Wenn ich auch schrie und flehte,
> er blieb stumm bei meinem Gebet.
> Mit Quadern hat er mir den Weg verriegelt,
> meine Pfade irregeleitet.
> Ein lauernder Bär war er mir,
> ein Löwe im Versteck.
> Er hat mich vom Weg vertrieben,
> mich zerfleischt und zerrissen.
> Er spannte den Bogen und stellte mich hin
> als Ziel für den Pfeil.
> In die Nieren ließ er mir dringen
> die Geschosse seines Köchers.
> Ein Gelächter war ich all meinem Volk,
> ihr Spottlied den ganzen Tag.
> Er speiste mich mit bitterer Kost
> und tränkte mich mit Wermut.
> Meine Zähne ließ er auf Kiesel beißen,
> er drückte mich in den Staub.
> Du hast mich aus dem Frieden hinausgestoßen;
> ich habe vergessen, was Glück ist.
> Ich sprach: Dahin ist mein Glanz
> und mein Vertrauen auf den Herrn.

Die von den Alchemisten wahrscheinlich am häufigsten mit der *putrefactio* zusammengebrachte Bibelstelle ist das Wort aus dem Johannes-Evangelium: »Wahrlich, wahrlich, ich sage euch: Wenn das Weizenkorn nicht in die Erde fällt und erstirbt, so bleibt's allein; wenn es aber erstirbt, so bringt es viel Frucht. Wer sein Leben lieb hat, der wird's verlieren; und wer sein Leben auf dieser Welt hasset, der wird's erhalten zum ewigen Leben« (12,24- 25 LB).
Zum Beispiel heißt es in einem Text: »Wie das in die Erde gesäte Weizenkorn verfault, bevor es zu neuem Wachstum emporsprießt, so stirbt und verdirbt auch unser Magnesia ..., da es in die philosophische Erde gesät wird, auf daß es sich aufs neue empfange.«[29]
Ein anderer Text bezieht sich auf das Säen von Gold:

Das ganze Fundament des Steins der Weisen besteht darin, den Urstoff der Metalle – d.h. das merkurialische Wasser, den vollkommenen *Corpus Solis* – neu zu gebären, daß er also geboren werde aus Wasser und dem Geist, wie Christus sagt: »Es sei denn, daß jemand geboren werde aus Wasser und dem Geist, so kann er nicht in das Reich Gottes kommen«. Daher laß dir auch hier in dieser Kunst gesagt sein, mein Sohn: Es sei denn, daß *Corpus Solis* gesät werde, so ist alles eitel, und es wird nichts fruchten. Ganz wie Christus sagt: »Es sei denn, daß der Samen in die Erde falle und sterbe, so bringet er keine Frucht«.[30]

Das Säen von Gold (*corpus solis*) ist ein interessantes Bild. Gold bezeichnet Licht, Wert, Bewußtsein. Es säen heißt, es zu opfern, es in der Hoffnung, daß es sich vermehre, der *mortificatio* darzubringen. Genau wie Saatkorn gesondert aufbewahrt und nicht gegessen wird, so wird man sich nicht von Saatbewußtsein ernähren wollen. Stattdessen wird es dem Unbewußten in einer Art von freiwilligem Tod der eigenen psychischen Bequemlichkeit, Richtigkeit und Rationalität dargebracht. Man läßt sich weniger sein, um mehr zu werden – weniger nahe der Vollkommenheit, aber näher der Ganzheit.
Das Bild von Tod und Beerdigung hat man von jeher mit dem Pflanzen von Samen und ihrem Keimen in Verbindung gebracht. Darstellungen aus dem alten Ägypten zeigen Getreidehalme, die dem toten Körper des Osiris entsprießen (siehe Abb. 70). Der Apostel Paulus gebraucht dieses Bild in seiner berühmten Stelle über

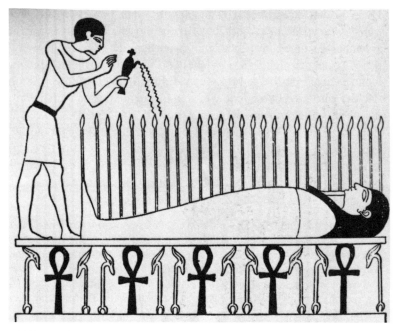

Abbildung 70: Dem Leichnam des Osiris entsprießt Getreide (von einem Basrelief in Philae).

die Auferstehung der Toten: »Es wird gesät verweslich und wird auferstehen unverweslich. Es wird gesät in Unehre und wird auferstehen in Herrlichkeit. Es wird gesät in Schwachheit und wird auferstehen in Kraft. Es wird gesät ein natürlicher Leib und wird auferstehen ein geistlicher Leib« (1 Kor 15,42-44 LB).

Mir wurde zu diesem Thema einmal ein eindrucksvoller Traum erzählt, der zufälligerweise an Halloween geträumt worden war.

Der Träumer besuchte eine Party, die für einen toten Freund und vielleicht andere verschiedene Geister gegeben wurde. Der tote Freund berichtet einen Traum, den er vor seinem Tod hatte. Das zentrale Bild darin war ein großer Kreis mit 2 Meter hoch stehendem Getreide. Es wuchs aus einer Grube in der Erde, die tote Körper barg, die auch ein vergrabener Schatz waren. Der Träumer versuchte, seinem Freund die Wichtigkeit des Traumes deutlich zu machen (siehe Abb. 71).

Abbildung 71: Das dem Grab entsprießende Getreide symbolisiert die Auferstehung (*The Hermetic Museum*, übers. von A.E. Waite).

Man beachte, daß tote Körper gleich einem vergrabenen Schatz sind. In einem gnostischen Text wird der Vollkommene, der Anthropos, Leichnam genannt, »denn er ist im Körper begraben wie die Mumie in einem Totenmal«.[31] Jung weist darauf hin, daß es bei Paracelsus eine parallele Vorstellung gibt, denn bei ihm heißt es: »Das Leben, wahrlich, ist nichts anderes als eine Art einbalsamierter Mumie, welche den sterblichen Körper vor den sterblichen Würmern bewahrt«.[32] Es stellt sich heraus, daß diese »mumia« mit dem Urmenschen, dem Anthropos, symbolisch identisch ist. Diese gnostische Leiche oder Paracelsische Mumie ist demnach das Selbst als Produkt der *mortificatio* – der unverwesliche Körper, der dem Tod des verweslichen Samens entwächst. Sie entspricht der alchemistischen Vorstellung, daß der Tod zugleich Konzeption des Steins der Weisen ist.[33]

Keimung und Verfall, in Dunkelheit übergehendes Licht, Tod und Wiedergeburt – sie alle gehören zur Symbolik des Mondes, der jeden Monat stirbt und wiedergeboren wird. In einem Text steht:

> Der Löwe, das heißt die untere Sonne, verdirbt durch das Fleisch. ... So verdirbt der Löwe in seiner Natur durch sein zeitlich mit dem Monde verbundenes Fleisch und wird zum Verschwinden gebracht. Der Mond nämlich ist der Schatten der Sonne und wird verzehrt mit den korruptiblen Körpern und durch seine Verderbnis wird mit Hilfe der Feuchtigkeit des Mercur der Löwe verdunkelt... So tötet auch die Mondfeuchtigkeit, indem sie das ihr zukommende Sonnenlicht empfängt, die Sonne, und bei der Geburt des Kindes der Philosophen stirbt sie gleicherweise, und beide Eltern übergeben im Tode ihre Seelen dem Sohne und sterben und vergehen. Und *die Eltern bilden die Speise des Sohnes*.[34]

Die Aussage, daß der Löwe oder die untere Sonne durch das Fleisch verdirbt, kann so verstanden werden, daß das Ich, indem es sich inkarniert, indem es als ein autonomes Seinszentrum zu existieren wagt, stoffliche Wirklichkeit gewinnt, zugleich aber der Verderbnis und dem Tod anheimfällt (siehe Abb. 72). Das Ich verfinstert sich schließlich – es fällt in die Schwärze der *mortificatio* –, aber aus seinem Tod wird das »Kind der Philosophen«, der Stein der Weisen, geboren. Sonne und Mond sterben beide und übertragen ihre Kraft auf ihren Sproß – den Sohn der Philosophen.

Jung meint, daß diese Stelle zu dem Bild vom Tode des Königspaares im *Rosarium* den Anlaß gegeben haben könnte.[35] Auf diesem Bild[36] sind König und Königin nach dem Koitus zu einem Körper mit zwei Köpfen verschmolzen und liegen tot im Grab. Der Beschriftung ist zu entnehmen, daß das Bild die Faulung, aber auch die Konzeption darstellt. Der Satz: »Die Eltern bilden die Speise des Sohnes«, ist besonders interessant. Psychologisch weist er darauf hin, daß das bewußte Aushalten der Finsternis und des Konfliktes der Gegensätze das Selbst nährt (siehe Abb. 34, S. 101).

Ein gebräuchlicher Ausdruck für die *nigredo* ist *corvus*, »Rabe«,[37] vielleicht weil er schwarz und ein Aasfresser ist (siehe Abb. 73). Das gleiche gilt für die Krähe. Diese erscheint in der griechischen Mythologie bei der Geburt des Asklepios. Seine Mutter war Koronis, die Krähenjungfrau, die, während sie von Apollon mit dem

Abbildung 72: Der Tod und der Landsknecht (Holzschnitt von Albrecht Dürer).

Asklepios schwanger ging, sich dem Ischys hingab. Diese Untreue wurde dem Apollon von der Krähe gemeldet, die für das Überbringen der schlechten Nachricht von weiß in schwarz verwandelt wurde. Koronis wurde für ihre Untat getötet, aber das Kind Asklepios wurde ihr aus dem Leibe gerissen, während sie schon auf dem Scheiterhaufen lag. Wie Kerényi gezeigt hat, gehört die Ge-

Abbildung 73: Die *nigredo* (Mylius: *Philosophia Reformata*, 1622).

burt der Heilkraft aus der *nigredo* zum Archetypus des verwundeten Heilers. Mit Kerényis Worten verweist der Mythos, psychologisch gesehen, auf die Fähigkeit, »in der Dunkelheit des Siechtums heimisch [zu] sein und Keime des Lichtes und der Genesung [zu] finden, um die sonnenhafte Wendung, die Geburt des Asklepios hervorzuzaubern«.[38]

Zu *corvus* gehört auch der Ausdruck *caput corvi*, »Rabenhaupt«. Er wiederum ist synonym mit *caput mortuum*, »Totenkopf«. Es ist nicht sofort ersichtlich, wieso die *nigredo* mit der Kopfsymbolik in Verbindung stehen sollte. Ein Grund scheint der Zusammenhang zwischen dem Begriff »Kopf« und der Spitze oder dem Beginn von etwas zu sein. Schwärze wurde als Ausgangspunkt des Werkes betrachtet.[39] Ein Text sagt: »Wenn du siehst, daß deine Materie schwarz wird, freue dich, weil das der Beginn des

Werkes ist«.⁴⁰ Ein anderer Text spricht davon, daß drei Raben das Werk ausmachten: »ein schwarzer, der das Anfangsprinzip der Kunst ist, ein weißer, der die Mitte ist, und ein roter, der das Ende aller Dinge bringt«.⁴¹

Der Kopf ist die Haupt-Sache. Ein Kapital-Verbrechen ist das schwerste und zieht den Verlust des eigenen Kopfes nach sich. Somit zeigt die Verbindung der *nigredo* mit der Kopfmetaphorik die große Bedeutung an, die die Alchemie dieser Erfahrung beimaß. Nach einer Ableitung stammt das Wort »Alchemie« von *khem* oder *chemia*, was »schwarz« heißt und auf Ägypten verweist, das Land der schwarzen Erde.⁴² Enthauptung oder Abtrennen des Kopfes vom Körper gehört ebenfalls zur *mortificatio*. Jung schreibt: »Die Enthauptung ist symbolisch bedeutsam als eine Abtrennung der ›intelligentia‹ von ›passio magna et dolor‹ [großem Leid und Schmerz], welche die Natur der Seele zufügt. Es ist eine Emanzipation des im Kopfe beheimateten Denkens, der ›cogitatio‹, eine Befreiung der Seele von den ›Banden der Natur‹. Sie entspricht der Absicht des Dorneus, eine ›unio mentalis in superatione corporis‹ [ein inneres Einswerden in der Überwindung des Körpers] herzustellen.«⁴³ (Siehe Abb. 74)

Von einem anderen Standpunkt aus zieht die Enthauptung das *rotundum*, das Runde, den vollendeten Menschen aus dem empirischen Menschen heraus. Der Kopf oder Totenschädel wird zum runden Gefäß der Wandlung. In einem Text war es das Haupt des schwarzen Osiris oder das des Äthiopiers, das sich, gekocht, in Gold verwandelte.⁴⁴

Der Ausdruck »*caput mortuum*« wurde gebraucht, um den Rückstand nach der Destillation oder Sublimation einer Substanz zu bezeichnen. Ein Text beschreibt dieses *caput mortuum*: »Was unten im Kolben zurückbleibt, ist unser Salz, das heißt unsere Erde, und es ist von schwarzer Farbe, ein Drache, der seinen Schwanz verzehrt: Denn der Drache ist die Materie, die nach Abdestillierung ihres Wassers zurückbleibt, und jenes Wasser wird Drachenschwanz genannt, und der Drache ist dessen Schwärze, und der Drache wird mit seinem Wasser getränkt und coaguliert und so verzehrt er seinen Schwanz.«⁴⁵

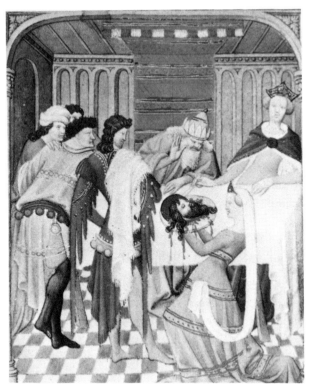

Abbildung 74: Salome mit dem Haupt von Johannes dem Täufer (*Les Belles Heures du Duc de Berry*. New York, The Metropolitan Museum of Art).

Der tote, wertlose Rückstand ist der Rohstoff der *nigredo*-Phase. Daß er *caput* oder Kopf genannt wird, läßt eine paradoxe Umkehrung der Gegensätze erkennen. Das Wertloseste wird das Kostbarste, und das Letzte wird das Erste. Das ist eine Lektion, die wir alle immer wieder lernen müssen. Es ist die *Psyche*, die wir an dem wertlosen, verachteten Ort finden. Nach den herkömmlichen Maßstäben unserer Umgebung ist die Psyche nichts, überhaupt nichts. Ein persönliches Beispiel: Ich fühle mich leer und daneben; stundenlang sitze ich in meinem Sessel auf der Suche nach meiner verlorenen Libido. Was für eine qualvolle Erniedrigung, einer solchen katatonischen Ohnmacht ausgeliefert zu sein. Selbst aktive Imagination will nicht mehr klappen. Schließlich bekomme ich ein armseliges Bildchen – einen kleinen, schwarzen, irdenen Topf. Enthält er etwas, oder ist er leer wie ich? Ich drehe ihn um. Heraus kommt ein Tropfen goldener Flüssigkeit, der an der Luft fest wird. Mehr brauchte ich ja nicht! Dieser eine Tropfen massiven Goldes setzte einen Strom von Assoziationen und, mit ihnen, Libido frei. Er war aus dem schwarzen Topf gekommen, dem schwarzen Haupt des Osiris, das meinen dunklen und leeren Zustand personifizierte, einen Zustand, den ich verachtete, wenn ich mich darin befand.

Im Zusammenhang mit dem Totenkopf ist auch die Vorstellung eines Dialoges mit einem Kopf oder Knochenschädel nicht weit. Jung spricht von dem Orakelkopf[46], der das Befragen der eigenen Ganzheit nach Kenntnissen symbolisieren würde, die über den Gesichtskreis des Ich hinausgehen. Das dramatische Thema des Selbstgespräches mit einem Totenschädel ist eine Variante dieses selben archetypischen Bildes. Das klassische Beispiel dafür findet sich in *Hamlet*. Dieser sinnt über Yoricks Schädel nach und schließt mit folgenden Überlegungen:

> Zu was für schnöden Bestimmungen wir kommen, Horatio! Warum sollte die Einbildungskraft nicht den edlen Staub Alexanders verfolgen können, bis sie ihn findet, wo er ein Spundloch verstopft? ... Zum Beispiel so: Alexander starb, Alexander ward begraben, Alexander verwandelte sich in Staub; der Staub ist Erde; aus Erde machen wir Lehm: und warum sollte man nicht mit dem Lehm, worein er verwandelt ward, ein Bierfaß stopfen können?
>
>   Der große Cäsar, tot und Lehm geworden,
>   Verstopft ein Loch wohl vor dem rauhen Norden.
>   O daß die Erde, der die Welt gebebt,
>   Vor Wind und Wetter eine Wand verklebt.[47]

Goethes *Faust* hat auch am Anfang des Stückes ein kurzes Selbstgespräch mit einem Totenschädel:

Was grinsest du mir, hohler Schädel, her,
Als daß dein Hirn, wie meines, einst verwirrt
Den lichten Tag gesucht und in der Dämmrung schwer,
Mit Lust nach Wahrheit, jämmerlich geirret![48]

Der Totenschädel als *memento mori* ist ein Sinnbild für die Operation der *mortificatio*. Er regt zum Nachdenken über die eigene Sterblichkeit an und dient als Prüfstein für wahre und falsche Werte. Über den Tod nachzudenken kann einen dahin bringen, das Leben unter dem Gesichtspunkt der Ewigkeit zu betrachten, und so kann der schwarze Totenkopf sich zu Gold verwandeln (siehe Abb. 75). In der Tat scheinen Ursprung und Wachstum von Bewußtsein in hervorragender Weise mit der Erfahrung des Todes verknüpft zu sein. Das erste Gegensatzpaar, das in das aufdämmernde Bewußtsein primitiver Menschen eindrang, war vielleicht der Kontrast zwischen den Lebenden und den Toten. Wahrscheinlich ist auch nur ein sterbliches Geschöpf bewußtseinsfähig. Unsere Sterblichkeit ist unsere größte und unsere äußerste Schwäche. Und Jung zufolge ist es die Schwäche, die Hiob Jahwe gegenüber in Vorteil setzte:

Was aber besitzt der Mensch, das Gott nicht hat? Wegen seiner Kleinheit, Schwäche und Wehrlosigkeit dem Mächtigen gegenüber besitzt er, wie wir schon andeuteten, ein etwas schärferes Bewußtsein auf Grund der Selbstreflexion: er muß sich, um bestehen zu können, immer seiner Ohnmacht dem allgewaltigen Gott gegenüber bewußt bleiben. Letzterer bedarf dieser Vorsicht nicht, denn nirgends stößt er auf jenes unüberwindliche Hindernis, das ihn zum Zögern und damit zur Selbstreflexion veranlassen könnte.[49]

Die frühesten Formen religiöser Äußerung – die die erste Lösung des Ich von der archetypischen Psyche anzeigen – scheinen mit Begräbnisriten verbunden zu sein. Das herausragende Beispiel für den Tod als Urquell der Religion und des Bewußtseins ist die komplizierte Bestattungssymbolik im alten Ägypten. Hier liegt sicherlich auch der Ursprung der Alchemie. Durch die Einbalsamierung wurde der tote König in Osiris verwandelt, einen ewigen, unverderblichen Körper. Dies ist der Prototyp des alchemistischen *opus*, das den unverderblichen Stein der Weisen zu schaffen versucht. Das alchemistische Gefäß ist »das verschlossene Grab des

Abbildung 75: Der Totenkopf zeigt auf die kosmische Sphäre (Hans Holbein: *Der Totentanz*, 1538).

Osiris, welches alle Glieder des Gottes in sich birgt«, genannt worden.[50] Die ägyptische Bestattungssymbolik ist das erste große Zeugnis für die Wirklichkeit der Psyche. Es ist, als könnte die Psyche vor dem Tod des Handgreiflichen, des Konkreten und des Physischen als etwas Eigenes nicht in Erscheinung treten. Das kollektive Unbewußte ist gleichbedeutend mit dem Land der Toten oder dem Leben im Jenseits, und ein Abstieg in das kollektive Unbewußte wird *nekyia* genannt, weil eine Begegnung mit der autonomen Psyche als ein Tod dieser Welt empfunden wird.

Platon verbindet die Weisheit oder vernünftige Einsicht ausdrücklich mit dem Tod. Für ihn ist die Philosophie, die Weisheitsliebe, ganz buchstäblich eine *mortificatio*. Im *Phaidon* schreibt er:

»Die Reinigung besteht aber doch darin, daß wir die Seele, wie ich in meiner Rede schon immer gesagt habe, so viel als möglich vom Leibe trennen und sie daran gewöhnen, sich allerseits von ihm zurückzuziehen und sich zu sammeln und sowohl in diesem wie im künftigen Leben möglichst allein für sich zu wohnen, gleichsam befreit von den Banden des Leibes?«
»Gewiß«, gab er zur Antwort.
»Ist es denn nicht das, was wir als ›Tod‹ bezeichnen: die Erlösung und Befreiung der Seele vom Leib?«
»Allerdings«, sagte er.
»Wie wir aber behaupten, bemühen sich die echten Philosophen jederzeit am meisten und als einzige darum, ihre Seele loszulösen; gerade das ist doch ihr Bestreben, die Loslösung und Trennung der Seele vom Leib, oder nicht?«
»Offenbar.«
»Wäre es also nicht lächerlich, wie ich schon anfangs sagte, wenn sich ein Mensch das ganze Leben hindurch bemühte, so zu leben, daß er dem Totsein ganz nahe ist, und er sich dann unwillig gegen den Tod sträuben wollte, wenn er wirklich an ihn herantritt?«
»Freilich wäre das lächerlich.«
»In der Tat, Simmias«, fuhr Sokrates fort, »bereiten sich die echten Philosophen auf das Sterben vor, und der Tod ist für sie weniger schrecklich als für alle anderen Menschen. Du kannst das aus folgendem ersehen: wenn sie sich wirklich in jeder Hinsicht mit dem Leib überworfen haben und die Seele für sich allein haben möchten, dann wäre es doch ganz widersinnig, wenn sie sich im Augenblick, da dies geschieht, fürchteten und unwillig würden und wenn sie nicht freudig an jenen Ort gingen, wo sie hoffen dürfen, bei ihrer Ankunft jene vernünftige Einsicht zu erlangen, nach der sie sich das ganze Leben hindurch gesehnt hatten, und von dem Zusammensein mit dem befreit zu werden, womit sie sich so überworfen hatten. Viele sind ja schon bereit gewesen, nach dem Tode ihrer menschlichen Geliebten oder ihrer Frauen oder ihrer Söhne freiwillig in die Unterwelt nachzufolgen, in der Hoffnung, die dort wiederzusehen, nach denen sie sich sehnten, und mit ihnen zusammen zu sein. Wenn sich nun jemand wirklich nach der vernünftigen Einsicht sehnt und wenn er die bestimmte Hoffnung hat, sie an keinem anderen Orte als in der Unterwelt wirklich zu finden, – wird er sich dann unwillig sträuben, wenn er sterben muß, und nicht freudig dorthin gehen?

Von einem echten Philosophen wenigstens, Simmias, sollte man das annehmen können; denn er wird völlig davon überzeugt sein, daß er die vernünftige Einsicht an keinem Orte in seiner Form finden kann als dort.«[51]

Was in dieser Passage ins Auge sticht, ist die verblüffende Aussage, daß »sich die echten Philosophen auf das Sterben vor(bereiten)«. Dasselbe läßt sich von einem wichtigen Aspekt der Analyse sagen. Indem wir uns um das Zurückziehen von Projektionen bemühen, bereiten wir uns auf das Sterben vor.

Diese Ideen Platons leiten direkt in Jungs Erörterung der *unio mentalis* in *Mysterium Coniunctionis* über. Er stellt dort die drei Stufen dar, in denen sich die *coniunctio* vollzieht. Auf der ersten Stufe dieser Operation werden Seele und Geist miteinander vereint. Das vereinte Produkt wird dann vom Körper abgetrennt. Diese Abtrennung wird als Tod erlebt. Jung schreibt:

Die unio mentalis, das innere Einswerden, das wir heutzutage als Individuation bezeichnen, dachte sich Dorneus als eine psychische Ausgleichung der Gegensätze »in superatione corporis« [in der Überwindung des Körpers], also eine Art von aequanimitas [Gleichmut] jenseits der körperbedingten Affektivität und Triebhaftigkeit. Den Geist (animus), der sich in der unio mentalis mit der Seele (anima) einen soll, nennt er ein »spiraculum vitae aeternae« (wörtlich: ein Luftloch des ewigen Lebens), also eine Art »Fenster in die Ewigkeit« [Leibniz]... Um die spätere Wiedervereinigung möglich zu machen, muß der Geist (mens) vom Körper getrennt werden (distractio), was einem Tode aus freiem Entschluß gleichkommt (voluntaria mors), denn nur Getrenntes kann verbunden werden. Dorneus meint mit dieser »distractio« offenbar eine Unterscheidung und Auflösung von Gemischtem, wobei letzteres einen Zustand, worin die körperverhaftete Affektivität die Ratio des Geistes störend beeinflußt, bedeutet. Die Trennung beabsichtigt aber, Geist und Gemüt dem Einfluß der Emotionen zu entziehen und damit eine der turbulenten Körpersphäre übergeordnete geistige Position herzustellen, was zunächst zu einer Dissoziation der Persönlichkeit und zu einer entsprechenden Vergewaltigung des bloß natürlichen Menschen führt. Dieser erste Schritt bedeutet ebensoviel stoische Philosophie wie christliche Psychologie und ist in Hinsicht der Bewußtseinsdifferenzierung unerläßlich. Auch die moderne Psychotherapie bedient sich dieser Unterscheidung, indem sie Affekte und Triebe objektiviert und mit dem Bewußtsein konfrontiert.[52]

Somit stimmt die *unio mentalis* ganz genau mit den Philosophen überein, die sich auf das Sterben vorbereiten.
In diesem ersten Schritt muß der »natürliche Mensch« getötet und an das gemahnt werden, was Thomas Gray in folgende Worte gefaßt hat:

> Der Wappenbilder Stolz, der Prunk der Macht,
> Was je der Reichtum, je die Schönheit bot:
> Sein harrt die unerbittlich gleiche Nacht,
> Des Ruhmes Pfad führt nur zu Grab und Tod.[53]

Oder mit den Worten des Apostels Paulus: »Darum tötet, was irdisch an euch ist: die Unzucht, die Schamlosigkeit, die Leidenschaft, die bösen Begierden und die Habsucht, die ein Götzendienst ist« (Kol 3,5 EÜ). Natürlich ist diese Aussage symbolisch zu verstehen, nicht wörtlich. Die Begierden sind in ihren obsessiven, projizierten Formen zu töten.

Eine Begegnung mit dem Unbewußten ist fast schon per definitionem eine verwundende Niederlage. In *Mysterium Coniunctionis* finden wir einen der wichtigsten Sätze, den Jung jemals geschrieben hat: »*Deshalb bedeutet das Erlebnis des Selbst eine Niederlage des Ich.*«[54] Und in einem anderen Werk schreibt er: »Auf alle Fälle bedeutet die Integration von Inhalten, die immer unbewußt und projiziert waren, eine ernsthafte Läsion des Ich. Die Alchemie drückt dies durch die Symbole von Tod, Verwundung oder Vergiftung aus, oder durch die kuriose Vorstellung der Hydropsie (Wassersucht).«[55]

Diese »Läsion des Ich« wird durch die Gestalt des lahmen oder beinamputierten Sonnenhelden symbolisiert. Ihm entspricht die Darstellung des Iason als *monosandalos*, der eine Sandale verlor, als er eine unbekannte Frau (Hera) durch einen Fluß trug. Man findet diese Bedeutung auch bei Ödipus, dessen Name mit »geschwollener Fuß« zu übersetzen ist. Ich träumte einmal: »Während Jung eine brillante Vorlesung hielt, fiel mir auf, daß sein rechter Fuß lahm war«.

Die *mortificatio* wird als Niederlage und Scheitern erlebt. Es versteht sich, daß man sich ein solches Erlebnis selten aussucht. Es wird einem vom Leben aufgezwungen, entweder von innen oder von außen. Zu einem gewissen Grade kann es durch jenes große kulturelle Instrument der *mortificatio* nachempfunden werden, das tragische Schauspiel. In manchen Fällen kann das Schauspiel sogar mehr als nur ein nachempfundenes Erlebnis vermitteln. Wenn der Zeitpunkt richtig ist, kann es eine aufrüttelnde Wirkung haben und einen echten Wandlungsprozeß im Individuum in Gang setzen. Was ich an anderer Stelle geschrieben habe, ist auch hier von Belang:

Gilbert Murray hat uns eine wertvolle Schilderung des Ursprungs und der Grundzüge der klassischen Tragödie gegeben [zitiert in Harrison: *Themis*, S. 341ff.]. Er ist der Ansicht, daß die griechische Tragödie als ein ritueller Nachvollzug von Tod und Wiedergeburt des Jahresgeistes (gleichgesetzt mit Dionysos) anfing und daß dieser rituelle Nachvollzug vier Hauptbestandteile hatte. Erstens gibt es einen *agon* oder Wettkampf, in dem der Hauptdarsteller, der Stellvertreter des Jahresgeistes, mit der Finsternis oder dem Bösen im Wettstreit liegt. Zweitens gibt es ein *pathos* oder Leid, in dem der Held Schmerz und Niederlage erfährt. Drittens kommt ein *threnos* oder Wehklagen über den geschlagenen Helden. Und viertens gibt es eine *theophania*, eine Wiedergeburt des Lebens auf einer anderen Ebene mit einem Gefühlsumschlag von Kummer zu Freude. Diese Reihenfolge ist grundsätzlich die gleiche wie im rituellen Drama von Osiris oder von Christus, die beide die charakteristischen Merkmale von Tod und Wiedergeburt des Jahresgeistes aufweisen. In der späteren griechischen Tragödie verschwindet die letzte Phase, die Theophanie, fast ganz, bleibt vielleicht gerade noch andeutungsweise erhalten. Vom psychologischen Standpunkt aus können wir sagen, daß die Stufenfolge des tragischen Prozesses die Überwindung des Ich, die Niederlage des bewußten Willens beinhaltet, damit das Selbst, die schließliche Epiphanie, erscheinen kann.[56]

Pathos und *threnos*, die Stufen des Leids und der Niederlage, entsprechen der alchemistischen *mortificatio*, und die *theophania* entspricht dem wiedergeborenen, unverderblichen Leib, der dem Leichnam des Osiris entsprießt. Shakespeares *König Lear* ist ein besonders gutes Beispiel für eine Tragödie als *mortificatio*. In einem zuvor zitierten Text kommt ein Greis »mit dem Beinamen Drache« vor. Ähnlich identifiziert sich der wutentbrannte König Lear am Anfang des Stückes mit dem Drachen, wenn er an Kent die Worte richtet: »Tritt zwischen den Drachen nicht und seinen Grimm«.[57]

Das Stück entfaltet sich dann als eine fortschreitende Demontage, in deren Verlauf der König seiner Autorität, Macht und Herrschaftsgewalt beraubt wird. Der Wille des königlichen Ich macht eine vollkommene *mortificatio* durch, die bis zum Wahnsinn geht. Aus diesem Zustand der *nigredo* erhebt sich die Theophanie von Lears Wandlung. Durch seinen Wahnsinn bekommt er eine Ahnung von der transpersonalen Psyche, der zu dienen er nunmehr bereit ist. Nach der endgültigen Niederlage durch die Streitkräfte Edmunds, als Lear und Cordelia ins Gefängnis geführt werden sollen, kommt es in dieser überwältigenden Passage zur Theophanie. Hier verwandelt sich der Kopf des schwarzen Todes in Gold.

> Komm fort! Zum Kerker, fort!
> Da laß uns singen wie Vögel in dem Käfig.
> Bittst du um meinen Segen, will ich knien
> Und dein Verzeihn erflehn; so wolln wir leben,
> Beten und singen, Märchen uns erzählen
> Und über goldne Schmetterlinge lachen.
> Wir hören armes Volk vom Hofe plaudern
> Und schwatzen mit; wer da gewinnt, verliert;
> Wer in, wer aus der Gunst; und tun so tief
> Geheimnisvoll, als wären wir Propheten
> Der Gottheit: und so überdauern wir
> Im Kerker Ränk und Spaltungen der Großen,
> Die ebben mit dem Mond und fluten.[58]

Mit dieser Äußerung ist Lear über die Gegensätze hinausgelangt. Selbst verdrängt Ich. Schwärze wird Gold. Der moderne Dichter Theodore Roethke beschreibt in seinem Gedicht »In a Dark Time« (In dunkler Zeit) eine parallele Erfahrung der Geburt des Selbst aus der *nigredo*:

> In dunkler Zeit beginnt das Aug zu schaun:
> Seh meinen Schatten in düsternder Nacht;
> Höre mein Echo im echo'nden Wald –
> Natur, dein Herrscher weint vor einem Baum.
> Ich lebe zwischen Zaunkönig und Storch,
> Tieren des Bergs und Schlangen aus dem Loch.

> Was ist Wahnsinn als Seelenadel, nicht
> der Umständ Knecht? Wie der Tag loht!
> Ich kenn die Reinheit im verlornen Mut.
> Die Schweißwand, an die's meinen Schatten sticht.
> Der Ort dort im Gestein – ist es ein Pfad,
> Ists eine Höhle? Ich steh auf dem Grat.
>
> Ein steter Fluß Entsprechungen hinrinnt!
> Vogelströmende Nacht, ein Zackenmond,
> Und hellen Tags Mitternacht wiederkommt!
> Ein Mann geht weit, bis er sich selber findt –
> Selbst-Tod im Dunkel, tränenlose Pein,
> Alle Natur in unnatürl'chem Schein.
>
> Dunkel mein Licht und dunkler noch mein Durst.
> Die Seele, eine Flieg mit Sonnenstich,
> Schwirrt gegens Fenster. Welches Ich ist Ich?
> Als ein Gefallner steig ich aus der Furcht.
> Der Geist geht in sich und Gott in ihn ein –
> Einer ist Eins, im wilden Winde frei.[59]

Dieses bemerkenswerte Gedicht hat den Klang völliger psychologischer Echtheit. Es ist ein moderner Ausdruck der gleichen Erfahrung, wie sie hinter *König Lear* stand, das heißt, es stammt vom selben Archetypus. Die erste Strophe spricht davon, daß die Dunkelheit eine neuartige Sicht bringt. Die Herrschaft des Ich über die Natur wird umgestürzt. Das Weinen vor einem Baum ist analog der Heideszene in *König Lear*. Das Unbewußte als Natur und als Tier ist in das Bewußtsein eingebrochen. In der zweiten Strophe geht es um Wahnsinn, vergleichbar Lear im Sturm. Was ist Wahnsinn? Eine Seele, die sich nicht den äußeren Umständen beugt. Innere und äußere Wirklichkeit vertauscht. Illusionen werden aufgelöst. Die dunkle Seite wird festgestochen und muß angenommen werden. Die Gegensätze erscheinen, und das Ich muß auf schmalem Grat zwischen ihnen wandern. Die dritte Strophe spricht von dem Fluß der Entsprechungen. Wenn die Tiefen des Unbewußten sich öffnen, zersprengt es die »Umstände«, Synchronizitäten treten auf und transpersonale Bedeutungen scheinen durch – »Alle Natur in unnatürl'chem Schein«. In der vierten Strophe löst der Autor die Identifikation mit seiner Begierde und seiner »Seele«, d.h. seinem Unbewußten, auf. Wie Lear war er in einem Zustand der Identität mit den transpersonalen Energien des Selbst an ein Feuerrad gefesselt gewesen. Jetzt ist er befreit und kann das Selbst als vom Ich getrennt erkennen. Wie Roethke in einem anderen Gedicht (»The Shape of Fire« / Die Form des Feuers) sagt: »Der Erlöser kommt auf finsterem Pfad«.

Ein anderer dichterischer Ausdruck der *mortificatio*-Erfahrung findet sich in den folgenden Zeilen aus »East Coker« von T.S. Eliot:

> Ich sprach zu meiner Seele: sei still und warte, ohne zu hoffen,
> Denn Hoffen wäre auf Falsches gerichtet; warte ohne zu lieben,
> Denn Liebe wäre auf Falsches gerichtet; da ist noch der Glaube,
> Doch Glaube und Liebe und Hoffen sind alle im Warten.
> Warte ohne zu denken, denn zum Denken bist du nicht reif.
> Dann wird das Dunkel das Licht sein und die Stille der Tanz.
> . . . .
>
> Um das zu erreichen, was du nicht weißt,
>   Mußt du den Weg der Unwissenheit gehen.
> Um das zu besitzen, was du nicht besitzest,
>   Mußt du den Weg der Entäußerung gehen.
> Um das zu werden, was du nicht bist,
>   Mußt du den Weg gehen, auf dem du nicht bist.
> Was du nicht weißt, ist das einzige, was du weißt,
> Was dir gehört, ist was dir nicht gehört,
> Und wo du bist, ist wo du nicht bist.[60]

Aus der Erfahrung der Dunkelheit und Leere kann die Begegnung mit dem inneren Gefährten kommen.

Jung spricht von einer solchen Erfahrung:

Der Zustand der unvollendeten, bloß erhofften und erwarteten Wandlung scheint demnach nicht nur Qual, sondern auch ein positives, wenn auch verborgenes Glück zu sein. Damit wird der Zustand eines Menschen geschildert, der auf seiner Wanderung durch die Peripetien seiner seelischen Wandlung, die manchmal mehr wie ein Leiden als irgend etwas anderes aussieht, ein verborgenes Glück findet, welches ihn mit seiner offenbaren Vereinsamung aussöhnt. Im Verkehr mit sich selber hat er nicht tödliche Langeweile und Melancholie angetroffen, sondern ein Gegenüber, mit dem es sich auskommen läßt, ja, mehr noch, eine Beziehung, welche wie das Glück einer heimlichen Liebe aussieht, oder wie ein verborgener Frühling, wo aus scheinbar dürrem Erdreich junge, grüne Saat sproßt, künftige Ernte verheißend. Es handelt sich alchemisch um die »benedicta viriditas«, welche teils als »leprositas metallorum« (Aussatz der Metalle) auf Grünspan deutet, andererseits aber auch auf die geheime Einwohnung des göttlichen Lebensgeistes in allen Dingen.[61]

Die *mortificatio* führt uns direkt in die Bilderwelt der Passion Christi – seine Verhöhnung, seine Geißelung, seine Qual und seinen Tod (siehe Abb. 76). Die Alchemisten brachten die Behandlung des Stoffes im Gefäß manchmal ausdrücklich mit der Behandlung zusammen, die Christus zuteil wurde. Zum Beispiel sagt ein Text:

Wie dann das / auf Christum den Herrn / sich nicht unfüglich vergleichet / daß solch erfault *Solis Corpus*, ein Zeitlang gleich einer Aschen am Boden deß Glases / ohn alle Krafft erstorben... Sintemal auch solches Christo wiederfahren / indem Er am Oelberg und Kreutz / durch das Fewer Göttliches Zorns / gebraten / Mat. 26.27. Sich gantz und gar von seinem himmlischen Vatter verlassen / beklagt hat...[62]

In demselben Text heißt es weiter vorn:

Uber das noch weiter / gleich wie in dem Philosophischen Werck / das gemeldte *Compositum* ... in das Fewer gerichtet wird / und eingesetzet / dardurch erfaulet / zerstöret / zermalmet / und wol gekocht werden muß / in welcher Erfaulung und Kochung dann / ... sich vielerley Farben erzeigen und sehen lassen: Also ist diese / Gott menschliche / und Mensch Göttliche Person / Christus Jesus / in dieser Welt / von Gott seinem himmlischen Vatter / also darzu verordnet / in den Feweofen der Trübsal / auch versetzt und wol darinnen gekocht / das ist / in allerley Müheseeligkeit / Schmach / Kreutz / und Trübsal umbgetriebin / auch in mancherley Gestalt verändert worden...
Und ist auch sonderlich zu mercken / daß die *Philosophi* solche *Putrefaction*, oder Erfaulung / wegen seiner schwartzen Farb / das *Caput-Corvi* [Rabenhaupt], genänt haben. Dann / also ist auch Christus einer gantzen heßlichen Gestalt gewesen / und der allerungeachtest / und unwehrteste / voller Schmertzen und Kranckheiten / und zwar so veracht / daß man das Angesicht vor Ihm verborgen / und seiner nichts geachtet hat.[63]

Abbildung 76: Die Geißelung Christi (Mair von Landshut, 15. Jahrhundert. London, British Museum).

Dieser Passus verbindet die gemarterte *prima materia* nicht nur mit Christus, sondern auch mit dem leidenden Gottesknecht Jesajas, der Zion und den künftigen Messias personifiziert.
Der folgende bekannte Ausspruch Jesu gehört ebenfalls zur *mortificatio*-Symbolik: »Wer mein Jünger sein will, der verleugne sich selbst, nehme sein Kreuz auf sich und folge mir nach. Denn wer sein

Leben retten will, wird es verlieren; wer aber sein Leben um meinetwillen verliert, wird es gewinnen« (Mt 16,24-25 EÜ).
Derselbe Gedanke wird noch krasser in dem folgenden nichtkanonischen Herrenwort aus einem unlängst entdeckten gnostischen Text ausgedrückt: »Wahrlich, ich sage euch, es wird keiner gerettet werden, es sei denn, er glaube an mein Kreuz. Denen aber, die an mein Kreuz geglaubt haben, gehört das Reich Gottes. Darum werdet Todsuchende, wie die Toten, die das Leben suchen. ... Wenn ihr den Tod genau prüft, wird er euch die Erwählung lehren. Wahrlich, ich sage euch, keiner von denen, die den Tod fürchten, wird errettet werden; denn das Reich des Todes gehört denen, die sich selbst dem Tode weihen.«[64]
Psychologisch können wir dies als Hinweis auf das Gesetz der Gegensätze verstehen – die Tatsache, daß die bewußte Erfahrung einer Seite ihr Gegenteil im Unbewußten konstelliert. Wie Goethe sagt: »Stirb und werde«. In dem Maße, wie das Ich den Tod bewußt annimmt, konstelliert es ein Leben in der Tiefe. Dieser Sachverhalt hängt mit der Psychologie des Opfers zusammen. Das herausragende alchemistische Beispiel für das Opfermotiv findet sich in den Visionen des Zosimos, wo wir lesen: »Ich bin Ion, der Priester der innersten verborgenen Heiligtümer, und ich unterziehe mich einer unerträglichen Strafe. Denn es kam einer um die Morgenfrühe in eilendem Laufe, der überwältigte mich und zerteilte mich mit dem Schwert, indem er mich durchbohrte, und zerriß mich entsprechend der Zusammensetzung der Harmonie. Und er zog die Haut meines Kopfes ab mit dem Schwert, das von ihm mit Macht gehandhabt wurde, und er fügte die Knochen mit den Fleischstücken zusammen und verbrannte das Ganze der Kunst entsprechend auf dem Feuer, bis ich wahrnahm, wie mein Körper verwandelt und zu Geist wurde.«[65]
Ion, der Priester der innersten verborgenen Heiligtümer, ist eine Personifikation sowohl der *prima materia* als auch des Steins der Weisen. Er ist gleichermaßen Opferer wie Opfer. In dieser Beziehung entspricht er der im Hebräerbrief gezeichneten Christusgestalt: »Christus aber ist gekommen als Hoherpriester der künftigen Güter; und durch das erhabenere und vollkommenere Zelt,

das nicht von Menschenhand gemacht, das heißt nicht von dieser Welt ist, ist er ein für allemal in das Heiligtum hineingegangen, nicht mit dem Blut von Böcken und jungen Stieren, sondern mit seinem eigenen Blut, und so hat er eine ewige Erlösung bewirkt« (Hebr 9,11-12 EÜ).

Ion, der Priester, der sich einer unerträglichen Strafe unterzieht, erinnert an eine bemerkenswerte Stelle in einem unveröffentlichten Brief von Jung:

> Das Problem der Kreuzigung ist der Anfang der Individuation. Hier liegt die geheime Bedeutung der christlichen Symbolik, ein Weg voller Blut und Leiden – wie es jeder Schritt vorwärts auf dem Wege der Entwicklung menschlicher Bewußtheit ist. Kann der Mensch einen weiteren Zuwachs an Bewußtheit ertragen? ... ich gestehe, daß ich mich der göttlichen Kraft dieses scheinbar unübersteigbaren Problems unterwarf und daß ich bewußt und absichtlich mein Leben elend gemacht habe, weil ich wollte, daß Gott lebe und daß er frei sei von dem Leiden, das der Mensch ihm aufgezwungen hat, indem er seinen eigenen Willen mehr liebte als Gottes geheimnisvolle Absichten.[66]

Der Gedanke, sich absichtlich elend zu machen, ist eine schwierige Lehre. Wir müssen jedoch im Auge behalten, daß Jung sich in diesem Brief an eine ganz bestimmte Person wendet. Vieles deutet darauf hin, daß Jung seine jeweilige Redeweise der Wirklichkeit der Person anpaßte, mit der er sich gerade unterhielt. Im Gespräch mit seinem indianischen Freund Ochwiä Biano z.B. erzählte er diesem, er, Jung, gehöre einem viehzüchtenden Stamm an, der im Gebirge lebe. Ich vermute also, daß dieser Brief auf die Psychologie der Person zugeschnitten ist, an die er geschrieben wurde. Dennoch verschafft uns seine Ausdrucksweise einen neuen Blickwinkel. Auf das Unbewußte achten heißt, sich absichtlich elend zu machen, damit die autonome Psyche freier zum Zuge kommen kann. Es hat nichts mit Masochismus zu tun, sondern ist vielmehr eine bewußte Teilnahme an der Verwirklichung der Gottheit. Mit den Worten von Meister Eckhart: »Wan lîden bereitet den menschen lûterlich, daz got in sînem herzen wonen muoz... dâ von muoz got ze aller zît bî dem menschen sîn, daz in lîden ist; wan er sprach selber dur des wîssagen munt ›wer ist betrüebet, bî dem wil ich selber sîn.‹«[67]

Dabei fällt mir eine Frau ein, die im Laufe ihres Lebens Leid und Enttäuschung im Übermaß hatte erdulden müssen. Sie rang in der Analyse viele Jahre lang darum, ihr Schicksal anzunehmen und ihre Bitterkeit zu bezwingen. Ihre Bemühungen wurden schließlich mit einem Traum gekrönt, der dieses Bild enthielt:

Ich sehe einen Baum, in den der Blitz eingeschlagen hat. Anscheinend jedoch war er nicht völlig zerstört worden, sondern war etwas von der elektrischen Kraft durch den Baum in das umgebende Erdreich gegangen, wo sie eine ungewöhnliche Fruchtbarkeit bewirkte.

Dieser Traum erinnerte sie an einen früheren Traum, in dem ein Bock geopfert worden war. In einem Bild, das sie von jenem Traum zeichnete, befruchtet das Blut des geopferten Bockes die umstehenden Gewächse (siehe Abb. 77). In der Tat hat diese Frau einen günstigen Einfluß auf ihre Umgebung. Sie ist eine begnadete Leh-

Abbildung 77: Zeichnung einer Patentin.

rerin, und ihre lange *mortificatio* hat ihre Gaben zur Höhe und Reife gebracht. Der Traum von dem vom Blitz getroffenen Baum weist Ähnlichkeiten mit einem Traum auf, den Jung im Jahre 1914 hatte:

Im ... Traum war wieder eine ungeheure Kälte aus dem Weltraum hereingebrochen. Er hatte jedoch ein unvermutetes Ende: da stand ein blättertragender, aber früchteloser Baum (mein Lebensbaum, dachte ich), dessen Blätter sich durch die Einwirkung des Frostes zu süßen Weinbeeren voll heilenden Saftes verwandelt hatten. Ich pflückte die Trauben und schenkte sie einer großen harrenden Menge.[68]

Wie schon zuvor erwähnt, hat die alchemistische *mortificatio* sehr starke Parallelen zur Bilderwelt der Passion Christi. Tatsächlich sind sie beide Ausdrucksformen desselben Archetypus. Jedoch sind die alchemistische Einstellung zum Christusbild und die Einstellung des religiösen Glaubens grundverschieden. Jung ist im folgenden Zitat sehr darauf bedacht, den Unterschied klarzustellen:

Wenn der Adept sich selber, das heißt den »wahren Menschen«, in seinem Werke erfährt, so tritt ihm damit ... die Analogie des »wahren Menschen«, nämlich Christus, in neuer und unmittelbarer Gestalt entgegen, und er erkennt in der ihm geschehenden Wandlung eine Ähnlichkeit mit der passio Christi. Es ist eben keine »imitatio« Christi mehr, sondern das Umgekehrte, nämlich eine Assimilation des Christusbildes an das eigene Selbst, eben den »wahren Menschen«. Es ist nicht mehr die Anstrengung und absichtsvolle Bemühung der imitatio, sondern das unwillkürliche Erlebnis der Wirklichkeit dessen, was durch die heilige Legende dargestellt ist. ... Die Passion geschieht dem Adepten, und zwar nicht etwa in der klassischen Form ... sondern vielmehr in der Form, wie sie der alchemistische Mythus ausdrückt: es ist die Arkansubstanz, welche jene physischen und moralischen Kreuzesqualen erduldet... Nicht der Adept erleidet dies alles, sondern *es* erleidet in ihm, *es* ist gequält, *es* geht durch den Tod, und *es* aufersteht. Und dies alles geschieht nicht dem Alchemisten, sondern dem »wahren Menschen«, den er aber nahe bei sich, ja in sich fühlt und zugleich in der Retorte vermutet.[69]

Abschließend sei noch gesagt, daß das Motiv der *mortificatio* des Königs, wie einem zuvor zitierten Text bereits zu entnehmen war, auch für die kollektive Psyche Geltung besitzt. Unser kollektives Gottesbild macht eine *mortificatio* durch, wie es der Satz »Gott ist tot« erkennen läßt. Die kollektive Psyche durchläuft somit eine *nigredo*. Jung spielt darauf in seiner Interpretation der Augustinischen Begriffe »Morgenerkenntnis« und »Abenderkenntnis« an. Morgenerkenntnis ist Erkenntnis des Schöpfers, Abenderkenntnis ist Erkenntnis des Geschaffenen. Morgenerkenntnis erkennt Gott, Abenderkenntnis erkennt die Menschheit. Morgenerkenntnis ist Religion, Abenderkenntnis ist Wissenschaft. Der Übergang von der Morgenerkenntnis zur Abenderkenntnis entspricht der Tatsache, »daß jede geistige Wahrheit sich allmählich verdinglicht und Stoff oder Werkzeug in der Hand des Menschen wird«.[70] Indem immer mehr unter die rationale Herrschaft des Ich gerät, verdunkelt sich die Morgenerkenntnis der Menschheit zusehends. Wie Jung sagt: »Der moderne Mensch ist schon dermaßen verdunkelt, daß außer dem Lichte seines Verstandes nichts mehr seine Welt erhellt. ›Occasus Christi, passio Christi [Untergang Christi, Passion Christi].‹ Darum wohl passieren unserer gelobten Kultur die wunderlichsten Dinge, die schon mehr einem Weltuntergang als einer normalen Abenddämmerung gleichen.«[71]

»Aber wie aus dem Abend ein Morgen wird, so entsteht aus dem Dunkel ein neues Licht, die stella matutina, die Abend- und Morgenstern zugleich ist – lucifer, der Lichtbringer.«[72] Hinsichtlich der Symbolik der sieben Schöpfungstage und der sieben Wochentage nahm man an, daß jeder Tag die Menschen weiter von ihrer Morgenerkenntnis wegbringt. »Die zunehmende Verdunkelung erreicht am 5./6. Tag, dem dies Veneris, den Höhepunkt, um am Tage des greisen Saturn in den Luzifer umzuschlagen. Der dies Saturni kündigt das Licht an, welches am Sonntag in voller Kraft erscheint. ... Der Sabbat ist also der Tag, an welchem der Mensch wiederum in Gott einkehrt und von neuem das Licht der cognitio matutina [Morgenerkenntnis] empfängt. Dieser Tag hat keinen Abend.«[73]

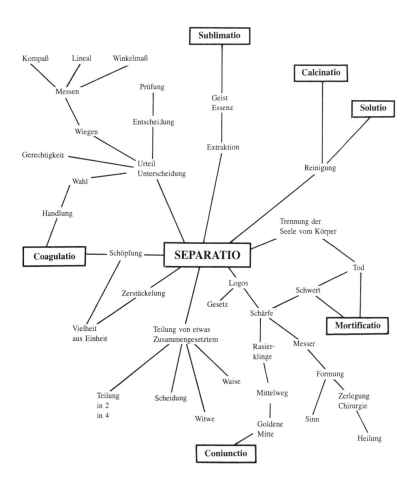

6 Separatio

Die *prima materia* galt als eine Zusammensetzung, eine chaotische Mischung undifferenzierter und gegensätzlicher Komponenten, die einen Trennungsprozeß erforderte. Bilder für diesen Prozeß liefern verschiedene chemische und physikalische Prozeduren, wie sie im alchemistischen Laboratorium durchgeführt wurden. Durch Erhitzen, Pulverisieren oder sonstige chemische Verfahren wurde Metall aus seinem rohen Erz herausgezogen. Viele Substanzen trennen sich beim Erhitzen in einen flüchtigen Teil, der verdampft, und einen stofflichen Rückstand, der verbleibt. Amalgame etwa geben beim Erhitzen ihr Quecksilber als Dampf ab und lassen das nicht verdampfbare Metall auf dem Grund des Gefäßes zurück. Der Destillationsprozeß trennt eine besser verdampfbare Flüssigkeit von einer schlechter verdampfbaren, und die Verdunstung trennt ein flüssiges Lösungsmittel von dem Feststoff, der in ihm aufgelöst wurde. Filtrierung, Sedimentierung und vielleicht sogar eine rohe Zentrifugierung standen dem Alchemisten zu Gebote.

In allen diesen Beispielen erfährt eine zusammengesetzte Mischung eine Zerlegung in ihre Bestandteile. In einem Prozeß – analog zu dem, aus welchem in Schöpfungsmythen der Kosmos aus dem Chaos hervorgeht – entsteht aus der Wirrnis Ordnung. Es ist daher nicht überraschend, daß viele kosmogonische Mythen die Schöpfung als *separatio* beschreiben (siehe Abb. 78). So finden wir bei Ovid folgende Beschreibung der Schöpfung:

> Vor dem Meer und dem Land und dem alles bedeckenden Himmel
> War in dem ganzen Bereich der Natur ein einziges Aussehn,
> Das man Chaos genannt, ein verworrenes rohes Gemenge,
> Anderes nicht als träges Gewicht und zwistige Keime,
> Trübe zusammen gehäuft zu lose verbundenen Stoffen.
> Noch goß der Titan nicht in das Weltall leuchtende Strahlen,
> Noch nicht füllte aus durch Zuwachs Phöbe die Hörner.

Abbildung 78: Gott bei der Erschaffung der Welt (Illustration aus einer Handschrift, 13. Jahrhundert. Wien, Österreichische Nationalbibliothek).

Eignes Gewicht auch hielt noch nicht frei schwebend die Erde
In der umfließenden Luft, noch breitete Amphitrite
Nicht weithin an dem Rand daliegender Länder die Arme:
Da, wo jetzt Äther, dort war Erdreich, Luft und Gewässer.
Noch war nicht zum Stehen das Land, zum Schwimmen die Woge,
Lichtes entbehrte die Luft, die Gestalt blieb keinem beständig.
Eins war feindlich im Wege dem Anderen, weil in der Masse
Kaltes stets lag mit Warmem im Streit, mit Trockenem Feuchtes,
Weiches mit Hartem und mit dem Schweren das, was gewichtlos.
Aber dem Zwist gab Schlichtung ein Gott und die bessere Triebkraft,
Denn er schied von dem Himmel das Land und vom Lande die Wogen,
Und von der dunstigen Luft los trennt' er den lauteren Himmel.
Als er so sie entwirrt und dem finsteren Haufen entnommen,
Schloß er gesondert im Raum sie zusammen in friedlicher Eintracht.[1]

Von Marie-Louise von Franz erfahren wir, daß Schöpfungsmythen oftmals mit einem kosmischen Ei anfangen und:

Nachdem das Ei geschaffen ist, wird es zerteilt, im allgemeinen in zwei Hälften. ... Häufig trifft man dasselbe Motiv der Trennung eines vorbewußten Einen im Zusammenhang mit der Trennung der Ureltern an. In vielen kosmogonischen Mythen befinden sich die Ureltern, Vater Himmel und Mutter Erde z.B., am Anfang in unaufhörlicher Umarmung. Sie bilden gewissermaßen ein hermaphroditisches Wesen in ständiger Kohabitation. In diesem Zustand kann nichts in Erscheinung treten, denn Vater Himmel liegt so dicht auf Mutter Erde, daß es keinen Raum zwischen ihnen gibt, in dem irgend etwas wachsen könnte. ... Der erste Schöpfungsakt ist daher die Trennung dieses göttlichen Paares, wodurch sie weit genug auseinandergeschoben werden, daß ein Raum für die übrige Schöpfung hergestellt wird. Dies läßt sich mit dem Zerschneiden des Eis vergleichen.[2] (Siehe Abb. 79)

Ein Beispiel für die Trennung der Welteltern ist der folgende ägyptische Schöpfungsmythos:

Schu war die Personifikation der Atmosphäre, und sein Name, der »erheben« bedeutet, wies auf seine wichtigste Handlung im Mythus hin, nämlich die Trennung seiner Kinder Geb, der Erde, und Nut, des Himmels, wodurch er die den Menschen bekannte Welt schuf. Auf Anordnung von Re oder, wie andere behaupten, getrieben von blutschänderischer Eifersucht, drängte sich Schu zwischen Geb und Nut und löste damit ihre enge Umarmung. [Nach anderer Lesart soll Schu von Re die Anweisung bekommen haben,

Abbildung 79: Die Spaltung des philosophischen Eis (Maier: *Atalanta Fugiens*, 1618).

Nut zu stützen, als ihr schwindlig geworden war, nachdem sie, als Kuh, Re in die Höhe des Himmels gehoben hatte.]
Meist wurde Schu als bärtiger Mann dargestellt, der mit erhobenen Armen über Geb stand oder kniete, um Nut zu stützen. Auf seinem Kopf trug er eine Straußenfeder, die Hieroglyphe für seinen Namen, oder vier lange Federn als Symbol für die vier Säulen des Himmels, die Nut stützten. Zuweilen wurde er auch als Löwe oder als Luftsäule abgebildet.
Der Name Schu soll auch »leer sein« bedeuten, und in manchen Texten gilt er als vergöttlichte Leere. Andere Quellen geben Schu mehr Bedeutung: als Gott der Luft wurde Schu in den späteren Texten für die Personifizierung der göttlichen Erkenntnis gehalten. So wurde er zum unmittelbaren Repräsentanten der Schöpfung des Atum und damit zur Verkörperung seiner höchsten Macht. Schu war der Gott, der die Schöpfung einleitete dadurch, daß er die Welt durch die Trennung von Erde und Himmel schuf.[3]
(Siehe Abb. 80)

Abbildung 80: Die Trennung von Himmel und Erde: Nut wird von Schu über Geb gehoben (Zeichnung nach einer Abbildung in A. Jeremias: *Das Alte Testament im Lichte des Alten Orients,* Leipzig 1904. Turin, Ägyptisches Museum).

Alchemistische Texte sprechen von einer Trennung von Erde und Himmel in der Retorte. So sagt Ripley z.B.:

Also must du offt die Scheidung thun / und deine *Materiam* von einander in zwey Theil theilen / doch also / daß das Subtile vom Groben abgesondert werde / und die Erde im Grunde graue Farbe liegend bleibe / dieselbe Erde ist fix / daß sie allen Gewalt kan ausstehen. Das andere Theil ist *Spiritua*lisch und flüchtig / müssen aber alle in eine einige Natur gebracht werden.[4]

In der *Tabula Smaragdina* lesen wir wiederum: »Scheide die Erde vom Feuer, das Feine vom Dichten, gelinde, mit großer Kunstfertigkeit«.[5] Psychologisch ist das Ergebnis einer *separatio* durch Zweiteilung ein *Erkennen der Gegensätze*. Dies ist ein wesentliches Merkmal des sich herausbildenden Bewußtseins.

In der Entwicklung des abendländischen Bewußtseins wurden die Gegensätze (*enantia*) von den vorsokratischen Philosophen entdeckt. Die Pythagoreer stellten eine Tafel mit zehn Gegensatzpaaren auf:[6]

    1. Grenze und Unbegrenztes
    2. Ungerades und Gerades
    3. Einheit und Vielheit
    4. Rechtes und Linkes
    5. Männliches und Weibliches
    6. Ruhendes und Bewegtes
    7. Gerades und Krummes
    8. Licht und Finsternis
    9. Gutes und Böses
  10. gleichseitiges und ungleichseitiges Viereck

Die psychologische Bedeutung der Entdeckung der Gegensätze kann kaum hoch genug veranschlagt werden. Wie die Zahlen besaßen die neu entdeckten Gegensätze für die Alten eine Aura der Numinosität. Die Welt war entzweigerissen, und zwischen den getrennten Gegensätzen war Raum geschaffen worden, in dem das bewußte menschliche Ich leben und wachsen konnte.

Die uranfängliche *separatio*, die einen in das bewußte Dasein hineingeleitet, ist die Trennung des Subjekts vom Objekt, des Ich vom Nicht-Ich. Dies ist das erste Gegensatzpaar. Schu kann Geb erst dann von Nut trennen, wenn ihm zuvor selbst die Trennung von ihnen gelungen ist. Schu steht folglich für das Ur- Ich, den Spalter der Gegensätze, der für die Existenz des Bewußtseins Raum schafft. In dem Maße, wie die Gegensätze unbewußt und ungetrennt bleiben, lebt man in einem Zustand der *participation mystique*, was bedeutet, daß man sich mit einer Seite eines Gegensatzpaares identifiziert und ihr Gegenteil als einen Feind projiziert. Raum für die Existenz des Bewußtseins bildet sich *zwischen* den Gegensätzen, das heißt, man wird dadurch bewußt, daß man die Gegensätze in sich zu halten und auszuhalten vermag.

Ein zentraler Aspekt der Psychotherapie ist der Prozeß der *separatio*, dessen wichtigster Bestandteil die Trennung von Subjekt und Objekt ist. Vom unreifen Ich weiß man, daß es sich in einem Zustand der *participation mystique* mit der Innen- wie auch der Außenwelt befindet. Ein solches Ich muß einen langwierigen Prozeß der Differenzierung zwischen Subjekt und Objekt durchlaufen. Im Zuge dessen kommt es auch zur Auflösung der Identifizierung mit anderen Gegensatzpaaren.

Der Alchemist sagt: »Scheide die Erde vom Feuer, das Feine vom Dichten«. Psychologisch läßt sich das auf die Trennung der konkreten, handgreiflichen Aspekte einer Erfahrung von der daran haftenden Libido und inneren symbolischen Bedeutung übertragen – d.h. auf eine Trennung von subjektiver und objektiver Komponente. Ein in der Psychotherapie häufig vorkommendes Problem ist der Konflikt und die Ambivalenz, wenn man sich vor eine praktische Entscheidung gestellt sieht. Soll ich diese Stelle antreten? Soll ich diesen Schritt tun? Soll ich heiraten oder mich scheiden lassen? Die Grundlage solcher Konflikte ist oft die Nichtunterscheidung zwischen der konkreten und der symbolischen Bedeutung der beabsichtigten Handlung. Es kann z.B. sein, daß eine von der Idee der Scheidung besessene, aber handlungsunfähige Person eine psychische Trennung von ihrem Gatten oder ihrer Gattin vollziehen muß, eine symbolische Scheidung anstelle einer tatsächlichen. Jedenfalls sind Konkretes und Symbolisches zwei verschiedene Wirklichkeitsebenen, die auseinandergehalten und gesondert betrachtet werden müssen. Wenn das geschieht, fällt die objektive Entscheidung oftmals leicht.

Schöpfung durch *separatio* wird auch als Vierteilung geschildert. Paracelsus sagt: »In Schöpffung der Welt hatt die Erste Separation an den vier Elementen angefangen / da die *Prima Materia Mundi* waß ein einiger *Chaos*: auß demselbige *Chaos* hatt Gott gemacht *Maiorem Mundum* / gescheide und abgesondert in Vier underschiedliche Element / Nemlich in Fewr / Lufft / Wasser / und Erden.«[7] Und im *Tractatus Aureus Hermetis* lesen wir wiederum: »Verstehet also, ihr Söhne der Weisheit, daß die Erkenntnis der vier Elemente der alten Philosophen nicht leibhaftig oder unbedacht begehrt ward, welche da sind durch Geduld zu entdecken gemäß ihren Ursachen und ihrem verborgenen Wirken. ... Wisset denn, daß die Teilung, welche die alten Philosophen über dem Wasser vollzogen, dieses in vier Substanzen scheidet.«[8]

Diese Stellen lassen Platons Schilderung im *Timaios* anklingen, wo er vom Chaos im Schöpfungsprozeß spricht:

Und weil sie von Kräften erfüllt wird, die sich unähnlich sind und gegenseitig nicht im Gleichgewicht stehen, ist auch an ihr nichts im Gleichgewicht, sondern ungleichmäßig nach allen Richtungen schwankend, wird sie selber von jenen hin und her geschüttelt, und, indem sie sich bewegt, schüttelt sie wiederum jene. Die in Bewegung gesetzten Elemente aber werden die einen dahin, die anderen dorthin getragen und sondern sich dadurch voneinander ab, wie das, was in einem Sieb oder sonst in Geräten, die zur Reinigung des Getreides dienen, geschüttelt und gerüttelt wird: da fliegt das Dichte und Schwere dorthin, das Lockere und Leichte aber in anderer Richtung, wo es sich dann niedersetzt. So ging es damals auch mit den vier Gattungen: sie wurden durcheinander geschüttelt von der Hegerin, die sie aufnahm.[9]

Eine komplexere Darstellung der Schöpfung durch *separatio* findet sich bei Philo, die von Goodenough so zusammengefaßt wird:

Gott projiziert den Logos, der das Prinzip der Einheit ist und der gleichzeitig den sonderbaren Namen »Teilender« erhält. Der teilende Logos formt zuerst die intelligible Welt (die Welt der archetypischen Formen) und daraufhin die materielle Welt nach der Art und dem Vorbild der intelligiblen Welt. Die grobe Materie, eine weitere Vorgabe der Schöpfung, wurde zuerst vom teilenden Logos in Leichtes und Schweres zerschnitten, sodann wurden diese zwei in vier zerschnitten, welche die vier Elemente wurden. Jedes von diesen wurde abermals zerteilt, wie die Erde in Festland und Inseln, das Wasser in süßes und salziges. Der Teilungsprozeß schritt fort, bis er belebte und unbelebte Objekte erzeugt hatte, wilde und kultivierte Früchte, wilde und zahme Tiere, Männliches und Weibliches und alles übrige. In jedem Fall war die Teilung nicht nur eine Trennung, sondern auch eine Wiedervereinigung, denn der Logos war ebenso der Leim wie das Teilende; das heißt, er war das Prinzip des Zusammenhaltes, welches das All trotz seiner vielfältigen Teilungen zu Einem macht.[10]

Diese Stelle ist insofern bemerkenswert, als sie in der Beschreibung des kosmogonischen Prinzips auf den Gegensätzen beharrt. Was hier Logos genannt wird, ist tatsächlich ein Logos-Eros, denn es ist nicht nur eine Schneide, sondern auch ein Leim. Diese Denkweise ist ganz und gar alchemistisch und entspricht einigen der paradoxen Beschreibungen des Mercurius.[11]

Das Motiv der Teilung in die vier Elemente entspricht psychologisch einer bestimmten Erfahrung, an der alle vier Funktionen beteiligt sind. Das Empfinden macht uns mit den Tatsachen bekannt. Das Denken bestimmt, in welche allgemeinen Begriffe die Tatsachen sich fassen lassen. Das Fühlen sagt uns, ob uns die Tatsachen gefallen oder nicht. Das Intuieren deutet an, woher die Tatsachen gekommen sein, wohin sie führen und was für Verbindungen zu anderen Tatsachen sie haben können. Es präsentiert Möglichkeiten, keine Gewißheiten.

Es ist wichtig, daß die vier Funktionen getrennt werden. Zum Beispiel sollte die Gefühlsreaktion auf eine Tatsache die Fähigkeit, ihre Existenz wahrzunehmen, nicht beeinträchtigen; desgleichen sollte eine Möglichkeit nicht mit einer Gewißheit verwechselt werden. Obwohl die vier Elemente nicht haargenau mit den vier Funktionen gleichgesetzt werden können, besteht eine annähernde Parallelität. Eine ähnliche Nähe besteht zu den vier Farben im Tarot: Schwertern, Bechern, Münzen und Stäben (siehe Abb. 81). Jede dieser Vierteilungen ist eine ganz bestimmte Verkörperung des Archetypus der Quaternität, der die undifferenzierte Materie strukturiert. Insbesondere bedeuten die vier Elemente die vier verschiedenen materiellen Aggregatzustände, die von der körperlosen Energie (Feuer) bis zur vollen Festigkeit (Erde) reichen. Vermutlich gibt es analoge Aggregatzustände der psychischen Substanz, die noch ans Licht zu bringen wären.

Jeder neu erschlossene Bereich des Unbewußten erfordert einen kosmogonischen Akt der *separatio*. Jeder neue Zuwachs an *prima materia* verlangt einen scharfen Schnitt von Philos »teilendem Logos«. Die Bewußtwerdung verlangt, daß neue Inhalte aus dem Unbewußten herausgeschält werden. Der Traum eines Mannes in mittlerem Alter mit vielfältigen Begabungen und Neigungen, der zwischen verschiedenen Berufen und Lebenszielen hin- und hergerissen war, verdeutlicht diesen Sachverhalt:

Abbildung 81: Die Asse der vier Tarotfarben: Schwerter, Stäbe, Münzen und Becher (Marseiller Tarot).

Stücke einer Landkarte mußten ausgeschnitten und zusammengesetzt werden. Eine scharfe Klinge war nötig. In dem Traum bekam ich die Klinge nicht scharf genug.

Der Träumer brauchte einen besseren Kontakt zum teilenden Logos, als er ihn zu dem Zeitpunkt erreicht hatte.

Schwerter, Messer und scharfe Schneiden aller Art gehören zur Symbolik der *separatio*. Es ist sicherlich bezeichnend, daß eines der ersten Werkzeuge der Urmenschen eine Schneide war. Der Logos ist der große *separator*, der durch seine Fähigkeit, zu teilen, zu benennen und zu kategorisieren, Bewußtsein und – innere wie äußere – Naturbeherrschung bringt. Eines seiner Hauptsymbole ist die Schneide, die einerseits zerlegen und differenzieren und andererseits töten kann. Durch die Trennung der Gegensätze schafft der Logos Klarheit; doch durch die Sichtbarmachung der Gegensätze schafft er auch Konflikt. Ein Beispiel für diese paradoxe Symbolik ist der klassische *separatio*-Text in den Evangelien: »Ich bin nicht gekommen, um Frieden zu bringen, sondern das Schwert. Denn ich bin gekommen, um den Sohn mit seinem Vater zu entzweien und die Tochter mit ihrer Mutter und die Schwiegertochter mit ihrer Schwiegermutter, und die Hausgenossen eines Menschen werden seine Feinde sein« (Mt 10,34-36 EÜ). (Siehe Abb. 82)

Eine noch härtere Version desselben Gedankens findet sich in dem gnostischen *Thomas-Evangelium*: »Jesus sprach: Vielleicht denken die Menschen, daß ich gekommen bin, Frieden auf die Welt zu bringen; und sie wissen nicht, daß ich kam, Zerwürfnisse auf die Erde zu bringen: Feuer, Schwert, Krieg. Denn wenn fünf in einem Haus sind, dann werden drei gegen zwei sein und zwei gegen drei; der Vater gegen den Sohn und der Sohn gegen den Vater; und sie werden dastehen als Einsame.«[12]

Christus, das Selbst als teilender Logos, kommt, um die *participation mystique* der Familienpsyche zu zerschneiden oder zu zerreißen (»die Hausgenossen eines Menschen werden seine Feinde sein«). Die gnostische Version erklärt ausdrücklich, daß das Ziel die Bildung des Individuums ist (»sie werden dastehen als Einsame«).

Abbildung 82: Der Christus der Apokalypse (Holzschnitt von Albrecht Dürer).

Die *separatio* kann durch Bilder des Todes oder des Tötens ausgedrückt werden. Gegen eine bestimmte Person gerichtete Todesträume und Todeswünsche zeigen oft die Notwendigkeit der Lösung aus einer Beziehung unbewußter Identifikation an, die erstickend geworden ist. Ein *separatio*-Prozeß kann sich durch zunehmenden Konflikt und Antagonismus in einer zuvor freundschaftlichen Beziehung ankündigen. Wenn es den Beteiligten an Verständnis dafür fehlt, was ihnen widerfährt, kann der Prozeß gefährlich oder gar gewaltsam werden. Dies ist besonders wahrscheinlich, wenn eine Beziehung unbewußter Identifikation dem aktivierten Individuationsdrang im Weg steht. Ein Mann in einer solchen Situation hatte folgenden Traum:

Es ist Nacht. Das Gefühl ist da, daß der Morgen naht. Zwei Schäfer, in Schaffelle gekleidet, mit Stäben in der Hand und identisch in ihrem Aussehen, sind auf einem Gebirgspfad. Beider Augen haben einen intensiven Ausdruck, der besagt, daß sie wissen, sie müssen getrennte Wege gehen. Der eine hat Rachegelüste in seinem Blick und der andere ein Gefühl der Trauer. Sie umarmen sich und küssen sich mit einem Friedenskuß auf die Wange, und der, welcher das Gefühl der Traurigkeit hatte, beginnt seinen Aufstieg den Berg hinan. Der andere Schäfer bleibt stehen und schaut ihm hinterdrein, als ob er sagen wollte: »Ich hätte dich töten können!« Dann dreht er sich um und geht den Berg hinab, und der Morgen ist da.

Dieser Traum malt den rein archetypischen Aspekt des *separatio*-Prozesses aus, der zwischen dem Träumer und seinem Freund aktiviert wurde. Es ist, als spräche der Traum, frei von persönlichen Zügen, zum Ich vom Verlust seines Freundes – in der gleichen Art, wie John Milton sein Gedicht *Lycidas* schrieb, um das Ertrinken von Edward King zu betrauern, oder wie Shelley beim Tode von John Keats seinen *Adonais* verfaßte. Das archetypische Muster hinter dem persönlichen Geschehen wird aufgedeckt, wodurch dieses in einen größeren Zusammenhang gestellt, dem Hinterbliebenen Trost gespendet und die Tragödie mit Sinn verklärt wird. Solche Träume kommen am ehesten, wenn die Situation besonders gefährlich ist. Anscheinend wird die archetypische Weisheit, wie es bei allen Trieben der Fall ist, in Zeiten größter Not zum Einsatz gebracht.

Eris, die Göttin der Zwietracht und Schwester des Ares, regiert die *separatio*. Sie war es, die ungeladen in eine Hochzeit auf dem Olymp hineinplatzte und einen Apfel mit der Aufschrift »der Schönsten« unter die versammelten Anwesenden schleuderte. Damit gab sie den Anlaß zum Urteil des Paris. Vergleiche sind abscheulich, und ein Vergleich war es, den der goldene Apfel erheischte. Um zu bestimmen, was »mehr« und was »am meisten« ist, braucht es Urteile. Solche Handlungen stören die *participation mystique* des Status quo und schüren Konflikt, aber sie können zu größerer Bewußtheit führen. So sagt Heraklit: »Krieg [zwischen den Gegensätzen] ist aller Dinge Vater, aller Dinge König. Die einen erweist er als Götter, die anderen als Menschen, die einen macht er zu Sklaven, die anderen zu Freien.«[13] (Siehe Abb. 83)

Der goldene Apfel der Eris brachte Vergleich, Urteil, Wahl und Krieg. Dem Paris, dem menschlichen Opfer göttlicher Drückebergerei, fiel es zu, zwischen Hera, Athene und Aphrodite ein Urteil zu fällen. Der unschuldige Schäfer sah sich einer Mannesprobe ausge-

Abbildung 83: Tjost zwischen Sol und Luna (*Aurora Consurgens*, 14. Jahrhundert. Zürich, Zentralbibliothek, Cod. rhenovacensis 172, fol. 10).

setzt, die von ihm verlangte, sich aus Macht, Erkenntnis und Schönheit den zentralen Wert seines Lebens zu wählen. Seine Wahl war ein Akt der *separatio* und beförderte ihn auf die nächste Entwicklungsstufe. Auf einem alchemistischen Bild (siehe Abb. 84) geht mit

Abbildung 84: Die Auferweckung des schlafenden Königs in Form des Paris-Urteils ([Pseudo-]Thomas von Aquin: »De Alchimia«, 16. Jahrhundert. Leiden, Bibliothek der Rijksuniversität, Cod. Vossianus 29, fol. 78).

dem Urteil des Paris das Aufwecken eines schlafenden Königs einher. Dies deutet darauf hin, daß ein solcher Akt des Urteilens eine Verbindung zum Selbst bewußt machen kann.

Die *separatio* kann auch falsch ausgeführt werden und dann destruktiv sein. Es ist verfehlt, ein organisches Ganzes im Namen eines willkürlichen Gleichheitsbegriffes mechanisch zu zerteilen. Paris versuchte, sich um seine Verantwortung zu drücken, indem er vorschlug, den Apfel in drei gleiche Teile aufzuspalten, aber dem wurde nicht stattgegeben. Eine ähnliche Auffassung begegnet

Abbildung 85: Schismatiker (Illustration von Gustave Doré zu Dantes *Göttlicher Komödie*).

uns in der Geschichte von Salomos Urteil. Zwei Frauen kamen vor Salomo, die beide behaupteten, die Mutter desselben Kindes zu sein.

Und der König fuhr fort: Holt mir ein Schwert! Man brachte es vor den König. Nun entschied er: Schneidet das lebendige Kind entzwei, und gebt eine Hälfte der einen und eine Hälfte der anderen! Doch nun bat die Mutter des lebenden Kindes den König – es regte sich nämlich in ihr die mütterliche Liebe zu ihrem Kind: Bitte, Herr, gebt ihr das lebende Kind, und tötet es nicht! Doch die andere rief: Es soll weder mir noch dir gehören. Zerteilt es! Da befahl der König: Gebt jener das lebende Kind, und tötet es nicht; denn sie ist seine Mutter. Ganz Israel hörte von dem Urteil, das der König gefällt hatte, und sie schauten mit Ehrfurcht zu ihm auf; denn sie erkannten, daß die Weisheit Gottes in ihm war, wenn er Recht sprach (1 Kön 3,24-28 EÜ).

Ein lebendes Ganzes darf nicht in gleiche Teile zerhauen werden, damit gegensätzliche Standpunkte zufriedengestellt werden. Dies ist eine Gefahr für einen, der die Theorie von der Vereinigung der Gegensätze kennt, aber nicht ihre lebendige Wirklichkeit. Ein eindrucksvolles Bild einer fehlgegangenen *separatio* findet sich im 28. Gesang von Dantes »Inferno«, in dem die Zwietrachtstifter die ewige Verstümmelung durch scharfe Klingen erleiden müssen (siehe Abb. 85):

> Ein Faß, dem Dauben oder Querholz fehlen,
> ist nicht so löchrig wie der Sünder war,
> bei dem's vom Kinn bis an den After klaffte.
> Zwischen den Beinen hing ihm das Gedärm.
> Herz, Leber, Lunge sah man und den Sack,
> der Kot aus allem macht, was wir verschlucken.
> Indes ich mit den Augen ihn durchbohre,
> blickt er auf mich und öffnet sich die Brust
> mit Händen: »Schau nur!« rufend, »Selbstzerreißung!
> Betrachte den verstümmelten Mohammed!
> Der vor mir geht und jammert, ist Ali,
> das Angesicht vom Kinn zum Schopf zerschlitzt.
> Und Ärgernis und Zwiespalt haben alle,
> die du hier siehst, erregt in ihrem Leben,
> drum sind sie ebenso zerspalten hier.

Dort hinten steht ein Teufel, der zerstückt
mit Schwertesschärfe jeden dieser Sekte
gar grausam jedesmal, daß uns der Weg
dieselbe Schmerzensstraße führt im Kreis.
Denn immer schließt sich unsere Verwundung,
bevor an ihm vorbei wir wieder kommen.«[14]

Diese Stelle erinnert mich an gewisse Leute, die nichts als die scharfe Klinge des rationalen Verstandes besitzen, um damit in ihrem zarten und empfindlichen Seelenleben zu stochern. Ihre Selbstprüfung ist eine fortwährende Qual der Selbstzergliederung.

Messen, Zählen, Wiegen und quantitatives Bewußtsein im allgemeinen gehören zur Operation der *separatio*, desgleichen die angewandte Mathematik, die geometrische Metaphorik der Geraden, Flächen und Körper sowie die Verfahren des Landvermessers und des Nautikers, Grenzlinien zu ziehen, Entfernungen zu messen und in einem Koordinatensystem Standorte festzusetzen. Kompaß, Lineal, Winkelmaß, Waage, Sextant und Senkblei gehören demnach alle zur *separatio*, ebenso Uhren und andere Formen der Zeitmessung. Sogar die Kategorien Raum und Zeit, die das Fundament des bewußten Daseins bilden, sind Produkte der *separatio* (siehe Abb. 86).

Die Alten schätzten ihre neu gewonnenen Einsichten über Zahlen, Messung und Verhältnisse zwischen Größen sehr hoch ein. Die Proportion und der Mittelwert zwischen Extremen besaßen eine besondere Faszination. Nach Platons Darstellung schuf der Demiurg die Welt mittels der Proportion.[15] Besondere Bedeutung maßen die frühen Geometer einem idealen Verhältnis zu, das durch den sogenannten *goldenen Schnitt* zustande kam. Bei diesem teilt man eine bestimmte Strecke so, daß das kürzere Stück sich zu dem längeren verhält wie das längere zur ganzen Strecke. Wenn also eine Strecke c in ein kürzeres Stück a und ein längeres Stück b geteilt wird, dann wird die Proportion $a/b = b/c$ lauten, wobei b die sogenannte goldene Mitte ist. Diese Proportion wurde für die schönste erachtet.

Der goldene Schnitt ist ein besonders interessantes *separatio*-Symbol. In ihm kommt der Gedanke zum Ausdruck, daß es eine be-

Abbildung 86: Der Alchemist als Geometer (Maier: *Atalanta Fugiens*, 1618).

stimmte Art gibt, die Gegensätze zu trennen, so daß ein Drittes (die Proportion oder das Mittel zwischen ihnen) von hohem Wert entsteht. Der Wert wird durch die Bezeichnung »golden« angezeigt und durch die behauptete Schönheit der Proportion. Das gleiche Bild der Mitte wurde von Aristoteles in einem ethischen Zusammenhang gebraucht, um das Wesen der Tugend zu definieren. Er schreibt: »Daß nun also die ethische Tugend eine Mitte ist, und wie sie es ist, und daß sie die Mitte zweier Schlechtigkeiten ist, derjenigen des Übermaßes und derjenigen des Mangels, und daß die Tugend solcher Art ist, weil sie die Kunst ist, in den Leidenschaften und Handlungen auf die Mitte zu zielen, das ist nun hinreichend dargelegt. Darum ist es auch anstrengend, tugendhaft zu sein. Denn überall ist es mühsam, die Mitte zu treffen. So trifft auch nicht jeder Beliebige, sondern nur der Kundige die Mitte des Kreises.«[16]

Abbildung 87: Gerechtigkeit (Marseiller Tarot).

Das Bild der goldenen Mitte kann psychologisch als symbolischer Ausdruck der Beziehung des Ich zum Selbst verstanden werden. Dies erklärt die Numinosität, die die Idee des goldenen Schnitts für die Alten besaß. Diese bescheidene geometrische Parabel birgt dasselbe Geheimnis wie das Dogma der christlichen Trinität.
Nicht nur die Tugend wird mit einer Mitte oder einem Gleichgewicht zwischen Gegensätzen in Verbindung gebracht, sondern auch das

Recht (*jus*) und die Gerechtigkeit. Die Waage in der Hand der traditionellen Personifizierung der Justitia gibt zu verstehen, daß Gerechtigkeit ein Gleichgewicht zwischen Gegensätzen ist (siehe Abb. 87). Die Natur ist gerecht, aber das Werden des Bewußtseins reißt die Gegensätze auseinander und ist, so die Mythen, ein Verbrechen. Anaximander sagt: »Woraus aber das Werden ist den seienden Dingen, in das hinein geschieht auch ihr Vergehen nach der Schuldigkeit; denn sie zahlen einander gerechte Strafe und Buße für ihre Ungerechtigkeit nach der Zeit Anordnung.«[17] Cornford interpretiert das so: »Ungerechtigkeit übten sie bereits durch die bloße Tatsache ihres Werdens zu gesondertem Dasein. Die Welt der Vielheit kann nach Anaximanders Ansicht nur durch Raub und widerrechtliche Aneignung entstehen.«[18] Mit anderen Worten, die Trennung der Gegensätze ist das Urverbrechen, und Gerechtigkeit kann nur durch Versöhnung geschehen. Dies wird durch den Tod oder vielleicht, im anderen Falle, durch Individuation erreicht.

Genau wie die Setzung von Grenze, Maß und Gerade aus dem Chaos Ordnung hervorbringt, so kann ein Verlust der Grenzen den Prozeß umkehren. Emerson beschreibt in den folgenden Zeilen seines Gedichtes »Uriel« eine solche Situation. Uriel wendet sich an die Götter und

> Sprach sich voll göttlicher Ungnade
> Wider das Sein aus der Gerade.
> »Grades ist nirgendwo der Fall;
> Rund ist das Eine und das All;
> Eitel erzeugt, der Strahl sich wendt;
> Das Böse segnet, das Eis brennt.«
> Uriel scharfen Blicks tats kund,
> Da lief ein Schau'r den Himmel rund;
> Alte Kriegsgötter wurd'n aschgrau,
> Seraphim runzelten die Brau.
> Die heilge Runde bei sich sprach:
> Dies tolle Wort bringt Ungemach.
> Des Schicksals Waagearm ward krumm;
> Es kehrten Gut und Bös sich um;
> Des starken Hades Seelen flohn,
> Und alles stürzt' in Konfusion.[19]

Robert Frosts Gedicht »Mending Wall« greift dasselbe Thema auf – nämlich den Konflikt zwischen dem Eindruck des Autors: »Es gibt etwas, das mag die Mauern nicht«, und der Auffassung seines Nachbarn: »Gute Zäune – gute Nachbarn!«[20] Durch zuviel *separatio* wird ihr Gegenteil konstelliert, die *coniunctio*, und verkehrt sich Mercurius vom teilenden Logos in den leimenden Eros.

Einen anderen Aspekt der *separatio* vermittelt der Begriff »*extractio*«. Das Herausziehen ist ein Sonderfall des Trennens. Ruland sagt: »Extraktion ist die Abscheidung der Essenz, so aus ihrem Körper gezogen wird.«[21] Eine anschauliche Beschreibung der *extractio* wird in diesem Rezept gegeben: »Gehe zu den Strömungen des Nils, und dort wirst du einen Stein finden, der einen Geist (*pneuma*) hat. Diesen nimm, zerteil ihn und lange mit deiner Hand in dessen Inneres und ziehe dessen Herz heraus: seine Seele (*psyche*) nämlich ist in seinem Herzen.«[22]

Das Bild der Extraktion aus einem Stein findet sich auch bei Ripley:

Von solcher Scheidung finde ich eine gleiche Figur / so bey dem Propheten im Psalmen befindlich. Aus einem Felsen hat Gott klares Wasser bracht / und eine Menge Oehls aus einem harten Steine. Gleicher Gestalt solt du auch / (so du weise bist) aus unsern köstlichen Stein / ein unverbrennlich Oehl und Wasser bringen.[23]

Dieser Text bezieht sich wahrscheinlich auf den Psalm 78,15 (LB): »Er spaltete die Felsen in der Wüste / und tränkte sie mit Wasser in Fülle; / er ließ Bäche aus den Felsen kommen, / daß sie hinabflossen wie Wasserströme« (siehe Abb. 88). Die andere Quelle könnte Hiob 29,5-6 (LB) sein: »... als der Allmächtige noch mit mir war ..., als ich meine Tritte wusch in Milch und die Felsen Ölbäche ergossen!«

Diese Texte, die vom Herausziehen von Geist, Wasser und Öl aus einem Stein sprechen, bringen paradoxe, wunderbare Ereignisse zum Ausdruck und verweisen damit auf das Selbst. Der wunderbare Mittler ist der Stein der Weisen, der durch die biblischen Bezüge mit Jahwe identifiziert wird. Wenn die steinernen Tatsachen der Welt lebendigen Sinn ergeben (wie in Fällen von Synchronizität), erspäht man flüchtig das Ziel des *opus*. Damit dies geschehen kann, müssen

Abbildung 88: Moses schlägt Wasser aus dem Felsen (Biblia Pauperum Bavaria, 1414. München, Bayerische Staatsbibliothek, Clm. 8201, fol. 86v).

Geist, Sinn und Libido aus dem Stoff herausgezogen werden – d.h. aus den konkreten Gegenständen unseres Verlangens.

Die Trennung von Geist und Stoff ist ein wichtiges Merkmal vieler Religionen und Philosophien. So wird diese Trennung im 13. Gesang der *Bhagavadgita* beispielsweise als Unterscheidung zwischen dem Feld und dem Kenner des Feldes dargestellt; er schließt mit den folgenden Versen:

Dies ewige und höchste Selbst, ohn' Anfang, ohne Qualität,
Wenn es auch in dem Körper wohnt, doch handelt's nicht,
   wird nicht befleckt.
Der Äther ist allüberall, wird nicht befleckt, weil er zu fein, –
So wird das Selbst auch nicht befleckt, auch wenn's in allen Körpern weilt.
Wie die Sonne die ganze Welt allein mit ihrem Licht erhellt,
So erleuchtet das ganze Feld der Herr des Felds, o Bharata!
Die zwischen Feld und Feldkenner den Unterschied mit Wissensaug'
Erkennen, die Erlösung auch von der Natur, – die gehn zu Gott.[24]

In den zuvor zitierten Texten ist die *separatio* als die Trennung der fixierten Erde von dem flüchtigen Geist, des Feinen vom Dichten und des Geistes von dem ihn einkerkernden Stein beschrieben worden. Ein anderer Ausdruck dafür ist die Trennung der Seele vom Körper. So spricht Kelly z.b. davon, »wenn die goldene Seele von ihrem Körper geschieden oder wenn, anders gesagt, der Körper aufgelöst ist«.[25] Die Trennung der Seele vom Körper ist synonym mit Tod.[26] Beispielsweise sagt Platon: »Ist nach unserer Ansicht der Tod ... nicht die Trennung der Seele vom Leib? Und ist nicht das Totsein der Zustand, wo der Leib getrennt von der Seele für sich allein, die Seele aber getrennt vom Leib für sich allein ist?«[27]

Wie schon im letzten Kapitel angesprochen, hängt die *separatio* eng mit der Symbolik der *mortificatio* zusammen, was bedeutet, daß die *separatio* als Tod erlebt werden kann. Das Herausziehen des Geistes aus dem Stein oder der Seele aus dem Körper entspricht dem Herausziehen von Sinn oder seelischem Wert aus einer bestimmten konkreten Sache oder Situation. Der Körper – also die konkrete Manifestation des psychischen Inhalts – stirbt dann. Dies entspricht dem Zurückziehen einer Projektion, das, wenn es sich um etwas Größeres handelt, eine Zeit der Trauer nach sich zieht. So gesehen, ist der Tod eines lieben Menschen ein Aspekt der Individuation. Der Tod von Vater oder Mutter, Bruder oder Schwester, Sohn oder Tochter, der oder des Geliebten, der Ehefrau oder des Ehemannes bedeutet eine Individuationskrise, die an elementaren Zuständen der Identifikation und der *participation mystique* rüttelt. Die unbewußte Verbindung des Ich mit dem Selbst ist in diese Uridentifikationen eingebettet, und daher hat ein solcher Todesfall einschneidende Wirkung. Entweder führt er zu einer gesteigerten Realisierung des Selbst, oder er kann, wenn das Bewußtseinspotential unterdrückt wird, negative, regressive und sogar tödliche Auswirkungen zur Folge haben. Es ist nach einem schweren Verlust nichts Ungewöhnliches, daß der Hinterbliebene bald darauf durch Selbstmord, Unfall oder tödliche Krankheit stirbt.

Die Bilder der Witwe, des Witwers oder der Waise gehören zu dieser Symbolik.[28] Sie sind Abgetrennte unterwegs zum »Unteilbaren«. Die altgriechischen Philosophen hingen dem Gedanken einer unteilbaren Größe (*atomon megethos*) nach, die sich durch eine unendliche Reihe von Teilungen erreichen ließe. Das Ziel der *separatio* ist es, das Unteilbare zu erreichen – d.h. das Individuum.[29] Für Anaxagoras ist das eine Unteilbare der *nous*, welcher auch den Prozeß der *separatio* einleitet. Ich zitiere sein wichtiges Fragment 12 vollständig:

Das Übrige hat Anteil an allem, Geist [*nous*] aber ist etwas nicht durch Grenze Bestimmtes und Selbstherrliches und ist vermischt mit keinem Dinge, sondern ist allein, selbständig, für sich. Denn wenn er nicht für sich wäre, sondern vermischt mit irgend etwas anderem, so hätte er an allen Dingen teil, wenn er vermischt wäre mit irgend etwas. Denn in allem ist von allem ein Teil enthalten, wie ich im Vorigen gesagt habe; auch würden ihn die beigemischten Stoffe hindern, so daß er über kein Ding die Herrschaft in gleicher Weise ausüben könnte wie wenn er allein für sich ist. Denn er ist das feinste aller Dinge und das reinste, und er besitzt von allem alle Kenntnis und hat die größte Kraft. Und was nur Seele hat, die größeren wie die kleineren Wesen, über alle hat der Geist die Herrschaft. Auch über die gesamte Umdrehung hat der Geist die Herrschaft angetreten, so daß er dieser Umdrehung den Anstoß gab. Und zuerst fing diese Umdrehung von einem gewissen kleinen Punkte an, die Umdrehung greift aber weiter und wird noch weiter greifen. Und das, was sich da mischte und abschied und voneinander schied, alles erkannte der Geist. Und wie es werden sollte und wie es war, was jetzt nicht mehr ist, und alles was jetzt ist, und wie es sein wird, alles ordnete der Geist an, und auch diese Umdrehung, die jetzt vollführen die Gestirne, die Sonne, der Mond, der Dunst und der Äther, die sich abscheiden. Gerade diese Umdrehung aber bewirkte, daß sie sich abschieden. Und es scheidet sich vom Dünnen das Dichte, vom Kalten das Warme, vom Dunkeln das Helle, vom Feuchten das Trockene. Dabei sind der Teile viele von vielen Stoffen vorhanden. Vollständig aber scheidet sich nichts ab oder auseinander, das eine vom andern, nur der Geist. Geist ist allemal von gleicher Art, der größere wie der kleinere. Sonst aber ist nichts dem anderen gleichartig, sondern wovon am meisten in einem Dinge enthalten ist, dies als das deutlichst Erkennbare ist und war das eine Einzelding.[30]

Der *nous* des Anaxagoras kann psychologisch als das Selbst in seinem dynamischen Aspekt verstanden werden, das sowohl Ausgang als auch Ziel der *separatio*-Operation ist.

Ein sehr interessanter *separatio*-Text findet sich in dem Bericht des Hippolytus von der Lehre des Gnostikers Basilides:

> Alles auf den Erlöser Bezügliche ... geschah aber, damit Jesus de[r] Uranfang der Stammesscheidung der vermengten Dinge werde. Da nun die Welt in die Achtzahl geteilt ist, die das Haupt der ganzen Welt ist ..., und in die Siebenzahl – das Haupt der Siebenzahl ist der Bildner der darunterliegenden Dinge –, und in unsere Zone der Gestaltlosigkeit, so war es notwendig, das Vermengte durch die Teilung Jesu in Klassen zu sondern. ... Jesus ward also der Uranfang der Scheidung, und auch sein Leiden hatte keinen anderen Zweck, als das Vermengte zu scheiden.[31]

Dieser Text gewinnt dadurch besondere Bedeutung, daß Jung einen Teil daraus als Motto für sein Buch *Aion* nahm.[32] In ihm wird der interessante psychologische Gedanke angeregt, daß die Passion Christi eine Scheidung von personalen und archetypischen Inhalten (den »vermengten Dingen«) bewirkt. Dies erinnert an ein anderes *separatio*-Bild im Lukas-Evangelium, wo Jesus sagt: »Ich sah den Satan vom Himmel fallen wie einen Blitz« (Lk 10,18 LB). Jung sagt über diese Stelle: »Dieses Gesicht betrifft das Zeitlichwerden einer metaphysischen Begebenheit, nämlich die historische (vorderhand) endgültige Trennung Jahwes von seinem dunkeln Sohn. Satan ist aus dem Himmel verbannt und hat keine Gelegenheit mehr, seinen Vater zu zweifelhaften Unternehmungen zu überreden.«[33]

Die Durchsetzung der christlichen Symbolik brachte auch eine entschiedene Trennung der Gegensätze Gut und Böse in der Gottheit mit sich. Christus brachte sich selbst als Opfer (Erstlingsopfer) dar, um die zornige Seite Jahwes zu besänftigen, und bewirkte dadurch die Trennung zwischen Jahwe und Satan (siehe Abb. 89). Gleichzeitig trat, dem gnostischen Text zufolge, eine Scheidung des Vermengten ein. Ich fasse das so auf, daß die Passion Christi das menschliche Ich läuterte, indem es personale von transpersonalen Inhalten trennte, die in einer inflationierten Vermengung zusammen bestanden hatten.

Ein anderes gewaltiges *separatio*-Dokument ist ebenfalls im Namen des Basilides kundgetan worden, nämlich Jungs inspirierte Schrift

Abbildung 89: Kreuzigung und Jüngstes Gericht (Hubert van Eyck. New York, The Metropolitan Museum of Art).

»Septem Sermones ad Mortuos« (Sieben Reden an die Toten). Der in diesem Zusammenhang bedeutsame Teil lautet:

Unser wesen ist unterschiedenheit. Wenn wir diesem wesen nicht getreu sind, so unterscheiden wir uns ungenügend. Wir müssen darum unterscheidungen der eigenschaften machen.
Ihr fragt: Was schadet es, sich nicht zu unterscheiden?
Wenn wir nicht unterscheiden, dann geraten wir über unser wesen hinaus, über die Creatur hinaus und fallen in die ununterschiedenheit, die die andere eigenschaft des Pleroma ist. Wir fallen in das Pleroma selber und geben es auf, Creatur zu sein. Wir verfallen der auflösung im Nichts.
Das ist der Tod der Creatur. Also sterben wir in dem maße, als wir nicht unterscheiden. Darum geht das natürliche streben der Creatur auf unterschiedenheit, kampf gegen uranfängliche, gefährliche gleichheit. Dieß nennt man das PRINCIPIUM INDIVIDUATIONIS. Dieses princip ist das wesen der Creatur. Ihr seht daraus, warum die ununterschiedenheit und das nichtunterscheiden eine große gefahr für die Creatur ist.
Darum müssen wir die eigenschaften des Pleroma unterscheiden.
Die eigenschaften sind die GEGENSATZPAARE, als
das Wirksame & das Unwirksame,
die Fülle & die Leere,
das Lebendige & das Tote,
das Verschiedene & das Gleiche,
das Helle & das Dunkle,
das Heiße & das Kalte,
Die Kraft & der Stoff,
die Zeit & der Raum,
das Gute & das Böse,
das Schöne & das Häßliche,
das Eine & das Viele. etc.
Die gegensatzpaare sind die eigenschaften des Pleroma, die nicht sind, weil sie sich aufheben.
Da wir das Pleroma selber sind, so haben wir auch alle diese eigenschaften in uns; da der grund unsres wesens unterschiedenheit ist, so haben wir die eigenschaften im namen und zeichen der unterschiedenheit, das bedeutet:
erstens: die eigenschaften sind in uns von einander unterschieden und geschieden, darum heben sie sich nicht auf, sondern sind wirksam. Darum sind wir das opfer der gegensatzpaare. In uns ist das Pleroma zerrissen.
zweitens: Die eigenschaften gehören dem Pleroma, und wir können und sollen sie nur im namen und zeichen der unterschiedenheit besitzen oder

leben. Wir sollen uns von den eigenschaften unterscheiden. Im Pleroma heben sie sich auf, in uns nicht. Unterscheidung von ihnen erlöst.
Wenn wir nach dem Guten oder Schönen streben, so vergessen wir unsres wesens, das unterschiedenheit ist und wir verfallen den eigenschaften des Pleroma, als welche die gegensatzpaare sind. Wir bemühen uns, das Gute und Schöne zu erlangen, aber zugleich auch erfassen wir das Böse und Häßliche, denn sie sind im Pleroma eins mit dem Guten und Schönen. Wenn wir aber unserm wesen getreu bleiben, nämlich der unterschiedenheit, dann unterscheiden wir uns vom Guten und Schönen, und darum auch vom Bösen und Häßlichen, und wir fallen nicht ins Pleroma, nämlich in das nichts und in die auflösung.[34]

Ein tiefgründiger Ausdruck des Archetypus der *separatio* begegnet einem in der Symbolik des Jüngsten Gerichts. Die Vorstellung eines Gerichtes nach dem Tode findet sich in fast allen Kulturen. Psychologisch kann diese Idee als Jenseitsprojektion einer vorausgeahnten Begegnung mit dem Selbst verstanden werden, das dann bestimmt, ob man den Zustand der Unteilbarkeit erreicht hat oder nicht. Der altägyptischen Religion zufolge wurde die Seele des Verstorbenen auf einer Waage gegen eine Feder abgewogen, die Maat, die Göttin der Wahrheit, bedeutete. Bei gleichem Gewicht wurde der Verstorbene als Sieger in die Gegenwart des Osiris geleitet. Wenn nicht, wurde die Seele einem harrenden Ungeheuer zum Fraß vorgeworfen (siehe Abb. 90).
Die Evangelien bieten eine andere Version der *separatio* beim Jüngsten Gericht dar: »Wenn der Menschensohn in seiner Herrlichkeit kommt und alle Engel mit ihm, dann wird er sich auf den Thron seiner Herrlichkeit setzen. Und alle Völker werden vor ihm zusammengerufen werden, und er wird sie voneinander scheiden, wie der Hirt die Schafe von den Böcken scheidet. Er wird die Schafe zu seiner Rechten versammeln, die Böcke aber zur Linken« (Mt 25,31-33 EÜ).
Dieser Text teilt uns des weiteren mit, daß die Schafe das Reich in Besitz nehmen, die Böcke dagegen in das ewige Feuer geworfen werden. Dies läßt sich abermals als eine auf das Jenseits übertragene Begegnung mit dem Selbst verstehen. Es ist, als ob das Jüngste Gericht die Vollendeten von den Unvollendeten schiede. Die Un-

Abbildung 90: Die Seele des Verstorbenen wird auf die Waage gelegt (Papyrus Ani. London, British Museum).

vollendeten müssen sich weiterer *calcinatio* und vielleicht anderen Operationen unterziehen (siehe Abb. 91).
Trotz der scheinbaren Endgültigkeit der beiden Versionen vom Jüngsten Gericht, der ägyptischen und der christlichen, ist die *separatio*, der Alchemie zufolge, kein Letztes. Sie wird als Anfangs- oder Zwischenoperation beschrieben, welche die Vorbedingung für die größere *coniunctio* ist. In der *Aurora Consurgens* heißt es, »daß der eigentlichen (und) endgültigen Zubereitung eine gewisse Reinigung der Substanzen vorangeht, welche von Manchen Behandlung oder Säuberung, von Anderen Richtigstellung, und noch von Anderen Abwaschung oder Scheidung genannt wird«.[35] Kelly zitiert Avicenna: »Reiniget den Gatten und die Gattin gesondert, auf daß sie sich um so inniger vereinen; denn so ihr sie nicht reiniget, können sie einander nicht lieben.«[36] Diese Texte erklären, daß die *separatio* der *coniunctio* vorausgehen muß, und sie sprechen von ihr auch als von einer säubernden Operation. Dies entspricht psychologisch der Tat-

Abbildung 91: Der Erzengel Michael wiegt die Seelen (Rogier van der Weyden, 15. Jahrhundert. Bourgogne, Hospice de Beaume).

sache, daß von unbewußten Komplexen kontaminierte Einstellungen einem das deutliche Gefühl geben, befleckt oder schmutzig zu sein. Kelly sagt:

> Wenn die goldene Seele von ihrem Körper geschieden oder wenn, anders gesagt, der Körper aufgelöst ist, sollte der Körper des Mondes mit dem ihm eigenen Lösungsmittel bewässert und reverberiert werden. ... Denn so der Mond, oder die Erde, nicht richtig bereitet und seiner Seele gänzlich entleert wird, taugt er nicht, den Sonnensamen zu empfangen; aber je gründlicher die Erde von ihrer Unreinheit und Erdhaftigkeit gesäubert wird, um so nachhaltiger wird sie auf die Fixierung ihres Fermentes hinwirken. Diese Erde, oder dieser Mond, der Weisen ist der Stamm, auf den der Sonnenzweig der Weisen gepropft wird.[37]

Das Produkt der Säuberung der Erde ist die sogenannte »weiße, geblätterte Erde«.[38] Diese wird dann mit dem gereinigten Prinzip der »Sonne« oder des »Goldes« zusammengebracht, nach dem Rezept: »Säe dein Gold in weiße Erde«.[39] Die zwei Protagonisten – Sonne und Mond, Gatte und Gattin, Erde und Geist – stehen für alle Gegensatzpaare. Sie müssen gründlich von der gegenseitigen Kontaminierung gereinigt werden, was die sorgfältige und ausdauernde Prüfung der eigenen Komplexe bedeutet. Wenn die *separatio* abgeschlossen ist, können die geläuterten Gegensätze in der *coniunctio*, dem Ziel des *opus*, wieder versöhnt werden.

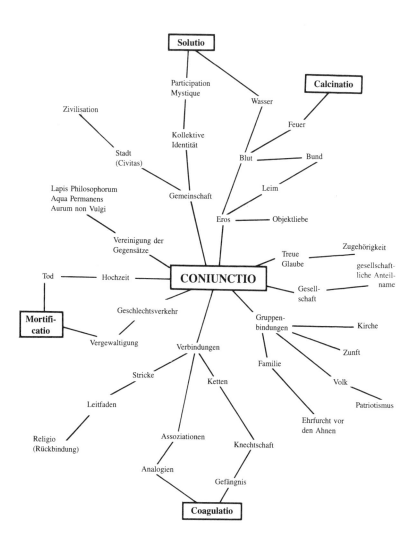

7 Coniunctio

Die *coniunctio* ist die Kulmination des *opus*. Historisch ebenso wie psychologisch besitzt sie einen extravertierten und einen introvertierten Aspekt. Die Faszination, die die *coniunctio* für die Alchemisten besaß, förderte auf der extravertierten Seite eine Erforschung des Wunders chemischer Verbindung und führte zur modernen Chemie und zur Kernphysik. Auf der introvertierten Seite weckte sie das Interesse an unbewußten Bildern und Prozessen, was zur Tiefenpsychologie des zwanzigsten Jahrhunderts führte.

Die Alchemisten hatten die Gelegenheit, in ihren Laboratorien viele Beispiele für die chemische wie auch für die physikalische Verbindung zu erleben, in der zwei Substanzen zusammenkommen, um eine dritte Substanz mit anderen Eigenschaften zu bilden. Diese Erfahrungen lieferten der alchemistischen Phantasie wichtige Bilder. Ein eindrucksvolles Beispiel für die physikalische Verbindung ist die Verschmelzung von Metallen und insbesondere die Bildung von Amalgamen, also Quecksilberlegierungen. Das häufig gebrauchte alchemistische Bild von Sonne und Mond, die in den Merkurbrunnen steigen, hatte seinen Ursprung in der Auflösung von Gold und Silber in Quecksilber. Im Bereich chemischer Verbindungen besaßen die Alchemisten ein eindrucksvolles Beispiel in der Vereinigung von Quecksilber und Schwefel zu rotem Quecksilbersulfid ($Hg + S \rightarrow HgS$). Diese chemische Reaktion kann das ursprüngliche Laborvorbild gewesen sein, das der Vorstellung vom roten Stein der Weisen zugrunde lag.

Bei dem Versuch, die reiche und komplexe Symbolik der *coniunctio* zu verstehen, empfiehlt es sich, zwei Phasen zu unterscheiden: eine kleinere *coniunctio* und eine größere. Die kleinere *coniunctio* ist eine Vereinigung oder Verschmelzung von Substanzen, die noch nicht gründlich getrennt oder unterschieden sind. Auf sie folgt immer der Tod bzw. die *mortificatio*. Die größere *coniunctio* dagegen ist das

Ziel des *opus*, die höchste Erfüllung. In der Wirklichkeit sind diese zwei Aspekte miteinander verbunden. Die Erfahrung der *coniunctio* ist fast immer eine Mischung der kleineren und der größeren. Zum Zweck der Beschreibung jedoch ist es hilfreich, die zwei auseinanderzuhalten.

Die kleinere *coniunctio*

Die Vereinigung von unvollkommen getrennten Gegensätzen kennzeichnet die kleinere *coniunctio*. Das Produkt ist eine kontaminierte Mischung, die weiteren Prozeduren unterzogen werden muß. Das Produkt der kleineren *coniunctio* wird als getötet, verstümmelt oder zerbrochen dargestellt (eine Überschneidung mit der Symbolik der *solutio* und der *mortificatio*). So lautet z.B. ein Text, der sich auf die Hochzeit der Mutter Beia und ihres Sohnes Gabritius bezieht: »›Aber diese mit dem Ausdruck großer Fröhlichkeit begonnene Hochzeit hat die Bitterkeit der Trauer im Gefolge... Was in der Blüte selbst beunruhigt, ist: Wo Honig, da Galle, wo säugende Brust, da Eiterbeule.‹ Denn ›wenn der Sohn mit der Mutter schläft, so tötet ihn diese mit schlangenhaftem Angriff.‹«[1]

Hier sind wir auf dem vertrauten Terrain des sogenannten Ödipuskomplexes. Für den Alchemisten jedoch war die Mutter die *prima materia* und brachte ebenso Heilung und Verjüngung wie Tod. Dieses Bild der *coniunctio* bezieht sich auf eine Phase des Wandlungsprozesses, den Tod, auf den, so hofft man, die Wiedergeburt folgt. Sicherlich wird hier der gefährliche Aspekt der *coniunctio* aufgezeichnet. Das unreife Sohn-Ich ist verfinstert und von Vernichtung bedroht, wenn es das mütterliche Unbewußte naiv umfängt. Andere Bilder jedoch deuten darauf hin, daß eine solche Verfinsterung befruchtend und verjüngend wirken kann.

Ein anderer, bereits zuvor zitierter Text spricht von der Frau, die ihren Gatten ermordet, während er in ihrer Umarmung liegt:

Die Philosophen haben jedoch die Frau, die ihre Männer tötet, dem Tod preisgegeben; denn der Leib jener Frau ist voll von »Waffen« und »Gift«. Es werde daher für jenen Drachen ein »Grabmal« ausgegraben, und jene

Frau mit ihm begraben, der mit jener Frau fest gefesselt, je mehr er sie bindet und sich um sie herumwälzt, desto mehr durch die weiblichen »Waffen«, die im Körper der Frau geschaffen sind, in Teile zerschnitten wird. Wenn er sich aber mit den Gliedern der Frau vermischt sieht, wird er des Todes sicher, und wird ganz in »Blut« gewandelt. Wenn aber die Philosophen ihn in »Blut« umgewandelt sehen, so lassen sie ihn einige Tage in der Sonne, bis seine Weichheit verzehrt ist und das »Blut« trocknet und sie jenes »Gift« finden. Was dann erscheint, ist der verborgene Wind.[2]

Dieser Text bedarf der Erhellung. Wie bei Träumen sind die Bilder fließend und verlaufen ineinander. Wer ist der Drache, der so fest an die Frau gefesselt ist? Er ist offenbar der Gatte, der von der Frau getötet wird. Der Verlauf des Textes deutet darauf hin, daß der Gatte, indem er der Frau beiwohnt, sich in einen Drachen verwandelt oder, anders ausgedrückt, daß der Drachenaspekt der Triebbeziehung (Wollust) durch ihren Beischlaf konstelliert wird. Die daran anschließende *coniunctio* ist eine Zerstückelung des Drachen (der primitiven Begehrlichkeit), und auf sie folgt seine Umwandlung in Geist in Form des verborgenen Windes (siehe Abb. 92).

Die Stelle, die dem oben zitierten Text unmittelbar vorausgeht, beweist, daß die Frau, deren Umarmung tötet, mit Wollust in Verbindung gebracht wird. Sie lautet:

Ähnlich jene »Frau«, die ihre Schwäher flieht, mit denen sie, obgleich erzürnt, zum Teil vertraut wird, und die es nicht für würdig hält, sich bezwingen zu lassen, noch daß ihr Gatte ihre Zier besitzt, während er sie wütend liebt und mit ihr kämpfend wacht, bis er mit ihr Umarmungen vollzieht, Gott ihre Kinder zur Reife bringt und (ihm) soviel Söhne schenkt, wie es ihm (Gott) gefällt. Aber die Zier desjenigen wird im Feuer verzehrt, der nur aus Wollust zu seiner Gattin hinstrebt.[3]

Die Wollust, die einen zerreißt, erinnert an Shakespeares großes Sonett 129:

> Raubbau an Geist in einem Schwall von Scham
> Ist Lustvollzug; und vor Vollzug ist Lust
> Meineidig, mördrisch, blutig, sudelsam,
> wild, toll, roh, grausam, keines Werts bewußt;

Abbildung 92: Der Drache tötet die Frau, und sie tötet ihn (Maier: *Atalanta Fugiens*, 1618).

>Genossen kaum, und doch verschmäht sogleich;
>Sinnlos gejagt; und kaum erbeutet voll,
>Sinnlos gehaßt, verschlucktem Köder gleich,
>Der nur bezweckt, daß, wer ihn nimmt, wird toll;
>Toll in der Jagd wie im Besitz zu sein;
>Vor, nach und im Genießen ohne Zaum;
>Zu kosten Segen, und gekostet Pein;
>Vorher – vermeintes Glück; nachher – ein Traum.
>>All dies weiß alle Welt; keins weiß zu fliehn
>>Den Himmelspfad zu dieser Hölle hin.[4]

Dies ist Shakespeares negatives *coniunctio*-Sonett, ihm sollte sein positives Sonett 116 gegenübergestellt werden, das später in diesem Kapitel zitiert wird. Man beachte das für die *coniunctio*-Symbolik

so typische Spiel der Gegensätze: genossen – verschmäht, gejagt – gehaßt, Segen – Pein, Glück – Traum, Himmel – Hölle.
Die Frau, die ihren Gatten mit ihrer Umarmung tötet, taucht auch in dem apokryphen Buch Tobit auf. Sara, die dem Tobias angetraut werden soll, hat vor ihm sieben Männer gehabt. In jeder Hochzeitsnacht, wenn wieder ein Bräutigam sich mit seiner Braut zu Bett begab, wurde er von dem Dämon Aschmodai getötet. Sieben Männer waren auf diese Weise hintereinander umgekommen. Von Rafael, seinem Schutzengel, erhält Tobias genaue Anweisungen, wie er der Gefahr Herr werden kann. Auf dem Weg zum Haus seiner Braut schießt ein riesiger Fisch aus dem Wasser hoch und will ihn verschlingen. Er wird geheißen, den Fisch zu töten und ihm Herz, Leber und Galle herauszunehmen. In seiner Hochzeitsnacht muß er das Herz und die Leber als Räucheropfer verbrennen, um sich vor dem bösen Dämon zu schützen. Die Galle soll er auf die Augen seines blinden Vaters streichen, um diesem das Augenlicht wiederzugeben.
Die symbolische Vorstellung hinter dieser Geschichte ist, daß die *coniunctio* zum Tod – zur Auslöschung des Bewußtseins – führt, bis die Energie des triebhaften Begehrens (Fisch) aus seiner ursprünglichen Form herausgezogen und in Geist (Räucherwerk) verwandelt ist – d.h. in bewußtes Verstehen. Diese Interpretation wird von der abweichenden Lesart einer Stelle in der Vulgata gestützt. »Da sprach der Engel Rafael zu ihm: Höre auf mich; ich will dir zeigen, wodurch der Dämon überwältigt werden kann. Jene nämlich, die ihre Ehe so vollziehen, daß sie Gott von sich und von ihrem Sinnen ausschließen, und die sich ihrer Lust so hingeben wie Pferd und Maultier, die keinen Verstand haben, über jene hat der Dämon Gewalt« (Tobit 6,16-17).[5]
Die Galle des Fisches, auf die Augen von Tobias' blindem Vater gestrichen, schenkt diesem das Augenlicht wieder. Galle ist bitter, entsprechend der Bitterkeit des frustrierten Begehrens. Aber recht verstanden (auf die Augen gestrichen), bringt die Erfahrung der Bitterkeit Weisheit. Bezugnehmend auf die Symbolik des Salzes hat Jung, wie schon zuvor zitiert, wichtige Bemerkungen über die Bitterkeit gemacht:

Neben [anderen Eigenschaften] des Salzes stechen die Eigenschaften der amaritudo [Bitterkeit] und der sapientia [Weisheit] am meisten hervor. ... Das beiden Gemeinsame ist, so inkommensurabel die beiden Vorstellungen auch zu sein scheinen, psychologisch die Funktion des *Gefühls*. Tränen, Leid und Enttäuschung sind bitter, die Weisheit aber ist die Trösterin in jedem seelischen Schmerz; ja, Bitterkeit und Weisheit bilden eine Alternative: Wo Bitterkeit, da fehlt die Weisheit, und wo Weisheit, da gibt es keine Bitterkeit. Der weiblichen Natur also ist das Salz als der Träger dieser schicksalhaften Alternative zugeordnet. ... Das lunare Dunkel der Frau ist für den Mann die Quelle zahlreicher Enttäuschungen, die leicht Bitterkeit bewirken, aber ebensosehr auch die Weisheit gewährleisten, sofern sie vom Manne verstanden werden.[6]

Zur kleineren *coniunctio* kommt es immer dann, wenn das Ich sich mit aus dem Unbewußten aufsteigenden Inhalten identifiziert. Dies geschieht im Verlauf des analytischen Prozesses fast regelmäßig. Das Ich wird nacheinander der Identifikation mit Schatten, Anima/Animus und Selbst ausgesetzt. Auf solche kontaminierten *coniunctiones* muß dann die *mortificatio* und weitere *separatio* folgen. Ein ähnlicher Ablauf entspinnt sich auf der extravertierten Seite des Prozesses. Das Ich identifiziert sich mit bestimmten Individuen, Gruppen, Institutionen und kollektiven Eigenschaften (individuellen und kollektiven Übertragungen). Diese Identifikationen sind kontaminierte Mischungen, die sowohl das Potential des Individuums zu erhabenen Neigungen und Objektliebe als auch verstockte Begierden nach Macht und Lust enthalten. Sie müssen einer weiteren Reinigung unterzogen werden, bevor die größere *coniunctio* möglich ist.

Die größere *coniunctio*

Das Ziel des *opus* ist die Schaffung eines wunderbaren Dinges, abwechselnd der »Stein der Weisen«, »unser Gold«, »durchdringendes Wasser«, »Tinktur« usw. genannt. Es wird durch die endgültige Vereinigung der geläuterten Gegensätze erzeugt, und da es die Gegensätze verbindet, mäßigt und berichtigt es alle Einseitigkeit. So wird der Stein der Weisen beschrieben als »ein Stein mit der Kraft, allen sterblichen Körpern Leben zu verleihen, alle verdorbenen zu reinigen, alle harten aufzuweichen und alle weichen zu härten«.[7]

Desgleichen sagt der Stein (personifiziert als *Sapientia Dei*) von sich: »Ich bin die Mittlerin zwischen den Elementen, die eines mit dem andern versöhnt: was warm ist, kühle ich ab; was trocken ist, mache ich feucht; was hart ist, weiche ich auf und umgekehrt. Ich bin das Ende, und mein Geliebter ist der Anfang; ich bin das ganze Werk, und die ganze Wissenschaft liegt in mir verborgen.«[8]
Während der Zubereitung des Steins wird der Stoff verschiedenen Umkehrungen und Umwandlungen ins Gegenteil unterworfen. Die *Turba* sagt: »Denn die Elemente, im Feuer fleißig gekocht, freuen sich und werden in andere Naturen umgewandelt, weil das flüssig gemachte ›Kupfer‹ ... zu Nichtflüssigem wird, das Feuchte aber zu Trocknem, der dichte Körper zu ›Geist‹, und der flüchtige Geist zu etwas Starkem, das gegen das Feuer kämpft. Darum sagt der Philosoph: ›Wandle die Elemente um, und du wirst finden, was du suchst.‹ Die Elemente umwandeln heißt aber, das Feuchte trocken und das Flüssige festmachen.«[9]
In einem anderen Text heißt es: »Nun, da die Klarheit ganz und gar ohne Trübung vorscheinen kann, ... muß der Körper wiederholt geöffnet und nach seiner Fixierung dünn gemacht und aufgelöst und der Verwesung übergeben werden. ... Er wird gereinigt durch Trennung und wird aufgelöst, verdaut und koaguliert, sublimiert, wachsweich gemacht und fixiert durch wechselweises Wirken seiner eigenen eigentlichen Identität, mal als Wirkender, mal als Erleidender, *im Wechsel um der Besserung willen.*«[10]
Der psychotherapeutische Prozeß ist ebenfalls ein »Wechsel um der Besserung willen«. Man wird fast unaufhörlich zwischen den Gegensätzen hin- und hergeworfen. Aber ganz allmählich bildet sich ein neuer Standpunkt heraus, auf dem man die Gegensätze gleichzeitig erfahren kann. Dieser neue Standpunkt ist die *coniunctio*, und sie ist gleichermaßen befreiend wie belastend. Jung sagt: »Das Nacheinander ist eine erträgliche Vorstufe zur tieferen Erkenntnis des Nebeneinander, welches den Nachteil hat, ein ungleich schwierigeres Problem zu sein als das erste. Wiederum leichter erträglich ist dabei die Anschauung, daß Gut und Böse zwar geistige, aber äußere Mächte sind, in deren Zweikampf der Mensch sich verwickelt findet; schwieriger dagegen die Einsicht, daß die Gegensätze

unausrottbare und unerläßliche Bedingungen unseres seelischen Lebens überhaupt sind, und zwar dermaßen, daß Existenz und Leben an sich schon Schuld bedeuten.«[11]

Der Ausdruck »Stein der Weisen« ist selbst schon eine Vereinigung von Gegensätzen. Die Weisheit ist etwas Geistiges, während ein Stein grobe, harte, stoffliche Wirklichkeit ist. Der Name weist somit auf etwas wie die konkrete, praktische Wirksamkeit der Weisheit oder Bewußtheit hin. Es ist »ein Stein, der kein Stein ist«, von dem Ruland sagt: »*Lapis non Lapis*, wirdt von etlichen genennet *Lapis de virtute & efficacia, non lapis substantia* [ein Stein der Kraft und Wirkung, nicht aber der Substanz nach].«[12] Der alchemistische Stein der Weisen ist demnach ein Vorläufer der modernen Entdeckung der Wirklichkeit der Seele. Jung sagt: »Woran es jener unbewußten Natur, welche das Bild des Lapis erzeugte, im besonderen lag, sieht man am deutlichsten im Gedanken des Ursprungs in der Materie, der Herkunft vom Menschen... Seine [Christi] Geistigkeit war zu hoch und die Natürlichkeit des Menschen zu niedrig. Im Bilde ... des Lapis glorifizierte sich das ›Fleisch‹ auf seine Art, indem es sich nicht in Geist verwandeln ließ, sondern im Gegenteil den Geist als Stein fixierte.«[13]

Ein zentrales symbolisches Bild für die *coniunctio* ist die Hochzeit und/oder der Geschlechtsverkehr zwischen Sol und Luna oder anderen Personifizierungen der Gegensätze (siehe Abb. 93). Dieses Bild in Träumen bezieht sich auf die *coniunctio*, die kleinere oder die größere, je nach dem Zusammenhang. Ein eindrucksvolles Beispiel ist ein Traum, den Esther Harding veröffentlicht hat:

[Eine Frau träumte,] sie gehe in eine unterirdische Höhle, die in Räume eingeteilt war, die Destillierapparate und andere chemische Apparate enthielten. Zwei Forscher arbeiteten am Endprozeß einer langen Reihe von Experimenten, die sie mit ihrer Hilfe erfolgreich zum Abschluß zu bringen hofften. Das Endprodukt sollten goldene Kristalle sein, die aus der Muttertinktur ausgesondert werden mußten, die aus den vielen früheren Lösungen und Destillationen gewonnen worden war. Während die Chemiker am Gefäß arbeiteten, lagen die Träumerin und ihr Liebhaber in einem angrenzenden Raum, und ihre Liebesumarmung lieferte die Energie, die zur Kristallisation der unschätzbaren goldenen Substanz notwendig war.[14]

Abbildung 93: *Coniunctio* im alchemistischen Gefäß (17. Jahrhundert. Paris, Bibliothèque de l'Arsenal, Ms. 975, fol. 13).

Dieser Traum hat eine recht genaue Parallele in einem alchemistischen Text: »Seht ihr nicht, daß die Beschaffenheit des Menschen aus Seele und Körper besteht? So müßt ihr (die Stoffe) verbinden, weil, wenn die Philosophen die Dinge bereitet und die Gatten und die sich Vereinigenden vermählt haben, aus ihnen das ›goldene

Wasser‹ emporsteigt.«[15] Das Bild vom Geschlechtsverkehr, der die goldene Substanz erzeugt, thematisiert den paradoxen Aspekt der Beziehung des Ich zum Selbst. Nach der gängigen Formulierung vereinigt und versöhnt das Selbst die Gegensätze. Jedoch dieser Traum und der parallele Text legen den in der ganzen Alchemie enthaltenen Gedanken nahe, daß der Laborant – d.h. das Ich – die Vereinigung der Gegensätze bewirkt und dadurch das Selbst erschafft oder doch immerhin zum Vorschein bringt. Damit wird die überragende Bedeutung des bewußten Ich unterstrichen. Es muß die Gegensätze vereinigen, was keine leichte Aufgabe ist. Wer Gegensätze gleichzeitig gelten läßt, erlebt eine Lähmung, die letztlich einer regelrechten Kreuzigung gleichkommt. Die Symbolik des Kreuzes schließt die Vereinigung der Gegensätze ein, und viele mittelalterliche Bilder stellen die Kreuzigung Christi als eine *coniunctio* von Sol und Luna dar (siehe Abb. 94). Augustinus stellt eine erstaunlich explizite Identität von *coniunctio* und Kreuzigung her. »Und Christus tritt hervor wie der Bräutigam aus seinem Gemach und eilt in der Vorahnung der Hochzeit ins Feld der Welt ... und gelangte zum Ehebett des Kreuzes und bekräftigte die Hochzeit, indem er es bestieg, und gab sich hin für seine Braut zur Buße ... und verband sich die Frau in ewigem Rechtsbund.«[16]

Ein klassisches und tiefes *coniunctio*-Bild ist die Vereinigung von Zeus und Hera im 14. Gesang der *Ilias*. Indem er sich Hera naht, spricht Zeus:

»Here! weder der Götter einen fürchte noch einen der Männer,
Daß sie das sehen! Eine solche Wolke werde ich dir um uns hüllen,
Eine goldene, und uns beide wird auch nicht Helios hindurch erblicken,
Von dem doch das schärfste Licht ausgeht, um etwas zu sehen!«
Sprach es, und mit dem Armen packte der Sohn des Kronos seine Gattin.
Und unter ihnen ließ wachsen die göttliche Erde frisch sprossendes Gras
Und Lotos, tauigen, und Krokos und Hyakinthos,
Dicht und weich, der sie von der Erde emporhob.
Darauf lagerten sich beide und zogen über sich eine Wolke,
Eine schöne, goldene, und es fielen hernieder glänzende Tropfen Tau.
So schlief er ruhig, der Vater, auf der Gargaron-Spitze,
Von Schlaf und Liebe bezwungen, und hielt in den Armen die Gattin.[17]

Abbildung 94: Die Kreuzigung als *coniunctio* von Sol und Luna (Spätes 9. Jahrhundert. Paris, Bibliothèque Nationale, Ms. lat. 257, fol. 12v).

Das Bild eines wunderbaren Blumen- oder Pflanzenwuchses taucht in Träumen als Vorzeichen der nahenden *coniunctio* auf. Es ist nicht unbedingt glückverheißend, da es für ein unreifes Ich Inflation bedeuten kann.

Ein anderes traditionelles *coniunctio*-Bild besingt das biblische Hohelied. Die Rabbis bezogen es in ihrer Deutung auf die Hochzeit von Jahwe und Israel; die Kirchenväter deuteten es als die Hochzeit

Christi mit der Kirche; einige Alchemisten deuteten es als Darstellung des alchemistischen *opus* (z.B. die *Aurora Consurgens*); und schließlich deuteten es die jüdischen Kabbalisten als Vereinigung von Jahwe mit seinem verbannten weiblichen Wesensteil, der *Schechina*. Das Hohelied spricht von der »Liebe ... stark wie der Tod« (Hld 8,6 LB), eine Anspielung darauf, daß die *coniunctio* außerhalb der Zeit steht (siehe Abb. 95).
Das zentrale *coniunctio*-Bild in der christlichen Heiligen Schrift ist die »Hochzeit des Lammes« in der Offenbarung:

Die Hochzeit des Lammes ist gekommen, und seine Braut hat sich bereitet! (Offb 19,7 LB).

Und ich sah die heilige Stadt, das neue Jerusalem, von Gott aus dem Himmel herabfahren, bereitet wie eine geschmückte Braut ihrem Mann. Und ich hörte eine große Stimme von dem Thron, die sprach: Siehe da, die Hütte Gottes bei den Menschen! Und er wird bei ihnen wohnen, und sie werden sein Volk sein, und er selbst, Gott, wird mit ihnen sein (Offb 21,2-3 LB).

Darauf folgt eine genaue Beschreibung des neuen Jerusalem als eine schöne, mit Edelsteinen geschmückte Stadt in der Form eines Mandalas. Das neue (das gereinigte) Jerusalem ist die Braut Gottes (des Lammes). Himmel und Erde, die am Anfang der Schöpfung getrennt wurden, sollen wieder zusammengeführt werden, wodurch die Spaltung in der Psyche geheilt und Ich und Selbst wieder verbunden werden (»die Hütte Gottes bei den Menschen«). Die Stadt als Bild des Ganzen erinnert uns daran, daß die Stadt auch das Gefäß der kollektiven Wandlung der Menschheit ist. Der Prozeß der *Zivilisation* findet statt in der *civitas*, der Stadt (siehe Abb. 96).
Die Hochzeit von Himmel und Erde, dargestellt als Tifereth und Malchuth, erscheint auch in der Kabbala. Rabbi Simon ben Jochai, der angebliche Verfasser des *Sohar*, soll auf seinem Totenbett die heilige *coniunctio* mit den folgenden Worten beschrieben haben: »Wenn ... die Mutter sich vom König trennt und sich von Angesicht zu Angesicht mit ihm verbindet in der Herrlichkeit des Sabbats, so werden alle Dinge ein Leib. Und der Allheilige – gesegnet sei Er! – sitzet auf Seinem Thron, und alle Dinge werden bei ihrem vollständigen Namen genannt, dem heiligen Namen. Gesegnet sei Sein

Abbildung 95: Der Jahreskreis als *coniunctio* von Sol und Luna (Mittelalterliche Zeichnung. Stuttgart, Württembergische Landesbibliothek, Cod. hist. fol. 415, fol. 17v).

Name für immerdar und aller Zeiten Zeit. Wenn diese Mutter mit dem König vereinigt wird, empfangen alle Welten davon Segen, und das All erfüllt sich mit Freude.«[18]

Das ist eine tiefgründige Vision des *unus mundus*, die in der modernen Zeit ihresgleichen nur in Jungs *coniunctio*-Vision hat. In *Erin-*

Abbildung 96: Das neue Jerusalem als *coniunctio* von Sol und Luna (*Cloisters-Apokalypse,* fol. 36. New York, The Metropolitan Museum of Art).

nerungen, Träume, Gedanken schildert Jung sein Erlebnis der *coniunctio* während der Genesung von einer schweren Krankheit im Jahre 1944:

Auch die Umgebung schien verzaubert. Zu jener Nachtstunde wärmte mir die Pflegerin das Essen; denn nur dann konnte ich etwas zu mir nehmen und aß mit Appetit. Eine Zeitlang schien es mir, als sei sie eine alte Jüdin, viel älter, als sie in Wirklichkeit war, und als bereite sie mir rituelle, koschere Speisen. Wenn ich zu ihr hinblickte, war es, als habe sie einen blauen Halo um den Kopf. Ich selber befand mich – so schien es mir – im Pardes rimmonim, dem Granatapfelgarten, und es fand die Hochzeit des Tifereth mit der Malchuth statt. Oder ich war wie der Rabbi Simon ben Jochai, dessen jenseitige Hochzeit gefeiert wurde. Es war die mystische Hochzeit, wie sie in den Vorstellungen der kabbalistischen Tradition erscheint. Ich kann Ihnen nicht sagen, wie wunderbar das war. Ich konnte

nur immerfort denken: »Das ist jetzt der Granatapfelgarten! Das ist jetzt die Hochzeit der Malchuth mit Tifereth!« Ich weiß nicht genau, was für eine Rolle ich darin spielte. Im Grunde genommen war ich es selber: ich war die Hochzeit. Und meine Seligkeit war die einer seligen Hochzeit.
Allmählich klang das Erlebnis des Granatapfelgartens ab und wandelte sich. Es folgte die »Hochzeit des Lammes« im festlich geschmückten Jerusalem. Ich bin nicht imstande zu beschreiben, wie es im einzelnen war. Es waren unbeschreibbare Seligkeitszustände. Engel waren dabei und Licht. Ich selber war die »Hochzeit des Lammes«.
Auch das verschwand, und es kam eine neue Vorstellung, die letzte Vision. Ich ging ein weites Tal hinauf bis ans Ende, an den Rand eines sanften Höhenzuges. Den Abschluß des Tales bildete ein antikes Amphitheater. Wunderschön lag es in der grünen Landschaft. Und dort, in dem Theater, fand der Hierosgamos statt. Tänzer und Tänzerinnen traten auf; und auf einem blumengeschmückten Lager vollzogen Allvater Zeus und Hera den Hierosgamos, wie es in der Ilias beschrieben ist.
All diese Erlebnisse waren herrlich, und ich war Nacht für Nacht in lauterste Seligkeit getaucht, »umschwebt von Bildern aller Kreatur«.[19]

Das, was man unter dem Namen Liebe kennt, ist grundlegend für die Phänomenologie der *coniunctio*. Die Liebe ist sowohl ihre Ursache als auch ihre Wirkung. Die kleinere *coniunctio* rührt her von der Liebe als Begehren, während die transpersonale Liebe (analog zu Platons himmlischer Aphrodite) die größere *coniunctio* ebenso erzeugt, wie sie von ihr erzeugt wird: Es ist mit Recht behauptet worden, daß die Objektliebe der extravertierte Aspekt der Individuation ist. Objektliebe ist *objektive* Liebe, eine von persönlicher Begehrlichkeit gereinigte Liebe, nicht eine Seite eines Gegensatzpaares, sondern vielmehr über den Gegensätzen stehend. Diese transpersonale Liebe liegt allen Gruppen- und Gesellschaftsbindungen wie der Zugehörigkeit zu einer Familie, einer Partei, einem Volk, einer Kirche, ja der Menschheit selbst zugrunde. Der extravertierte Aspekt der *coniunctio* fördert die gesellschaftliche Anteilnahme und die Einheit der Menschheit; der introvertierte Aspekt fördert die Verbindung mit dem Selbst und die Einheit der individuellen Psyche. Etwas Zusammenhaltendes wirkt haftend, deshalb sind in der Alchemie »Leim«, »Gummi arabicum« und »Harz« Synonyme für die Wandlungssubstanz. »Diese Substanz als Lebens-

kraft (vis animans) vergleicht ein anderer Erklärer dem ›Leim der Welt‹ (glutinum mundi), der das Mittlere zwischen Geist und Körper bildet und deren beider Vereinigung ist.«[20]
Angefangen mit Platons *Symposion* legen einige der anregendsten Texte der Welt Zeugnis für die transpersonale kosmogone Liebe ab. Lukrez bringt das heidnische Gefühl in den Anfangszeilen von *De Rerum Natura* zum Ausdruck:

> Mutter der Aeneaden, o Wonne der Menschen und Götter,
> Holde Venus! die unter den gleitenden Lichtern des Himmels
> Du das beschiffete Meer und die Früchte gebärende Erde
> Froh mit Leben erfüllst; denn alle lebendigen Wesen
> Werden erzeuget durch dich und schauen die Strahlen der Sonne.
> Wann du, Göttin, erscheinst, entfliehen die Winde, die Wolken
> Weichen vor dir; dir treibt die buntgeschmückete Erde
> Liebliche Blumen empor; dir lachen die Flächen des Meeres,
> Und es zerfließet in Glanz vor dir der beruhigte Himmel.
> Denn sobald sich die Frühlingsgestalt des Tages enthüllt hat
> Und entfesselt der zeugende Hauch des Favonius auflebt,
> Künden die Vögel der Luft dich zuerst an, Göttin, und deinen
> Eintritt; deine Gewalt durchschüttert ihnen die Herzen.
> Rüstige Herden springen alsdann durch fröhliche Matten,
> Setzen durch reißende Ströme: so mächtig fesselt die Anmut
> Und dein zaubrischer Reiz die Natur der Lebenden aller,
> Daß mit Begier dir jegliches folgt, wohin du es anlockst.
> Und so erregst du im Meer, auf Bergen, in reißenden Flüssen,
> Unter der Vögel belaubetem Haus, auf grünenden Auen,
> Allen tief in der Brust die schmeichelnde Liebe, wodurch sie
> Sich fortpflanzen mit brünstiger Lust in Art und Geschlechtern.
> Weil denn du nur allein die Natur der Dinge regierest.[21]

Die klassische Beschreibung transpersonaler Liebe für unser Zeitalter stammt vom Apostel Paulus:

> Wenn ich mit Menschen- und mit Engelzungen redete und hätte der Liebe nicht, so wäre ich ein tönend Erz oder eine klingende Schelle. Und wenn ich weissagen könnte und wüßte alle Geheimnisse und alle Erkenntnis und hätte allen Glauben, so daß ich Berge versetzte, und hätte der Liebe nicht, so wäre ich nichts. Und wenn ich alle meine Habe den Armen gäbe und ließe meinen Leib brennen und hätte der Liebe nicht, so wäre mir's nichts nütze.

Die Liebe ist langmütig und freundlich, die Liebe eifert nicht, die Liebe treibt nicht Mutwillen, sie blähet sich nicht, sie stellet sich nicht ungebärdig, sie suchet nicht das Ihre, sie läßt sich nicht erbittern, sie rechnet das Böse nicht zu, sie freuet sich nicht der Ungerechtigkeit, sie freuet sich aber der Wahrheit; sie verträgt alles, sie glaubet alles, sie hoffet alles, sie duldet alles (1 Kor 13,1-7 LB).

Dante setzt die Zeugenreihe mit der Beschreibung seiner Vision ewigen Lichtes fort, welche *Die göttliche Komödie* beschließt (siehe Abb. 97 und 98):

> In seiner Tiefe sah ich innerlich
> in *einem* Liebesbunde, was sich draußen
> im Universum auseinanderfaltet.
> Substanz und Akzidens und ihr Verhalten
> gleichsam in eines dergestalt verschmolzen,
> daß, was ich sage, nur ein blasser Schein ist.
> . . . .
> Du ewig Licht ruhst in dir selbst allein,
> verstehst, erkennst dich, bist erkannt, verstanden
> in dir und lächelst dir in Liebe zu.
> Der Lichtkreis, der, in dir so eingeschlossen,
> wie eine Spiegelung von dir erschien,
> von meinen Augen um und um betrachtet,
> erwies sich mir mit unsrem Ebenbild
> in seinem Innern in derselben Farbe
> bemalt, daß ich mich ganz darein versenkte.
> Dem Rechner gleich, der seine Kräfte sammelt,
> um einen Kreis zu messen, und's nicht findet,
> und auf den Lehrsatz sinnt, der nötig wäre,
> so wollt ich an dem neuen Bild begreifen,
> wie hier zum Kreis das Menschenangesicht
> sich einigte und wo's zusammenhängt.
> Doch dazu reichten eigne Flügel nicht –
> bis plötzlich mir der Geist getroffen wurde
> von einem Blitzstrahl, der dem Sehnen half.
> Der hohe Flug des Schauens brach; schon aber
> war jeder Wunsch und Wille mir ergriffen
> von Liebesallgewalt, die still und einig
> im Kreis die Sonne führt und alle Sterne.[22]

Abbildung 97: Die Himmelsrose (Illustration von Gustave Doré zu Dantes *Göttlicher Komödie*).

Drei Jahrhunderte später kam Shakespeares unvergleichliche Beschreibung im Sonett 116:

> Laßt mir im Bund, der treue Geister eint,
> Nicht Hindrung gelten! Liebe ist nicht Liebe,
> Die wechselt, wenn ihr Abwechslung erscheint,
> Oder bei Trennung selbst zur Trennung triebe,
> O nein! sie ist ein Mal, das ewig bleibt,
> Das schaut auf Stürme, und das Sturm nie schüttelt,
> Sie ist der Stern für jedes Boot, das treibt,
> Des Wert verhüllt, wär auch sein Stand ermittelt.

Lieb' ist kein Narr der Zeit; wenn Rosenwang
Und –lippe auch in ihre Sichel rennt;
Lieb' wechselt nicht mit flüchtiger Tage Drang,
Nein währt bis Jüngsten Tages Schnitt sie trennt.
  Wär Irrtum dies, der sich an mir ergibt,
  So schrieb ich nie, hat nie ein Mensch geliebt.[23]

Jung beschreibt seine Erfahrung transpersonaler Liebe mit den folgenden Worten:

Eros ist ein kosmogonos, ein Schöpfer und Vater-Mutter aller Bewußtheit. Es scheint mir, als ob der Conditionalis des Paulus »und hätte der Liebe nicht« aller Erkenntnis erste und Inbegriff der Gottheit selber wäre. Was immer die gelehrte Interpretation des Satzes »Gott ist die Liebe« sein mag, sein Wortlaut bestätigt die Gottheit als »complexio oppositorum«.

Abbildung 98: Sternbahnen um den Himmelspol (Photo: Yerkes Observatory).

Meine ärztliche Erfahrung sowohl wie mein eigenes Leben haben mir unaufhörlich die Frage der Liebe vorgelegt, und ich vermochte es nie, eine gültige Antwort darauf zu geben. ... Wir sind nämlich im tiefsten Verstande die Opfer oder die Mittel und Instrumente der kosmogonen »Liebe«. Ich setze dieses Wort in Anführungszeichen, um anzudeuten, daß ich damit nicht bloß ein Begehren, Vorziehen, Begünstigen, Wünschen und ähnliches meine, sondern ein dem Einzelwesen überlegenes Ganzes, Einiges und Ungeteiltes. Der Mensch als Teil begreift das Ganze nicht. Er ist ihm unterlegen. Er mag Ja sagen oder sich empören; immer aber ist er darin befangen und eingeschlossen. Immer hängt er davon ab und ist davon begründet. Die Liebe ist sein Licht und seine Finsternis, deren Ende er nicht absieht. »Die Liebe höret nimmer auf«, auch wenn er mit »Engelszungen redete« oder mit wissenschaftlicher Akribie das Leben der Zelle bis zum untersten Grunde verfolgte. Er kann die Liebe mit allen Namen belegen, die ihm zu Gebote stehen, er wird sich nur in endlosen Selbsttäuschungen ergehen. Wenn er ein Gran Weisheit besitzt, so wird er die Waffen strecken und ignotum per ignotius [das Unbekannte durch das Unbekanntere] benennen, nämlich mit dem Gottesnamen. Das ist ein Eingeständnis seiner Unterlegenheit, Unvollständigkeit und Abhängigkeit, zugleich aber auch ein Zeugnis für die Freiheit seiner Wahl zwischen Wahrheit und Irrtum.[24]

* * * *

Einmal erschaffen, besitzt der Stein der Weisen die Kraft, den niederen Stoff in edlen umzuwandeln. Von dieser Kraft ist in den Texten als von den Operationen der *proiectio* und der *multiplicatio* (oder *augmentatio*) die Rede. Genaugenommen werden diese Operationen nicht von dem Alchemisten ausgeführt, sondern vom *lapis*. Diese sogenannten Operationen sind somit in Wirklichkeit Eigenschaften des Steins der Weisen, der sich, als Pulver oder Flüssigkeit (Elixier), auf den niederen Stoff projiziert und dadurch vermehrt. Ein Text sagt: »Die Alchimie ist eine Wissenschaft, welche lehrt, wie man ein jegliches Metall in ein anderes wandelt; und dieses vermöge einer geeigneten Arznei, wie sie von den Büchern vieler Philosophen dargetan wird. Die Alchimie ist also eine Wissenschaft, welche lehrt, wie eine gewisse Arznei, genannt *Elixer*, bereitet und gemischet werde, welche, so man sie auf Metalle oder unvollkommene Körper wirft, diese in der wahren Projektion gänzlich vervollkommnet.«[25]

Die Kraft der *multiplicatio*, die der Stein besitzt, erinnert an den Ölkrug der Witwe (1 Kön 17,14), an das Wunder der Brote und Fische (Mt 14,17-21) und an die zuvor zitierte wunderbare Blumenvermehrung während der *coniunctio* von Zeus und Hera.

Die psychologischen Implikationen der *multiplicatio* sind sehr interessant. Das Bild besagt, daß im Prozeß der bewußten Realisierung von dem aktivierten Selbst wandelnde Wirkungen ausgehen. Es stimmt sicherlich, daß alle Ereignisse, und seien sie noch so gewöhnlich, an Gewicht gewinnen, wenn sie am Individuationsprozeß teilnehmen. Zudem gibt uns die *multiplicatio* einen Hinweis auf das mögliche Wirken der Psychotherapie. In gewissem Maße scheint das Bewußtsein eines Individuums, das mit dem Selbst in Verbindung steht, anstreckend zu sein und sich tendenziell in anderen zu vervielfachen. Im Kommentar zum *I Ging* ist von einem solchen Phänomen die Rede:

Die Betrachtung des göttlichen Sinns des Weltgeschehens gibt dem Mann, der auf Menschen zu wirken berufen ist, die Mittel an die Hand, dieselben Wirkungen auszuüben. Dazu ist eine innere Sammlung nötig, wie sie die religiöse Betrachtung in großen und glaubensstarken Menschen hervorbringt. Dadurch schauen sie die geheimnisvollen göttlichen Lebensgesetze und verschaffen ihnen durch den höchsten Ernst innerer Sammlung Verwirklichung in ihrer eigenen Persönlichkeit. So geht von ihrem Anblick eine geheimnisvolle geistige Macht aus, die auf die Menschen wirkt und sie unterwirft, ohne daß sie sich bewußt werden, wie das zugeht.[26] (Siehe Abb. 99)

Damit jedoch der Patient von dem psychotherapeutischen Prozeß beeinflußt werden kann, muß das Ich offen sein. Dies entspricht der alchemistischen Vorstellung, daß der Stoff für die Wirkungen der Tinktur offen sein muß. Paracelsus sagt: »Dann soll nuhn ein Tinctur Tingieren / so muß das *Corpus* oder die Materi / so man Tingieren will / offen sein / unnd im Fluß stehn: Sonst / wo solches nicht were / möcht die Tinctur ihr Würckung nicht volbringen.«[27] In der Psychotherapie bedarf es von seiten des Patienten sowohl wie des Therapeuten der Offenheit (für die objektive Psyche). Jung sagt: »Darum ist auch für das Resultat einer seelischen Behandlung die Persönlichkeit des Arztes (sowie die des Patienten) oft so unendlich viel wichtiger, als das, was der Arzt sagt und meint… Das Zusammentreffen von zwei Persönlichkeiten ist wie die Mischung zweier verschiedener chemischer Körper: tritt eine Verbindung überhaupt ein, so sind beide gewandelt. Wie wir in jeder wirklichen seelischen Behandlung erwarten dürfen, hat der Arzt einen Einfluß auf den Patienten. Dieser Einfluß kann aber nur stattfinden, wenn auch er vom Patienten affiziert ist. Einfluß haben ist synonym mit Affiziertsein.«[28]

Ein anderes Merkmal des Steins der Weisen ist seine Neigung zu erwiderndem Wirken. Diese Vorstellung tauchte in dem Traum eines Mannes auf, der am Abend zuvor einen Vortrag über Alchemie gehört hatte. Er träumte:

Eine Gruppe von Leuten hatte das Geheimnis der Alchemisten entdeckt. Ein Aspekt dieses Geheimnisses war, daß alchemistische Studien, mit der richtigen Einstellung getrieben, eine Gegenseitigkeit des Interesses wekken, das heißt, wenn der Adept sich für die Alchemie interessiert, interessiert sich die Alchemie auch für ihn.

Desgleichen heißt es in einem alchemistischen Text: »Verstehet, ihr Söhne der Weisheit, der Stein tut kund: Schützt mich, und ich werde euch schützen; gebt mir das meine, auf daß ich euch helfen kann.«[29]

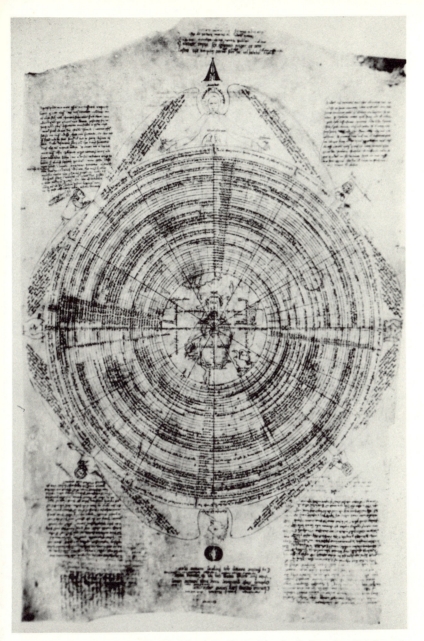

Abbildung 99: Autobiographie als Mandala. Ereignisse im Leben des Opicinus de Canistris, konzentrisch angeordnet von seiner Zeugung am 24. März 1296 bis zur Fertigstellung der Zeichnung am 3. Juni 1336 (Biblioteca Apostolica Vaticana, Ms. Pal. lat. 1993, fol. 11r).

Der gleiche Gedanke wird in den Sprichwörtern in bezug auf die Weisheit geäußert: »Laß nicht von ihr, und sie wird dich behüten, / liebe sie, und sie wird dich beschützen. / Anfang der Weisheit ist: Erwirb dir Weisheit, / erwirb dir Einsicht mit deinem ganzen Vermögen! / Halte sie hoch, dann wird sie dich erhöhen; / sie bringt dich zu Ehren, wenn du sie umarmst« (Spr 4,6-8 EÜ).
Die weitere Beschreibung der wunderbaren Kräfte des Steins der Weisen könnte fast unbegrenzt fortgesetzt werden.[30] Das erwidernde Wirken des Steines ist ein passender Schlußpunkt, denn es ist eine Erinnerung daran, daß das Achten auf die Bildersprache der objektiven Psyche (wie etwa der Alchemie) im Gegenzug glückliche Wirkungen zeitigt. Die psychologische Regel lautet: Das Unbewußte nimmt gegenüber dem Ich die gleiche Haltung ein wie das Ich ihm gegenüber. Wenn man dem Unbewußten seine freundliche Aufmerksamkeit schenkt, verhält es sich dem Ich gegenüber hilfreich. Allmählich dämmert einem die Einsicht, daß ein gegenseitiges *opus* vollbracht wird. Das Ich bedarf der Anleitung und Führung des Unbewußten, um ein sinnerfülltes Leben führen zu können; und der verborgene Stein der Weisen, gefangen in der *prima materia*, bedarf der aufopfernden Anstrengungen des bewußten Ich, um in die Wirklichkeit treten zu können. Gemeinsam arbeiten sie an dem Großen Magisterium, immer mehr Bewußtsein im Universum zu schaffen.

* * * *

Zum Abschluß möchte ich das letzte Wort den Alchemisten lassen, indem ich *in toto* ihren heiligsten Text zitiere, die *Tabula Smaragdina Hermetis*. Sie galt »als eine Art übernatürliche Offenbarung an die ›Söhne des Hermes‹, von dem Stammvater ihrer ›göttlichen Kunst‹«.[31] Der Sage nach wurde die ursprüngliche *Tabula Smaragdina* entweder von Alexander dem Großen oder, nach einer anderen Version, von Sara, der Frau des Abraham, im Grab des Hermes Trismegistus gefunden. Sie war zuerst nur auf lateinisch bekannt, aber 1923 entdeckte Holmyard eine arabische Version.[32] Es ist wahrscheinlich, daß ein älterer Text griechisch und, Jung zufolge, alexandrinischen Ursprungs war.[33] Die Alchemisten brachten ihr einzigartige Verehrung entgegen: Sie ritzten ihre Sätze in die Wände ihrer Laboratorien ein und zitierten sie in ihren Werken in einem fort. Sie ist der kryptische Inbegriff des alchemistischen *opus*, ein Rezept zur zweiten Erschaffung der Welt, des *unus mundus*.[34]

Tabula Smaragdina Hermetis

1. Verum, sine mendacio, certum et verissimum.
2. Quod est inferius, est sicut quod est superius, et quod est superius, est sicut quod est inferius, ad perpetranda miracula rei unius.
3. Et sicut omnes res fuerunt ab uno, meditatione unius: sic omnes res natae fuerunt ab hac una re, adaptatione.
4. Pater eius est Sol, mater eius Luna; portavit illud ventus in ventre suo; nutrix eius terra est.
5. Pater omnis thelesmi totius mundi est hic.
6. Vis eius integra est, si versa fuerit in terram.
7. Separabis terram ab igne, subtile a spisso, suaviter, cum magno ingenio.
8. Ascendit a terra in coelo, iterumque descendit in terram, et recipit vim superiorum et inferiorum. Sic habebis gloriam totius mundi. Ideo fugiat a te omnis obscuritas.
9. Hic est totius fortitudinis fortitudo fortis: quia vincet omnem rem subtilem, omnemque solidam penetrabit.

10. Sic mundus creatus est.
11. Hinc adaptationes erunt mirabiles, quarum modus est hic.
12. Itaque vocatus sum HERMES TRISMEGISTUS, habens tres partes Philosophiae totius mundi.
13. Completum est quod dixi de operatione Solis.

Die Smaragdtafel des Hermes

1. Wahrhaft, ohne Falsch, gewiß und wahrhaftigst.
2. Was unten, ist gleich dem, was oben, und was oben, ist gleich dem, was unten, auf daß sich die Wunder des einen Dinges vollziehen.
3. Und wie alle Dinge aus dem Einen entstanden sind, durch das Trachten des Einen, so sind alle Dinge durch Angleichung von diesem einen Ding hervorgebracht worden.
4. Sein Vater ist die Sonne, seine Mutter der Mond; der Wind hat es in seinem Bauch getragen; seine Amme ist die Erde.
5. Dies ist der Vater der Vollendung der ganzen Welt.
6. Seine Kraft ist voll, wenn der Erde zugewandt.
7. Scheide die Erde vom Feuer, das Feine vom Dichten, gelinde, mit großer Kunstfertigkeit.
8. Es steigt von der Erde zum Himmel empor, steigt wieder zur Erde herab und empfängt die Kraft des Oberen und des Unteren. So wirst du die Herrlichkeit der ganzen Welt haben. Daher wird dich alle Dunkelheit fliehen.
9. Dies ist aller Stärke starke Stärke, da sie alles Feine überwindet und alles Feste durchdringt.
10. So ward die Welt erschaffen.
11. Daraus werden wunderbare Angleichungen erstehen, deren Maß dieses ist.
12. Darum werde ich HERMES TRISMEGISTUS genannt, weil ich die drei Teile der Weisheit der ganzen Welt besitze.
13. Was ich über die Operation der Sonne gesagt habe, ist beendet.[35]

Anhang

Verzeichnis der Abbildungen

Frontispiz: Die Berghöhle der Adepten. Symbolisches Resümee des alchemistischen *opus*. Michelspacher: *Cabala* (1654).

Abbildung 1 (Seite 15): Mikrokosmos und Makrokosmos in inniger Verbindung. A.E. Waite (Übers.): *The Hermetic Museum*.

Abbildung 2 (Seite 19): Der von Gott geleitete Alchemist. Barchusen: *Elementa Chemiae* (1718). Paris, Bibliothèque Nationale.

Abbildung 3 (Seite 27): Die *prima materia* als Chaos. Marolles: *Tableaux du temple des muses* (1655). London, British Museum.

Abbildung 4 (Seite 28): Cerberus als verschlingender und verstrickender Aspekt der *prima materia* (15. Jahrhundert). Biblioteca Apostolica Vaticana, Cod. Pal. lat. 1066, fol. 239.

Abbildung 5 (Seite 33): *Calcinatio* des Königs. Der Wolf als *prima materia* frißt den toten König. Maier: *Atalanta Fugiens* (1618).

Abbildung 6 (Seite 35): *Calcinatio* eines Erdtieres. Ms. Sloane I. 1316 (17. Jahrhundert). London, British Museum.

Abbildung 7 (Seite 36): *Calcinatio* des verschlingenden Vaters. *Mutus Liber* (1702).

Abbildung 8 (Seite 37): Das Feuer des Drachens wird zugleich angefacht und ausgelöscht. Trismosin: *Splendor Solis* (1582).

Abbildung 9 (Seite 39): Der Feuerofen Daniels. Bibel von St. Stephen Harding (12. Jahrhundert). Dijon, Bibliothèque Municipale, Ms. 14.

Abbildung 10 (Seite 41): Der im Feuer lebende gestirnte Salamander. Der Merkurgeist der *prima materia* in Gestalt des Salamanders, der sich im Feuer ergötzt. Maier: *Atalanta Fugiens* (1618).

Abbildung 11 (Seite 44): Die im Feuerregen gepeinigten Gewalttäter. Illustration von Gustave Doré zu Dantes *Göttlicher Komödie*.

Abbildung 12 (Seite 50): *Calcinatio* des Hermaphroditen. Maier: *Atalanta Fugiens* (1618).

Abbildung 13 (Seite 51): Der Feuersäer. Erhard Jacoby.

Abbildung 14 (Seite 53): Pfingsten. Bibelillustration von Gustave Doré.

Abbildung 15 (Seite 57): Der im Feuerkreis tanzende Shiva. Bronze (12. oder 13. Jahrhundert). Amsterdam, Museum van Aziatische Kunst.

Abbildung 16 (Seite 59): Johannes im siedenden Öl. Holzschnitt von Albrecht Dürer, 1498.

Abbildung 17 (Seite 62): Austreibung der Dämonen. Kupferstich (17. Jahrhundert).

Abbildung 18 (Seite 63): Der König im Schwitzkasten. Maier: *Atalanta Fugiens* (1618).

Abbildung 19 (Seite 70): Siegfried und die Rheintöchter. Farbillustration von Arthur Rackham zu Wagners *Nibelungenring*.

Abbildung 20 (Seite 72): König und Königin im Bade. Mylius: *Philosophia Reformata* (1622).

Abbildung 21 (Seite 74): *Solutio* des Königs. Hintergrund: Der ertrinkende König, um Hilfe rufend. Vordergrund: Der wiedergeborene König. Trismosin: *Splendor Solis* (1582).

Abbildung 22 (Seite 76): Die Geburt der Aphrodite (ca. 460 v. Chr.). Rom, Thermen-Museum.

Abbildung 23 (Seite 77): Hylas und die Nymphen. John William Waterhouse. Manchester, City Art Gallery.
Abbildung 24 (Seite 78): Bathseba. Rembrandt. Paris, Louvre.
Abbildung 25 (Seite 79): Susanna und die Ältesten. Tintoretto. Wien, Gemäldegalerie.
Abbildung 26 (Seite 82): Diana und Aktäon. Tizian. Edinburgh, National Gallery of Scotland.
Abbildung 27 (Seite 83): Mit lunarem Wasser getauft, von Drachen gebissen. Ashmole (Hrsg.): *Theatrum Chemicum Britannicum* (1652).
Abbildung 28 (Seite 84): Bacchanal der Andrianer. Tizian. Madrid, Prado.
Abbildung 29 (Seite 88): Badende. Auguste Renoir. Philadelphia, Sammlung Carroll Tyson.
Abbildung 30 (Seite 91): Die Sintflut. Bibelillustration von Gustave Doré.
Abbildung 31 (Seite 93): »Gott, hilf mir! Denn das Wasser geht mir bis an die Kehle.« Illustration zu Psalm 69, *Stundenbuch der Visconti*. Florenz, Nationalbibliothek.
Abbildung 32 (Seite 97): Pharaos Heer ertrinkt im Roten Meer. *Stundenbuch der Visconti*. Florenz, Nationalbibliothek.
Abbildung 33 (Seite 99): Die Wäscherin. Maier: *Atalanta Fugiens* (1618).
Abbildung 34 (Seite 101): Der vereinte Leib von König und Königin wird von himmlischem Tau gereinigt und wieder zum Leben erweckt. *Rosarium Philosophorum*, Frankfurt (1550).
Abbildung 35 (Seite 110): Die Erde säugt den *filius philosophorum*. Maier: *Atalanta Fugiens* (1618).
Abbildung 36 (Seite 113): Adler, an ein Erdtier gekettet. Stolcius: *Viridarium Chymicum* (1624).
Abbildung 37 (Seite 116): Der Sturz der aufbegehrenden Engel. *Les Très Riches Heures du Duc de Berry*. Chantilly, Musée Condé.
Abbildung 38 (Seite 120): Der Stein des Saturn. Maier: *Atalanta Fugiens* (1618).
Abbildung 39 (Seite 122): Die Qual des Prometheus. Gustave Moreau.
Abbildung 40 (Seite 125): Jungfrau und Kind auf dem Halbmond. Albrecht Dürer.
Abbildung 41 (Seite 126): Die Freiheit führt das Volk. Eugène Delacroix. Paris, Louvre.
Abbildung 42 (Seite 132): Fortuna oder Nemesis trägt den Kelch und das Geschirr des Schicksals. Albrecht Dürer.
Abbildung 43 (Seite 135): Mariä Verkündigung. Zeichnung von Rembrandt. Besançon, Musée Communal.
Abbildung 44 (Seite 136): »Säe dein Gold in weiße Erde.« Maier: *Atalanta Fugiens* (1618).
Abbildung 45 (Seite 137): Kreuzigung. Zeichnung aus dem Ramsey-Psalter (ca. 980). London, British Museum.
Abbildung 46 (Seite 138): Die gekreuzigte Merkurschlange. Alchimie de Flamel, Ms. Français 14765. Paris, Bibliothèque Nationale.
Abbildung 47 (Seite 139): Durchbohrung von Merkurschlange und König. »Speculum veritatis«, Cod. Vaticanus Latinus 7286 (17. Jahrhundert). Biblioteca Apostolica Vaticana.
Abbildung 48 (Seite 142): Adam und Eva. Holzschnitt von Albrecht Dürer.
Abbildung 49 (Seite 143): Das letzte Abendmahl. Man beachte den winzigen schwarzen Teufel, der Judas in den Mund schlüpft. *Stundenbuch der Katharina von Kleve*. Sammlung Guennol und Pierpont Morgan Library.
Abbildung 50 (Seite 151): Satellitenphoto von Cape Cod und Umgebung. *Photo Atlas of the United States*.
Abbildung 51 (Seite 153): *Sublimatio. Sapientia veterum philosophorum sive doctrina eorundem de summa et universali medicina* (18. Jahrhundert). Paris, Bibliothèque de l'Arsenal, Ms. 974.
Abbildung 52 (Seite 154): Extraktion der weißen Taube. Trismosin: *Splendor Solis* (1582).
Abbildung 53 (Seite 155): Der Schrei. Edvard Munch (1895). Oslo, Nationalmuseum.

Abbildung 54 (Seite 157): Extraktion des Mercurius und Krönung Marias. Unten: Mercurius (als Mischwesen dargestellt) wird aus der *prima materia* gezogen. Oben: Erhöhung und Krönung Marias, wodurch die Trinität in eine Quaternität verwandelt wird. *Speculum Trinitatis*, aus Reusner: *Pandora* (1588).
Abbildung 55 (Seite 167): Entrückung Elijas. Bibelillustration von Gustave Doré.
Abbildung 56 (Seite 168): Mariä Himmelfahrt. *Stundenbuch der Katharina von Kleve*. Sammlung Guennol und Pierpont Morgan Library.
Abbildung 57 (Seite 170): Osiris als Leiter. Papyrus Ani. London, British Museum.
Abbildung 58 (Seite 174): Die Himmelsleiter der Mystiker. Ikone aus dem Katharinenkloster, Sinai (11. – 12. Jahrhundert).
Abbildung 59 (Seite 176): Simeon Stylites wird auf seiner Säule von einer Schlange angegriffen. Reliquienschrein (6. Jahrhundert). Paris, Louvre.
Abbildung 60 (Seite 177): Dantes Leiter des Saturn. Illustration von Gustave Doré zu Dantes *Göttlicher Komödie*.
Abbildung 61 (Seite 179): Der Turm zu Babel (1563). Pieter Bruegel d.Ä. Wien, Kunsthistorisches Museum.
Abbildung 62 (Seite 186): Skelett als Bild der *mortificatio*. A.E. Waite (Übers.): *The Hermetic Museum*.
Abbildung 63 (Seite 187): Der Triumph des Todes. Fresko von Francesco Traini (ca. 1350). Pisa, Camposanto.
Abbildung 64 (Seite 189): Sol und Luna töten den Drachen. Maier: *Atalanta Fugiens* (1618).
Abbildung 65 (Seite 190): Der Tod schenkt dem König ein. Hans Holbein: *Der Totentanz* (1538).
Abbildung 66 (Seite 191): Tod des Königs. Stolcius: *Viridarium Chymicum* (1624).
Abbildung 67 (Seite 196): Der Kindermord zu Bethlehem. Alchemistische Zeichnung.
Abbildung 68 (Seite 197): Der Tod bläst auf der Wurmtrompete. J. Meydenbach: *Doten Dantz* (ca. 1492). Mainz.
Abbildung 69 (Seite 199): *Coniunctio* im schwarzen Gefäß. Die *nigredo*. Paris, Bibliothèque de l'Arsenal, Ms. 975, fol. 14.
Abbildung 70 (Seite 202): Dem Leichnam des Osiris entsprießt Getreide. Von einem Basrelief in Philae.
Abbildung 71 (Seite 203): Das dem Grab entsprießende Getreide symbolisiert die Auferstehung. A.E. Waite (Übers.): *The Hermetic Museum*.
Abbildung 72 (Seite 205): Der Tod und der Landsknecht. Holzschnitt von Albrecht Dürer.
Abbildung 73 (Seite 206): Die *nigredo*. Mylius: *Philosophia Reformata* (1622).
Abbildung 74 (Seite 208): Salome mit dem Haupt von Johannes dem Täufer. *Les Belles Heures du Duc de Berry*. New York, The Metropolitan Museum of Art.
Abbildung 75 (Seite 211): Der Totenkopf zeigt auf die kosmische Sphäre. Hans Holbein: *Der Totentanz* (1538).
Abbildung 76 (Seite 220): Die Geißelung Christi. Mair von Landshut (15. Jahrhundert). London, British Museum.
Abbildung 77 (Seite 223): Zeichnung einer Patientin.
Abbildung 78 (Seite 228): Gott bei der Erschaffung der Welt. Illustration aus einer Handschrift (13. Jahrhundert). Wien, Österreichische Nationalbibliothek.
Abbildung 79 (Seite 230): Die Spaltung des philosophischen Eis. Maier: *Atalanta Fugiens* (1618).
Abbildung 80 (Seite 231): Die Trennung von Himmel und Erde: Nut wird von Schu über Geb gehoben. Zeichnung nach einer Abbildung in A. Jeremias: *Das Alte Testament im Lichte des Alten Orients*, Leipzig (1904). Turin, Ägyptisches Museum.

Abbildung 81 (Seite 236): Die Asse der vier Tarotfarben: Schwerter, Stäbe, Münzen und Becher. Marseiller Tarot.

Abbildung 82 (Seite 238): Der Christus der Apokalypse. Holzschnitt von Albrecht Dürer.

Abbildung 83 (Seite 240): Tjost zwischen Sol und Luna. *Aurora Consurgens* (14. Jahrhundert). Zürich, Zentralbibliothek, Cod. rhenovacensis 172, fol. 10.

Abbildung 84 (Seite 241): Die Auferweckung des schlafenden Königs in Form des Paris-Urteils. (Pseudo-)Thomas von Aquin: »De Alchimia« (16. Jahrhundert). Leiden, Bibliothek der Rijksuniversiteit, Cod. Vossianus 29, fol. 78.

Abbildung 85 (Seite 242): Schismatiker. Illustration von Gustave Doré zu Dantes *Göttlicher Komödie*.

Abbildung 86 (Seite 245): Der Alchemist als Geometer. Maier: *Atalanta Fugiens* (1618).

Abbildung 87 (Seite 246): Gerechtigkeit. Marseiller Tarot.

Abbildung 88 (Seite 249): Moses schlägt Wasser aus dem Felsen. Biblia Pauperum Bavaria (1414). München, Bayerische Staatsbibliothek, Clm. 8201, fol. 86v.

Abbildung 89 (Seite 253): Kreuzigung und Jüngstes Gericht. Hubert van Eyck. New York, The Metropolitan Museum of Art.

Abbildung 90 (Seite 256): Die Seele des Verstorbenen wird auf die Waage gelegt. Papyrus Ani. London, British Museum.

Abbildung 91 (Seite 257): Der Erzengel Michael wiegt die Seelen. Rogier van der Weyden (15. Jahrhundert). Bourgogne, Hospice de Beaume.

Abbildung 92 (Seite 264): Der Drache tötet die Frau, und sie tötet ihn. Maier: *Atalanta Fugiens* (1618).

Abbildung 93 (Seite 269): *Coniunctio* im alchemistischen Gefäß (17. Jahrhundert). Paris, Bibliothèque de l'Arsenal, Ms. 975, fol. 13.

Abbildung 94 (Seite 271): Die Kreuzigung als *coniunctio* von Sol und Luna (spätes 9. Jahrhundert). Paris, Bibliothèque Nationale, Ms. lat. 257, fol. 12v.

Abbildung 95 (Seite 273): Der Jahreskreis als *coniunctio* von Sol und Luna. Mittelalterliche Zeichnung. Stuttgart, Württembergische Landesbibliothek, Cod. hist. fol. 415, fol. 17v.

Abbildung 96 (Seite 274): Das neue Jerusalem als *coniunctio* von Sol und Luna. *Cloisters-Apokalypse*, fol. 36. New York, The Metropolitan Museum of Art.

Abbildung 97 (Seite 278): Die Himmelsrose. Illustration von Gustave Doré zu Dantes *Göttlicher Komödie*.

Abbildung 98 (Seite 279): Sternbahnen um den Himmelspol. Photo: Yerkes Observatory.

Abbildung 99 (Seite 283): Autobiographie als Mandala. Ereignisse im Leben des Opicinus de Canistris, konzentrisch angeordnet von seiner Zeugung am 24. März 1296 bis zur Fertigstellung der Zeichnung am 3. Juni 1336. Biblioteca Apostolica Vaticana, Ms. Pal. lat. 1993, fol. 11r.

Anmerkungen

Einleitung

1. Jung: *Psychologie und Alchemie*, GW 12, Par. 345-346.
2. *Erinnerungen, Träume, Gedanken von C.G. Jung*, S. 209.
3. Jung: *Mysterium Coniunctionis*, GW 14/II, Par. 447.
4. Philo von Alexandria: *Über das betrachtende Leben oder die Schutzflehenden* (Übers. Karl Bormann), in: *Werke* 7:48-49.
5. Zit. in Jung: *Die Psychologie der Übertragung*, in: GW 16, Par. 384.
6. *Tabula Smaragdina* 2; zit. nach der auf S. 286 gegebenen Übersetzung.
7. Ruska (Hrsg.): *Turba Philosophorum* 39, S. 226.
8. Waite (Übers.): *The Hermetic Museum* 2:22-25.
9. Ebd. 1:127.
10. Ruska (Hrsg.): *Turba Philosophorum* 39, S. 227.
11. Ebd. 29, S. 215.
12. *Ein güldner Tractat vom Philosophischen Steine*, in: *Geheime Figuren der Rosenkreuzer aus dem 16. und 17. Jahrhundert*, 2. Heft, S. 38.
13. Waite (Übers.): *The Hermetic Museum* 1:173.
14. Bibelzitate nach der Einheitsübersetzung (gekennzeichnet mit EÜ), der revidierten Luther-Bibel, AT 1964, NT 1956 (LB), oder der Übersetzung aus Herders Bibelkommentar (HB).
15. Waite (Übers.): *The Hermetic Museum* 2:12.
16. *The Lives of the Alchemystical Philosophers*, S. 175.
17. Trismosin: *Splendor Solis*, S. 18.
18. Zit. in Jung: *E.T.H. Seminars: Alchemy*, S. 146.
19. *Tabula Smaragdina* 10 (siehe S. 286).
20. Zit. in Jung: *Psychologie und Alchemie*, GW 12, Par. 348.
21. Jung: *Mysterium Coniunctionis*, GW 14/I, Par. 127.
22. Brehier: *The History of Philosophy: The Hellenic Age*, S. 208.
23. *The Alchemical Writings of Edward Kelly*, S. 34.
24. Figulus: *A Golden and Blessed Casket of Nature's Marvels*, S. 298.
25. *Ein güldner Tractat vom Philosophischen Steine*, in: a.a.O., S. 39.
26. Ebd., S. 38-39.
27. *The Lives of the Alchemystical Philosophers*, S. 176.
28. Zit. in Jung: *Psychologie und Alchemie*, GW 12, Par. 387.
29. Jung: »Paracelsus als geistige Erscheinung«, in: GW 13, Par. 199.

1 Calcinatio

1. »Du solt nehmen das ungelöschte Feuer oder Kalch, da die *Philosophi* von sagen, das auf den Bäumen wächst, da Gott selber innen brennt, von göttlicher Liebe« (*Gloria Mundi*, S. 68).

2 Augustinus: *Vom Gottesstaat* 21,4, 2:681.
3 Jung: *Symbole der Wandlung*, GW 5, Par. 208.
4 Valentinus: *Zwölff Schlüssel*, in: *Chymische Schrifften*, S. 24.
5 Read: *Prelude to Chemistry*, S. 201.
6 Edinger: *Ego and Archetype*, S. 179ff.
7 Jung: *Mysterium Coniunctionis*, GW 14/I, Par. 21.
8 Harding schreibt von »der ersten Stufe, auf der das fokale Zentrum, das Ich, völlig von autoerotischen Begierden beherrscht wird. Dieses Zentrum habe ich *autos* genannt. Auf der zweiten Stufe wird das Ego zum Zentrum des Bewußtseins, und die Triebe werden durch ihre Beziehung zum neu entdeckten Ego-Bewußtsein modifiziert, das seinerseits ›Ich‹ sagt. Auf der dritten Stufe wird das Ego aus seiner zentralen Stellung verdrängt und verliert entsprechend an Bedeutung gegenüber dem neuen Bewußtseinszentrum, dem Selbst, dessen kategorischer Imperativ endgültig zur Herrschaft gelangt« (*Das Geheimnis der Seele*, S. 37).
9 Frances Wickes hat einen Traum über dasselbe Thema mitgeteilt, geträumt von einem Mann mit einem Mutterproblem: Der alte König, dessen Grausamkeit völlig irrational ist, muß mit seinem eigenen Schwert getötet werden, einer verbogenen und verrosteten Klinge. Wenn dies geschehen ist, schießt eine Flamme aus dem leblosen Körper auf. Während der alte König zu Asche verbrennt, erscheint im Zentrum der Flamme ein funkelndes Schwert (*The Inner World of Choice*, S. 114).
10 »The Bosom Book of Sir George Ripley«, in: *Collectanea Chemica*, S. 126.
11 Melchior, zit. in Jung: *Psychologie und Alchemie*, GW 12, Par. 484.
12 Eliade: *Schmiede und Alchemisten*, S. 93ff.; siehe auch *Schamanismus und archaische Ekstasetechnik*.
13 Die Interpretation der feuerknetenden Frau als Selbst wird durch folgende Amplifikation gestützt: »Bei Ephraem Syrus sagt Johannes der Täufer in einer Hymne zu Christus: ›Ein Feuerfunke in der Luft erwartet dich am andern Jordanufer. Wenn du ihm folgst und dich taufen läßt, dann ergreife von dir Besitz, wasche dich, denn wer hat die Macht, brennendes Feuer mit den Händen zu fassen? Du, der du ganz und gar Feuer bist, erbarme dich meiner‹« (zit. in Jung: *Psychology of the Unconscious*, S. 547, Anm. 61 – im deutschen Original nicht enthalten).
14 Hayes: »Fire Hazard« (Feuergefahr), in: *The Bell Branch Rings*, S. 26.
15 Valentinus: *Zwölff Schlüssel*, in: *Chymische Schrifften*, S. 24.
16 Augustinus: *Vom Gottesstaat* 21,26, 2:733.
17 Augustinus: *Das Handbüchlein* (*Enchiridion*) XVIII, 68, S. 61.
18 Cumont: *Afterlife in Roman Paganism*, S. 175.
19 Hastings: *Encyclopedia of Religion and Ethics* 11:830.
20 Origines: *Vier Bücher von den Prinzipien* II, 10,4-5, S. 427-431. Tausend Jahre später drückte es Thomas von Kempen so aus (*Nachfolge Christi* 1,24, S. 66-67):
Was wird doch jenes verzehrende Feuer anderes zu verzehren haben als deine Sünden? Je mehr du jetzt deiner schonst, je mehr du deiner Sinnlichkeit nachgibst, desto empfindlicher wirst du einst dafür gestraft werden, desto mehr Stoff wirst du für jenes verzehrende Feuer mit hinüberbringen.
Worin der sündige Mensch seine größte Lust suchte, darin wird er auch die schwerste Strafe finden.
Brennende Stacheln werden die Trägen nie ruhen lassen, Hunger und Durst die Unmäßigen peinigen, siedendes Pech und Schwefel die Wollüstigen züchtigen. Die Neidischen werden vor Schmerz heulen wie Hunde.
Jedes Laster wird seine eigene Plage haben. Mit Schande und Schmach werden die Hoffärtigen bedeckt, die Geizigen von furchtbarster Not bedrückt sein.
21 Auf griechisch heißt »Qual« *basanismos* und »quälen« *basanizein*. Jung sagt über dieses Wort, es habe »für den Alchemisten eine Doppelbedeutung: *basanizein* bedeutet nämlich

auch das Probieren am Prüfstein (*basanos*), was in der Alchemie keine geringe Rolle spielt. Der lapis Lydius (Probierstein) wird als Synonym für den lapis philosophorum gebraucht. Durch die Qual des Feuers wird die Echtheit, die incorruptibilitas, nicht nur erwiesen, sondern auch erlangt. Das ist ebenfalls ein alchemistisches Leitmotiv« (»Die Visionen des Zosimos«, in: GW 13, Par. 94).

22 Hennecke/Schneemelcher: *Neutestamentliche Apokryphen* 2:506. In der englischen Übersetzung lautet der letzte Satz einfach: »But he shall fuse all things together into one, and purge them clean« (James: *The Apocryphal New Testament*, S. 522).
23 Hastings: *Encyclopedia of Religion and Ethics* 1:198.
24 Josephus: *Jüdische Altertümer* I,2,3, 1:24.
25 »Fire and Ice« (Feuer und Eis), in: *Complete Poems of Robert Frost*, S. 268.
26 Kazantzakis: *Rettet Gott!*, S. 97.
27 Hastings: *Encyclopedia of Religion and Ethics* 5:376.
28 Hennecke/Schneemelcher: *Neutestamentliche Apokryphen* 2:507.
29 Paracelsus: *Coelum Philosophorum sive Liber Vexationum*, in: *Bücher und Schriften*, Band III, Teil 6, S. 377.
30 Paracelsus: *Opus Paramirum*, Buch I, in: *Bücher und Schriften*, Band I, Teil 1, S. 69.
31 Zit. in Jung: *Mysterium Coniunctionis*, GW 14/II, Par. 150. In *The Hermetic Museum* (1:102), übersetzt von Waite, fehlt die entscheidende Stelle – daß Christus »durch das Feuer des göttlichen Zornes (gebraten)« wurde.
32 Rohde: *Psyche* 1:27.
33 Dieterich: *Eine Mithrasliturgie*, S. 9.
34 Betz/Schramm: *Perlenlied und Thomas-Evangelium*, S. 75.
35 Bevan: *Stoics and Sceptics*, S. 43.
36 Böhme: *Aurora, oder Morgenröthe im Aufgang* (Vorrede 76-77), in: *Sämtliche Schriften* 1:17.
37 Waite: *The Holy Kabbalah*, S. 290 Anm.
38 Mead: *Fragmente eines verschollenen Glaubens*, S. 426-427.
39 Michelangelo Buonarotti: *Sonette*, S. 141 (Sol pur col foco…).
40 Eliot: »Little Gidding« (*Four Quartets*), in: *Werke* 4:332 (die dort auf S. 333 gegebene Übersetzung wurde nicht übernommen).
41 Cumont: *Die Mysterien des Mithra*, S. 169-170.
42 Yerkes: *Sacrifice in Greek and Roman Religion and Early Judaism*, passim.
43 Danielou: *Hindu Polytheism*, S. 64.
44 Iamblichus: *Über die Geheimlehren* V,12, S. 141.
45 »Hymnus an Demeter«, in: *Die Homerischen Götterhymnen*, S. 58.
46 Manchmal ist das Ergebnis eine glasige Masse, es kommt somit zu einer Überschneidung der Symbolik von Asche und Glas. »Cinis [Asche] ist bei Senior synonym mit ›vitrum‹ (Glas), das um seiner Inkorruptibilität und diaphanitas [Durchsichtigkeit] willen dem gesuchten Körper nahezukommen schien« (Jung: *Mysterium Coniunctionis*, GW 14/I, Par. 313).
47 Dies ist ein häufig vorkommendes biblisches Bild. Das Buch Hiob bietet ein gutes Beispiel. Zuerst heißt es: »Feuer Gottes fiel vom Himmel« (Hiob 1,16); dann schlug Satan »Hiob mit bösen Geschwüren von der Fußsohle an bis auf seinen Scheitel. Und er nahm eine Scherbe und schabte sich und saß in der Asche« (Hiob 2,7-8). Am Ende des Dramas, nachdem Hiob Jahwe begegnet ist, sagt er: »Ich hatte vor dir nur vom Hörensagen vernommen; aber nun hat mein Auge dich gesehen. Darum spreche ich mich schuldig und tue Buße in Staub und Asche« (Hiob 42,5-6 LB). Das ganze Buch Hiob läßt sich als eine symbolische Beschreibung der *calcinatio* auffassen. Siehe Edinger: *Ego and Archetype*, S. 76ff.
48 Zit. in Jung: *Mysterium Coniunctionis*, GW 14/I, Par. 241.
49 Zit. in ebd., Par. 312, Anm. 629.

50 Jacobus de Voragine: *Die Legenda Aurea*, S. 66-67.
51 Jung: *Mysterium Coniunctionis*, GW 14/I, Par. 228-340.
52 Ebd., Par. 324.
53 Aischylos: *Agamemnon* 178-180, in: *Die Tragödien und Fragmente*, S. 261.
54 Heraklit sagt: »Trockene Seele weiseste und beste« (Fragm. 118, in Diels: *Die Fragmente der Vorsokratiker*, S. 30).
55 Waite (Übers.): *The Hermetic Museum* 2:256.
56 Ripley: *Chymische Schrifften*, S. 22.
57 Jung: *The Visions Seminars* 1:239.

2 Solutio

1 Bonus von Ferrara: *The New Pearl of Great Price*, S. 365.
2 Read: *Prelude to Chemistry*, S. 262.
3 Zit. in Jung: *Mysterium Coniunctionis*, GW 14/II, Par. 40: »Anders kann ich nicht ins Reich Gottes eingehen; / Damit ich aufs neue geboren werde, / Will ich daher mich im Leibe der Mutter erniedrigen / Und mich in prima materia wandeln und mich auflösen.«
4 *The Alchemical Writings of Edward Kelly*, S. 34.
5 Artephius: *Von der geheimen Kunst, und Stein der Weisen, geheimes Buch*, S. 37-38.
6 Das gilt für die Psyche eines Mannes. Bei einer Frau würde Silber die Icheinstellung und Gold den Animus darstellen.
7 Ruska (Hrsg.): *Turba Philosophorum* 59, S. 247 (siehe auch Jung: *Mysterium Coniunctionis*, GW 14/I, Par. 15).
8 Neumann: *Ursprungsgeschichte des Bewußtseins*, S. 31.
9 Wagner: *Dichtungen und Schriften* 3:238-239.
10 Wagner: *Dichtungen und Schriften* 4:81-82.
11 Abgedruckt in Jung: *Die Psychologie der Übertragung*, in: GW 16.
12 Waite (Übers.): *The Hermetic Museum* 2:258.
13 Fragm. 36, in Diels: *Die Fragmente der Vorsokratiker*, S. 26.
14 *Tractatus Aureus Hermetis*, in Atwood: *Hermetic Philosophy and Alchemy*, S. 122.
15 Zit. in Jung: *Psychologie und Alchemie*, GW 12, Par. 434.
16 Jung: *Mysterium Coniunctionis*, GW 14/II, Par. 10.
17 Ebd., Par. 18.
18 Zit. in ebd., Par. 74.
19 *The Alchemical Writings of Edward Kelly*, S. 87.
20 Jung: »Die Ehe als psychologische Beziehung«, in: GW 17, Par. 331.
21 Ein Beispiel für die Wirkungen des Zusammentreffens mit einer umfassenderen Persönlichkeit findet sich in der moslemischen Legende von Moses und Chadir. Siehe Jung: »Über Wiedergeburt«, in: GW 9/I, Par. 244ff.
22 Jung: *Briefe* 2:424.
23 Eliade: *Die Religionen und das Heilige*, S. 221.
24 Plutarch: *Über Isis und Osiris* 17, S. 27-28.
25 Bonus von Ferrara: *The New Pearl of Great Price*, S. 426.
26 Otto: *Dionysos*, S. 146-147.
27 Goethe: *Faust* II,8432-8444, *Gedenkausgabe* 5:407-408.
28 Otto: *Dionysos*, S. 149.
29 Jung: *Zarathustra Seminar* 1:67.
30 Nietzsche: *Die Geburt der Tragödie*, in: *Werke* III1:25-26.
31 Edinger: *Ego and Archetype*, S. 248ff.

32 Hastings: *Encyclopedia of Religion and Ethics* 1:199-200.
33 Kluger: »Flood Dreams«, in: *The Reality of the Psyche*, S. 51.
34 Bertine: »The Great Flood«, in: *Jung's Contribution to Our Time*, S. 204.
35 Rahner: *Griechische Mythen in christlicher Deutung*, S. 80-81.
36 Jung: *Mysterium Coniunctionis*, GW 14/I, Par. 251.
37 Zit. in ebd., Par. 250.
38 Zit. in ebd., Par. 253.
39 Zit. in ebd.
40 Rahner: a.a.O., S. 109-110.
41 Jung: *Mysterium Coniunctionis*, GW 14/I, Par. 14.
42 Ebd., Par. 150.
43 In Jung: *Praxis der Psychotherapie*, GW 16.
44 Ebd., Par. 487.
45 Ebd., Par. 490.
46 Zit. in Jung: *Mysterium Coniunctionis*, GW 14/II, Par. 16.
47 *Die Rubaijat des Omar Khaijam* 116.
48 Ruland: *Lexicon alchemiae*, S. 138.
49 *Ein güldner Tractat vom Philosophischen Steine*, in: *Geheime Figuren der Rosenkreuzer aus dem 16. und 17. Jahrhundert*, 2. Heft, S. 41.
50 *Die Weisheit des Laotse*, S. 64.
51 Wilhelm (Hrsg.): *I Ging* 59, S. 215-216.
52 Jung: *Mysterium Coniunctionis*, GW 14/I, Par. 300 und Anm. 597.
53 Artephius: *Von der geheimen Kunst, und Stein der Weisen, geheimes Buch*, S. 14.
54 Ebd. S. 14-15.
55 Jung: »Die Probleme der modernen Psychotherapie«, in: GW 16, Par. 163.
56 Ebd., Par. 164.
57 *Ein güldner Tractat vom Philosophischen Steine*, in: a.a.O., S. 44.
58 *The Alchemical Writings of Edward Kelly*, S. 49.
59 Ripley: *Chymische Schrifften*, S. 30.
60 Zit. in Jung: *Psychologie und Alchemie*, GW 12, Par. 336.
61 Zit. in Jung: *Mysterium Coniunctionis*, GW 14/I, Par. 311.
62 Ebd., Par. 300.
63 Ebd., Par. 183-184.

3 Coagulatio

1 Ruland nennt dies »*Coagulatio per segregationem*« und sagt, diese sei, »wenn bestimmte Teile abgeschieden werden, so daß sich der Rest verdichtet. Sie kann somit hauptsächlich als *concretio* oder *sympexis* (Verdichtung) bezeichnet werden. Sie wird mit Hitze ausgeführt, wodurch der Saft, der die Ursache des Flüssigseins ist, nach und nach verdampft oder verdunstet« (Ruland: *Lexicon alchemiae*, S. 158).
2 Ruska (Hrsg.): *Turba Philosophorum* 9, S. 184. Statt »koaguliert« schreibt Ruska »gegenseitig gepaart« und merkt dazu an: »Die Hss. haben ›coagulavit‹; es muß natürlich ›copulavit‹ heißen«. (Anm.d.Übers.)
3 Ein Beispiel findet sich in Eliade: *Geschichte der religiösen Ideen. Quellentexte*, S. 88.
4 Alexander: *North American Mythology*, S. 60.
5 Danielou: *Hindu Polytheism*, S. 167.
6 Zimmer: *Philosophie und Religion Indiens*, S.331 (der Zusatz in eckigen Klammern fehlt in der deutschen Übersetzung).
7 Zit. nach Burnet: *Die Anfänge der griechischen Philosophie*, S.43.

8 Goethe: *Faust* I,1237, *Gedenkausgabe* 5:181.
9 Ruska (Hrsg.): *Turba Philosophorum* 11, S. 189.
10 In Jung: *Studien über alchemistische Vorstellungen*, GW 13, Par. 239ff.
11 Siehe Ruland: *Lexicon alchemiae*, »Magnesia« und »Marcasita«.
12 Jaffé: *Der Mythos vom Sinn*, S. 171. (»Und dann müssen Sie lernen, gehörig unbewußt zu werden.«)
13 Jung: *Mysterium Coniunctionis*, GW 14/I, Par. 146.
14 Ebd., Par. 148.
15 Evans-Wentz (Hrsg.): *Das Tibetanische Totenbuch*, S. 257-258.
16 Böhme: *Psychologia vera, oder Viertzig Fragen von der Seelen* 1,6, in: *Sämtliche Schriften* 3:9.
17 Macrobius: *In Somn. Scip.* II,11, zit. in Jonas: *The Gnostic Religion*, S. 158; die zweite Hälfte auch in Jonas: *Gnosis und spätantiker Geist* 1:182.
18 Milton: *Das verlorene Paradies* 1,39-49 (Übers. Bernhard Schuhmann), in: *Poetische Werke*, S. 299.
19 Paracelsus: »Von dem Honig«, in: *Bücher und Schriften*, Band III, Teil 7, S. 222, 224.
20 Jung: *Mysterium Coniunctionis*, GW 14/II, Par. 347.
21 Eisler: *Orpheus the Fisher*, S. 242ff.
22 Shakespeare: *Hamlet* 1,2 (Übers. A.W. Schlegel), in: *Sämtliche Dramen* 3:599.
23 Bonus von Ferrara: *The New Pearl of Great Price*, S. 426.
24 Böhme: *Aurora* 26,1-2, in: *Sämtliche Schriften* 1:385.
25 Chaucer: »Die Erzählung des Ritters«, in: *Canterbury-Erzählungen* 2456-2471, *Werke* 2:82-83.
26 Empedokles: »Lehre von der Reinigung«, Fragm. 115, in: Diels: *Die Fragmente der Vorsokratiker*, S. 69.
27 Jung: *Briefe* 1:90.
28 Zit. in Jung: *Mysterium Coniunctionis*, GW 14/II, Par. 137, Anm. 296.
29 Emerson: »Selbstvertrauen«, in: *Essays*, S. 58-59.
30 Zit. in Jung: *Mysterium Coniunctionis*, GW 14/I, Par. 21.
31 Böhme: *De signatura rerum, oder Von der Geburt und Bezeichnung aller Wesen* 9,24, in: *Sämtliche Schriften* 6:102-103.
32 Neumann: *Ursprungsgeschichte des Bewußtseins*, S. 359-360.
33 *The Complete Poems of Emily Dickinson*, S. 115: »I can wade Grief – / Whole Pools of it – / I'm used to that – / But the least push of Joy / Breaks up my feet – / And I tip – drunken – / Let no Pebble – smile – / 'Twas the New Liquor – / That was all!«
34 *The Lives of the Alchemystical Philosophers*, S. 216.
35 Platon: *Timaios* 31-32, in: *Sämtliche Werke* 6:211.
36 *Erinnerungen, Träume, Gedanken von C.G. Jung*, S. 181.
37 Onians: *The Origins of European Thought*, passim.
38 Pindar: »Siebente Nemeische Ode« Ia (Übers. Wolfgang Schadewaldt), in: *Siegeslieder*, S. 115.
39 Aischylos: *Agamemnon* 218, in: *Die Tragödien und Fragmente* (Übers. Franz Stößl nach J.G. Droysen), S. 262.
40 Aischylos: *Agamemnon* (Übers. Alexander Stauffenberg), S. 17.
41 Platon: *Phaidros* 250c (Übers. Friedrich Schleiermacher), in: *Werke* 5:89.
42 Holmes: »The Chambered Nautilus«, in: *The Poetical Works*, S. 149-150.
43 Ich bin Robin van Loben Sels für diese Mitteilung zu Dank verpflichtet.
44 Ich bin Edward Whitmont für diesen Traum zu Dank verpflichtet.
45 *Das äthiopische Buch Henoch* 62,15-16, in Weidinger: *Die Apokryphen*, S. 329.
46 Jonas: *Gnosis und spätantiker Geist* 1:310.
47 *Thomasakten* 108,12-13, in Hennecke/Schneemelcher: *Neutestamentliche Apokryphen* 2:350; siehe auch Jonas: *Gnosis und spätantiker Geist* 1:322ff.

48 Kunz: *The Curious Lore of Precious Stones*, S. 75.
49 Jung: »Das Wandlungssymbol in der Messe«, in: GW 11, Par. 414.
50 »The Incarnation and the Passion«, in: *The Complete Poetry of Henry Vaughn*, S. 163.
51 Jung: »Die psychologischen Aspekte des Mutterarchetypus«, in: GW 9/I, Par. 155.
52 Shakespeare: *Macbeth* 5,5 (Übers. Dorothea Tieck), in: *Sämtliche Dramen* 3:582.
53 Adler: *Das lebendige Symbol*, S. 123.
54 Eisler: *Orpheus the Fisher*, S. 248.
55 Ebd.
56 Jung: »Das Wandlungssymbol in der Messe«, in: GW 11, Par. 391.
57 Jung: *Briefe* 1:92.

4 Sublimatio

1 Artephius: *Von der geheimen Kunst, und Stein der Weisen, geheimes Buch*, S. 21.
2 Hinsie/Campbell: *Psychiatric Dictionary*, S. 699f.
3 Jung: *Briefe* 1:221.
4 Zit. in Jung: *Psychologie und Alchemie*, GW 12, Par. 462.
5 Zit. in ebd., Par. 405.
6 Berthelot: *Collections des Anciens Alchemistes Grecs* 1:210.
7 *The Alchemical Writings of Edward Kelly*, S. 34.
8 Rilke: *Die Sonette an Orpheus* 2,XII, in: *Sämtliche Werke* 1:758-759.
9 Shakespeare: *Antonius und Kleopatra* 4,9 (Übers. Wolfgang Graf Baudissin), in: *Sämtliche Dramen* 3:973-974.
10 Paracelsus: *De Natura Rerum*, Buch 7, in: *Bücher und Schriften*, Band III, Teil 6, S. 302.
11 Schopenhauer: *Die Welt als Wille und Vorstellung*, Sämtliche Werke 2:101-102.
12 *The Journals and Miscellaneous Notebooks of Ralph Waldo Emerson* 7:525.
13 Milton: »Il Penseroso« 85-92 (Übers. Alexander Schmidt), in: *Poetische Werke*, S. 164.
14 Wilhelm (Hrsg.): *I Ging*, S. 91-92.
15 Eliade: *Schamanismus und archaische Ekstasetechnik*, S. 249ff.
16 Jung: *Über Grundlagen der analytischen Psychologie (Tavistock Lectures)*, in: GW 18/I, Par. 85ff.
17 Dieterich: *Eine Mithrasliturgie*, S. 3.
18 Ebd., S. 7.
19 Ebd., S. 15.
20 *A Well of Living Waters*, S. 13f.
21 Ebd., S. 14.
22 Zit. in Adler: *Zur analytischen Psychologie*, S. 158-159.
23 Für die Erlaubnis, diese Vision zu zitieren, bin ich Alice Howell zu Dank verpflichtet.
24 Ich möchte der Verfasserin dieser Schilderung dafür danken, daß sie so großzügig war, dieses wichtige Erlebnis mit mir zu teilen.
25 Breasted: *Geschichte Ägyptens*, S. 54.
26 Breasted: *Development of Religion and Thought in Ancient Egypt*, S. 136.
27 Zit. in Cook: *Zeus: A Study in Ancient Religion* 2:125f.; siehe auch Budge: *Osiris: The Egyptian Religion of Resurrection* 2:167.
28 Macrobius: *Commentary on the Dream of Scipio*, S. 136f.
29 Ebd., S. 137.
30 »The Importunate Fortune« (Die lästigen Schicksalsgaben), in: *The Complete Poetry of Henry Vaughn*, S. 384f.

31 »The World« (Die Welt), in ebd., S. 231.
32 Scholem: *Kabbalah*, S. 174f.
33 Ebd., S. 370.
34 Buber: *Die Erzählungen der Chassidim*, S. 783-784.
35 Ebd., S. 643.
36 Augustinus: *Dreizehn Bücher Bekenntnisse* 13, IX, S. 367.
37 Zit. in von Franz: »Die Passio Perpetuae«, in Jung: *Aion*, S. 404-405.
38 Zit. in ebd., S. 416.
39 Dante: *Die Göttliche Komödie* (Übers. Wilhelm G. Hertz), S. 402.
40 Edinger: *Schöpferisches Bewußtwerden*, S. 35ff.
41 *Erinnerungen, Träume, Gedanken von C.G. Jung*, S. 294.
42 *Tabula Smaragdina* 8 (siehe S. 286).
43 Jung: *Mysterium Coniunctionis*, GW 14/I, Par. 290.
44 Jung: »Der Geist Mercurius«, in: GW 13, Par. 280.
45 Jung: *Psychologie und Alchemie*, Par. 414.
46 Ebd., Par. 420.
47 Longfellow: *Birds of Passage*, in: *Poems*, S. 361-362.

5 Mortificatio

1 *C.G. Jung im Gespräch*, S. 79-80.
2 Arthephius: *Von der geheimen Kunst, und Stein der Weisen, geheimes Buch*, S. 36.
3 Scholium zum *Tractatus Aureus Hermetis*, in Atwood: *Hermetic Philosophy and Alchemy*, S. 126f.
4 Paracelsus: *De Natura Rerum*, Buch 7, in: *Bücher und Schriften*, Band III, Teil 6, S. 304.
5 Jung: *Mysterium Coniunctionis*, GW 14/II, Par. 213.
6 Ebd., GW 14/I, Par. 163.
7 Siehe Abb. 173 in Jung: *Psychologie und Alchemie*, GW 12.
8 Zit. in Jung: *Mysterium Coniunctionis*, GW 14/I, Par. 159.
9 Siehe Abb. 4 in Jung: *Psychologie und Alchemie*, GW 12.
10 Jung: *Mysterium Coniunctionis*, GW 14/II, Par. 17.
11 Zit. in ebd., Par. 390.
12 Ashmole (Hrsg.): *Theatrum Chemicum Britannicum*, S. 374; vgl. auch Klossowski de Rola: *Alchemie*, S. 33.
13 Jung: *Mysterium Coniunctionis*, GW 14/I, Par. 30.
14 Ebd., Par. 2.
15 Abb. 1-10 in Jung: *Psychologie der Übertragung*, in: GW 16.
16 Ruland: *Lexicon alchemiae*, S. 190.
17 Shakespeare: *Wie es euch gefällt* 2,1 (Übers. A.W. von Schlegel), in: *Sämtliche Dramen* 1:689.
18 Thomas von Kempen: *Nachfolge Christi* 1,12, S. 32-33.
19 Ebd. 1,3, S. 18.
20 Figulus: *A Golden and Blessed Casket of Nature's Marvels*, S. 319.
21 Bessy: *A Pictorial History of Magic and the Supernatural*, S. 112.
22 Edinger: *Ego and Archetype*, S. 234.
23 Ruland: *Lexicon alchemiae*, S. 388.
24 Wilhelm (Hrsg.): *I Ging*, S. 85.
25 Ruska (Hrsg.): *Turba Philosophorum* 26, S. 212.
26 Jung: *Mysterium Coniunctionis*, GW 14/II, Par. 386.

27 Emerson: *Essays*, S. 89-90.
28 Johannes vom Kreuz: *Dunkle Nacht* II,7 (3), *Sämtliche Werke* 2:88ff.
29 Scholium zum *Tractatus Aureus Hermetis*, in Atwood: *Hermetic Philosophy and Alchemy*, S. 115 Anm.
30 Figulus: *A Golden and Blessed Casket of Nature's Marvels*, S. 299.
31 Jung: *Aion*, GW 9/II, Par. 334.
32 Zit. in ebd.
33 Jung: *Die Psychologie der Übertragung*, in: GW 16, Par. 473.
34 Jung: *Mysterium Coniunctionis*, GW 14/I, Par. 21.
35 Ebd.
36 Jung: *Die Psychologie der Übertragung*, in: GW 16, Abb. 6.
37 Jung: *Mysterium Coniunctionis*, GW 14/II, Par. 384.
38 Kerényi: *Der göttliche Arzt*, S. 100.
39 Jung: *Mysterium Coniunctionis*, GW 14/II, Par. 386.
40 Zit. in ebd., Anm. 178.
41 Zit. in ebd., Anm. 176.
42 Siehe Read: *Prelude to Chemistry*, S. 4 Anm.; siehe auch Jung: *Mysterium Coniunctionis*, GW 14/I, Par. 14.
43 Jung: *Mysterium Coniunctionis*, GW 14/II, Par. 387.
44 Ebd.
45 Zit. in ebd., GW 14/I, Par. 238.
46 Jung: »Das Wandlungssymbol in der Messe«, in: GW 11, Par. 363ff.; siehe auch *Mysterium Coniunctionis*, GW 14/II, Par. 292.
47 Shakespeare: *Hamlet* 5,1 (Übers. A.W. von Schlegel), in: *Sämtliche Dramen* 3:686-687.
48 Goethe: *Faust* I,664-667, *Gedenkausgabe* 5:164.
49 Jung: *Antwort auf Hiob*, in: GW 11, Par. 579.
50 Zit. in Jung: »Die Visionen des Zosimos«, in: GW 13, Par. 97.
51 Platon: *Phaidon* 67c-68b, in: *Sämtliche Werke* 3:18-20.
52 Jung: *Mysterium Coniunctionis*, GW 14/II, Par. 335.
53 Gray: »Elegy Written in a Country Churchyard« / »Elegie auf einem Dorfkirchhof gedichtet« (Übers. Gustav Legerlotz), in Schücking: *Englische Gedichte aus sieben Jahrhunderten*, S. 129.
54 Jung: *Mysterium Coniunctionis*, GW 14/II, Par. 433.
55 Jung: *Psychologie der Übertragung*, in: GW 16, Par. 472.
56 Edinger: »The Tragic Hero: An Image of Individuation«, in: *Parabola* 1, Nr.1.
57 Shakespeare: *König Lear* 1,1 (Übers. Wolfgang Graf Baudissin), in: *Sämtliche Dramen* 3:708.
58 Ebd. 5,3, 3:790-791.
59 *The Collected Poems of Theodore Roethke*, S. 231.
60 Eliot: *Vier Quartette* (Übers. Nora Wydenbruck), in: *Werke* 4:297, 299.
61 Jung: *Mysterium Coniunctionis*, GW 14/II, Par. 289.
62 Siebmacher: *Wasserstein der Weisen*, S.84 (vgl. auch die Übers. in Jung: *Mysterium Coniunctionis*, GW 14/II, Par. 150, hier zit. auf S. 49)
63 Ebd., S. 81-82, 84.
64 *Apokryphon des Jakobus*, in Robinson (Hrsg.): *The Nag Hammadi Library*, S. 31f.
65 Zit. in Jung: »Die Visionen des Zosimos«, in: GW 13, Par. 86.
66 Zit. in Adler: »Aspekte von Jungs Persönlichkeit und Werk«, in: *Analytische Psychologie* 6:206 (1975).
67 *Meister Eckhart*, Predigt CIV, S. 339. (»Denn Leiden bereitet den Menschen gänzlich so, daß Gott in seinem Herzen wohnen muß... Daher muß Gott allezeit bei dem Menschen sein, der in Leiden ist; denn er sprach selber durch den Mund des Propheten: ›Wer da betrübt ist, bei dem will ich sein.‹«)

68 *Erinnerungen, Träume, Gedanken von C.G. Jung*, S. 179.
69 Jung: *Mysterium Coniunctionis*, GW 14/II, Par. 157.
70 Jung: »Der Geist Mercurius«, in: GW 13, Par. 302.
71 Ebd.
72 Ebd., Par. 299.
73 Ebd., Par. 301.

6 Separatio

1 Ovid: *Metamorphosen* 1,1,5-25, S. 4.
2 von Franz: *Patterns of Creativity Mirrored in Creation Myths*, S. 150 (deutsche Ausgabe bei Kösel in Vorbereitung).
3 Ions: *Ägyptische Mythologie*, S. 45-46 (der Satz in eckigen Klammern fehlt in der deutschen Übersetzung).
4 Ripley: *Chymische Schrifften*, S. 34-35.
5 *Tabula Smaragdina* 7 (siehe S. 286).
6 Aristoteles: *Metaphysik* 986a 22, S. 22.
7 Paracelsus: *De Natura Rerum*, Buch 8, in: *Bücher und Schriften*, Band III, Teil 6, S. 313.
8 *Tractatus Aureus Hermetis*, in Atwood: *Hermetic Philosophy and Alchemy*, S. 106.
9 Platon: *Timaios* 52, in: *Sämtliche Werke* 6:242-243.
10 Goodenough: *An Introduction to Philo Judaeus*, S. 107f.
11 Jung: »Der Geist Mercurius«, in: GW 13, Par. 267.
12 *Thomas-Evangelium*, Log. 16, in Betz/Schramm: *Perlenlied und Thomas-Evangelium*, S. 62-63.
13 Heraklit, Fragm. 53, in Diels: *Die Fragmente der Vorsokratiker*, S. 27.
14 Dante: *Die göttliche Komödie* (Übers. Karl Vossler), S. 124-125.
15 Platon: *Timaios* 31b-32c.
16 Aristoteles: *Nikomachische Ethik* 1109 a 17-26, S. 96- 97.
17 Anaximander, Fragm. 1, in Diels: *Die Fragmente der Vorsokratiker*, S. 14.
18 Cornford: *From Religion to Philosophy*, S. 10.
19 »Uriel«, in: *Selected Writings of Ralph Waldo Emerson*, S. 764.
20 Frost: »Beim Mauerflicken« (Übers. Dieter E. Zimmer), in: *Gedichte*, S. 7, 9.
21 Ruland: *Lexicon alchemiae*, S. 203.
22 Zit. in Jung: *Psychologie und Alchemie*, GW 12, Par. 405.
23 Ripley: *Chymische Schrifften*, S. 34.
24 *Bhagavadgita* 13,31-34 (Übers. Leopold von Schroeder), S. 82.
25 *The Alchemical Writings of Edward Kelly*, S. 133f.
26 Jung: *Psychologie der Übertragung*, in: GW 16, Abb. 7.
27 Platon: *Phaidon* 64c, in: *Sämtliche Werke* 3:14.
28 Jung: *Mysterium Coniunctionis*, GW 14/I, Par. 13ff.
29 Das Wort »Individuum« ist stammverwandt mit dem Wort »Witwe«. Siehe Edinger: *Ego and Archetype*, S. 163.
30 Anaxagoras, Fragm. 12, in Diels: *Die Fragmente der Vorsokratiker*, S. 87-88.
31 Hippolytus: *Widerlegung aller Häresien* VII,27, S. 210- 211.
32 Hier lautet der erste Satz: »Es ist dieses geschehen, sagen sie, damit Jesus das Erstlingsopfer der Unterscheidung der vermischten Dinge werde.«
33 Jung: *Antwort auf Hiob*, in: GW 11, Par. 650.
34 *Erinnerungen, Träume, Gedanken von C.G. Jung*, S. 390-391.
35 von Franz (Hrsg.): *Aurora Consurgens*, S. 81.

36 *The Alchemical Writings of Edward Kelly*, S. 35.
37 Ebd., S. 133f.
38 Zit. in Jung: *Mysterium Coniunctionis*, GW 14/I, Par. 149, Anm. 182.
39 Maier: *Atalanta Fugiens*, zit. in Read: *Prelude to Chemistry*, gegenüber S. 57. Siehe Abb. 44, S. 136.

7 Coniunctio

1 Zit. in Jung: *Mysterium Coniunctionis*, GW 14/I, Par. 14.
2. Ruska (Hrsg.): *Turba Philosophorum* 59, S. 247 (siehe auch Jung: *Mysterium Coniunctionis*, GW 14/I, Par. 15).
3 Ebd.
4 Shakespeare: *Die Sonette*, CXXIX (152), S. 173.
5 *Neue Jerusalemer Bibel*, S. 602-603.
6 Jung: *Mysterium Coniunctionis*, GW 14/I, Par. 324, 326.
7 Figulus: *A Golden and Blessed Casket of Nature's Marvels*, S. 301.
8 von Franz (Hrsg.): *Aurora Consurgens*, S. 125.
9 Ruska (Hrsg.): *Turba Philosophorum* 65, S. 251.
10 Scholium zum *Tractatus Aureus Hermetis*, in Atwood: *Hermetic Philosophy and Alchemy*, S. 115 Anm. (Hervorhebung von mir).
11 Jung: *Mysterium Coniunctionis*, GW 14/I, Par. 200.
12 Ruland: *Lexicon alchemiae*, S. 273.
13 Jung: »Die Visionen des Zosimos«, in: GW 13, Par. 127.
14 Harding: *Das Geheimnis der Seele*, S. 471-472.
15 Ruska (Hrsg.): *Turba Philosophorum* 42, S. 229.
16 Zit. in Jung: *Mysterium Coniunctionis*, GW 14/I, Par. 25, Anm. 173.
17 Homer: *Ilias* XIV,342-353, S. 239.
18 Mathers (Übers.): *The Kabbalah Unveiled*, S. 337.
19 *Erinnerungen, Träume, Gedanken von C.G. Jung*, S. 297- 298.
20 Jung: *Psychologie und Alchemie*, GW 12, Par. 209.
21 Lukrez: *Von der Natur der Dinge* I,1-22, S. 9.
22 Dante: *Die göttliche Komödie* (Übers. Karl Vossler), S. 430-432 (Paradiso 33).
23 Shakespeare: *Die Sonette*, CXVI (110), S. 129.
24 *Erinnerungen, Träume, Gedanken von C.G. Jung*, S. 356.
25 Zit. in Read: *Prelude to Chemistry*, S. 24.
26 Wilhelm (Hrsg.): *I Ging* 20, S. 91-92.
27 Paracelsus: *De Natura Rerum*, Buch 7, in: *Bücher und Schriften*, Band III, Teil 6, S. 307.
28 Jung: »Die Probleme der modernen Psychotherapie«, in: GW 16, Par. 163.
29 *Tractatus Aureus Hermetis*, in Atwood: *Hermetic Philosophy and Alchemy*, S. 128.
30 Weiteres Material siehe Edinger: *Ego and Archetype*, Kap. 10.
31 Read: *Prelude to Chemistry*, S. 51f.
32 Holmyard: *Alchemy*, S. 96.
33 Jung: *Mysterium Coniunctionis*, GW 14/I, Par. 12.
34 Ebd., GW 14/II, Par. 413ff.
35 Der lateinische Text ist entnommen Ruska: *Tabula Smaragdina*, S. 2; die deutsche Übersetzung ist angelehnt an die englische sowie an die Übertragung einzelner Stücke in den *Gesammelten Werken* von C.G. Jung.

Literatur

Adler, Gerhard: »Aspekte von Jungs Persönlichkeit und Werk«, *Analytische Psychologie*, 6:205-217, 1975.
- *Das lebendige Symbol. Darstellung eines analytischen Individuationsprozesses*. Urban & Schwarzenberg, München u.a. 1968.
- *Zur analytischen Psychologie*. Rascher, Zürich 1952.

Aischylos: *Agamemnon*. Übers. Alexander Stauffenberg. Delfin, o.O. 1951.
- *Die Tragödien und Fragmente*. Übers. Franz Stößl auf der Grundlage der Übertragung von Johann Gustav Droysen. Artemis, Zürich 1952.

Alexander, H.B.: *The Mythology of All Races*, Band 10: *North American*. M. Jones, Boston 1916.

Aristoteles: *Metaphysik*. Übers. Hermann Bonitz. Rowohlt Tb, Reinbek 1966.
- *Nikomachische Ethik*. Übers. Olof Gigon. Artemis, Zürich 1951.

Artephius: *Artephii, des uhralten Philosophi von der geheimen Kunst, und Stein der Weisen, geheimes Buch*, in: *Hermetischer Rosenkrantz*. Frankfurt/M. 1747.

Ashmole, Elias: *Theatrum Chemicum Britannicum*. Johnson Reprint Corp., New York 1967 (Reprint d. Ausg. 1652).

Atwood, M.A.: *Hermetic Philosophy and Alchemy*. The Julian Press, New York 1960 (Reprint d. Ausg. 1850).

Augustinus: *Dreizehn Bücher Bekenntnisse*. Übers. Carl Johann Perl. Schöningh, Paderborn 1948
- *Vom Gottesstaat*. 2 Bde. Übers. Wilhelm Thimme. Artemis, Zürich – München [2]1978.
- *Das Handbüchlein (Enchiridion)*. Übers. Paul Simon. Schöningh, Paderborn 1948.

Berthelot, M.P.E.: *Collection des anciens alchimistes grecs*. 3 Bände. Holland Press, London 1963.

Bertine, Eleanor: *Jung's Contribution to Our Time*. Hrsg. Elizabeth Rohrbach. Putnam, New York 1967.

Bessy, Maurice: *A Pictorial History of Magic and the Supernatural*. Spring Books, London 1964.

Betz, Otto/Tim Schramm: *Perlenlied und Thomas-Evangelium. Texte aus der Frühzeit des Christentums*. Benziger, Zürich u.a. 1985.

Bevan, Edwyn: *Stoics and Sceptics*. Clarendon Press, Oxford 1913.

Bhagavadgita / Aschtavakragita. Indiens heilige Gesänge. Diederichs, Köln [4]1985.

Böhme, Jacob: *Sämtliche Schriften*. 11 Bände. Hrsg. Will- Erich Peuckert. Frommann-Holzboog 1955-1960 (Reprint d. Ausg. 1730).

Bonus of Ferrara (Petrus Bonus): *The New Pearl of Great Price* (*Margerita Pretiosa*, 1546). Übers. A.E. Waite. Vincent Stuart, London 1963 (Reprint).

Breasted, James H.: *Development of Religion and Thought in Ancient Egypt*. Harper Torch Books, New Yorks 1959.
- *Geschichte Ägyptens*. Parkland, Stuttgart o.J.

Brehier, Emile: *The History of Philosophy: The Hellenic Age*. University of Chicago Press, Chicago 1965.

Buber, Martin: *Die Erzählungen der Chassidim*. Manesse, Zürich [10]1987.

Budge, E.A. Wallis: *Osiris: The Egyptian Religion of Resurrection.* University Books, New Hyde Park, N.Y., 1961 (Reprint d. Ausg. 1911).
Burnet, John: *Die Anfänge der griechischen Philosophie.* Teubner, Leipzig – Berlin 1913.
Chaucer, Geoffrey: *Canterbury-Erzählungen.Werke*, Band 2 und 3. Übers. Adolf von Düring. Trübner, Straßburg 1885-1886.
Collectanea Chemica. 16. Jahrhundert. Vincent Stuart, London 1963 (Reprint).
Cook, Arthur B.: *Zeus: A Study in Ancient Religion.* 3 Bände. Biblo and Tannen, New York 1965 (Reprint).
Cornford, F.M.: *From Religion to Philosophy.* Harper Torch Books, New York 1957.
Cumont, Franz: *Afterlife in Roman Paganism.* Yale University Press, New Haven 1923.
– *Die Mysterien des Mithra.* Wissenschaftliche Buchgesellschaft, Darmstadt 1963 (Reprint d. Ausg. 1923).
Danielou, Jean: *Hindu Polytheism.* Pantheon, New York 1964.
Dante Alighieri: *Die göttliche Komödie.* Übers. Wilhelm G. Hertz. Winkler, München 1957; auch: Übers. Karl Vossler. Goldmann, München 1962.
Dickinson, Emily: *The Complete Poems of Emily Dickinson.* Hrsg. Thomas H. Johnson. Little, Brown, Boston 1960.
Diels, Hermann: *Die Fragmente der Vorsokratiker.* Hrsg. Walther Kranz. Rowohlt, Hamburg 1957.
Dieterich, Albrecht: *Eine Mithrasliturgie.* Wissenschaftliche Buchgesellschaft, Darmstadt 1966 (Reprint d. Ausg. 1923).
Meister Eckhart. Deutsche Mystiker des 14. Jahrhunderts. 2. Band. Hrsg. Franz Pfeiffer. Göttingen, Vandenhoeck & Ruprecht 1924.
Edinger, Edward F.: *Ego and Archetype.* Putnam, New York 1972.
– *Schöpferisches Bewußtwerden.* C.G. Jungs Mythos für den modernen Menschen. Kösel, München 1986.
– »The Tragic Hero. An Image of Individuation«, *Parabola* 1, Nr. 1 (Winter 1976).
Eisler, Robert: *Orpheus the Fisher.* John M. Watkins, London 1921.
Eliade, Mircea: *Geschichte der religiösen Ideen. Quellentexte.* Herder, Freiburg 1981.
– *Die Religionen und das Heilige. Elemente der Religionsgeschichte.* Insel, Frankfurt/M. 1986.
– *Schamanismus und archaische Ekstasetechnik.* Rascher, Zürich 1957.
– *Schmiede und Alchemisten.* Klett, Stuttgart 1960.
Eliot, T.S.: *Werke 4: Gesammelte Gedichte 1909-1962.* Hrsg. Eva Hesse. Suhrkamp, Frankfurt/M. 1972.
Emerson, Ralph Waldo: *Essays.* Übers. Harald Kiczka. Diogenes, Zürich 1982.
– *The Journals and Miscellaneous Notebooks of Ralph Waldo Emerson.* Hrsg. W.H. Gilman u.a. Harvard University Press, Cambridge, Mass., 1960.
– *Selected Writings of Ralph Waldo Emerson.* Random House, New York 1940.
Evans-Wentz, W.Y. (Hrsg.): *Das Tibetanische Totenbuch.* Walter, Olten – Freiburg 1971.
Figulus, Benedictus: *A Golden and Blessed Casket of Nature's Marvels (Pandora Magnalium Naturalium Aurea et Benedicta*, 1608). Übers. A.E. Waite. Vincent Stuart, London 1963 (Reprint).
Franz, Marie-Louise von: *»Aurora Consurgens«.* Ergänzungsband 14/III zu *Mysterium Coniunctionis. Gesammelte Werke* von C.G. Jung. Walter, Olten – Freiburg 1971.
– »Die Passio Perpetuae. Versuch einer psychologischen Deutung«, in Jung: *Aion. Untersuchungen zur Symbolgeschichte.* Rascher, Zürich 1951.
– *Patterns of Creativity Mirrored in Creation Myths.* Spring Publications, Zürich 1972 (deutsche Ausg. bei Kösel i. Vorb.).
Frost, Robert: *Complete Poems of Robert Frost.* Henry Holt & Co., New York 1949.
– *Gedichte.* Hrsg. Eva Hesse. Langewiesche-Brandt, Ebenhausen 1963.

Gloria Mundi. Kleine Paradeis-Tafel. Das ist: Beschreibung der uralten Wissenschaft des Lapis Philosophorum. Hof 1774.
Goethe, Johann Wolfgang von: *Gedenkausgabe der Werke, Briefe und Gespräche.* Hrsg. Ernst Bentler. Band 5: *Die Faustdichtungen.* Artemis, Zürich – Stuttgart ²1962.
Goodenough, Erwin R.: *An Introduction to Philo Judaeus.* Basil Blackwell, Oxford 1962.
Gray, Thomas: »Elegie auf einem Dorfkirchhof gedichtet«, in: Levin I. Schücking: *Englische Gedichte aus sieben Jahrhunderten.* Carl Schünemann, Bremen 1956.
Ein güldner Tractat vom Philosophischen Steine, in *Geheime Figuren der Rosenkreuzer aus dem 16. und 17. Jahrhundert.* 2. Heft. Hermann Barsdorf, Berlin 1919 (Reprint d. Ausg. Altona 1788).
Harding, M. Esther: *Das Geheimnis der Seele. Ursprung und Ziel der psychischen Energie.* Rhein, Zürich (1948).
Harrison, Jane: *Themis.* Cambridge University Press, Cambridge 1927.
Hastings, James (Hrsg.): *Encyclopedia of Religion and Ethics.* Scribner, New York 1922.
Hayes, Dorsha: *The Bell Branch Rings.* William L. Bauhan, Dublin, N.H., 1972.
Hennecke, Edgar / Wilhelm Schneemelcher: *Neutestamentliche Apokryphen in deutscher Übersetzung.* II. Band: *Apostolisches, Apokalypsen und Verwandtes.* J.C.B. Mohr, Tübingen ³1964.
Hinsie, Leland E. / Robert J. Campbell: *Psychiatric Dictionary.* Oxford University Press, New York ³1960.
Hippolytus: *Widerlegung aller Häresien.* Bibliothek der Kirchenväter, Bd. 40. Übers. Konrad Preysing. Kösel & Pustet, München 1922.
Holmes, Oliver Wendell: *The Poetical Works.* Houghton Mifflin, Boston 1975.
Holmyard, E.M.: *Alchemy.* Penguin, Middlesex 1957.
Homer: *Ilias.* Übers. Wolfgang Schadewaldt. Insel, Frankfurt/M. 1975.
Die Homerischen Götterhymnen. Übers. Thassilo von Scheffer. Dieterich, Leipzig 1948.
Iamblichus: *Über die Geheimlehren.* Übers. Theodor Hopfner. Theosophisches Verlagshaus, Leipzig 1922.
Ions, Veronica: *Ägyptische Mythologie.* Erich Vollmer, Wiesbaden 1968.
Jacobus de Voragine: *Die Legenda Aurea.* Übers. Richard Benz. Lambert Schneider, Heidelberg 1975.
Jaffé, Aniela: *Der Mythos vom Sinn im Werk von C.G. Jung.* Rascher, Zürich – Stuttgart 1967.
James, M.R.: *The Apocryphal New Testament.* Oxford University Press, Oxford 1924.
Johannes vom Kreuz: *Sämtliche Werke,* Band 2: *Dunkle Nacht.* Kösel, München 1970 (Reprint d. Ausg. 1929).
Jonas, Hans: *Gnosis und spätantiker Geist.* Erster Teil: *Die mythologische Gnosis.* Vandenhoeck & Ruprecht, Göttingen ²1954.
– *The Gnostic Religion.* Beacon Press, Boston 1958.
Josephus, Flavius: *Jüdische Altertümer.* Übers. Heinrich Clementz. 2 Bände. Melzer, Köln 1959.
Jung, C.G.: *Briefe 1906-1961.* 3 Bände. Walter, Olten – Freiburg 1972-1973.
– *Erinnerungen, Träume, Gedanken.* Hrsg. Aniela Jaffé. Walter, Olten – Freiburg 1985.
– *E.T.H. Seminars: Alchemy.* Aufzeichnungen von Vorlesungen an der ETH Zürich, November 1940 – Juli 1941. Privatdruck, Zürich 1960.
– *Gesammelte Werke.* 20 Bände. Walter, Olten – Freiburg.
– *C.G. Jung im Gespräch: Interviews, Reden, Begegnungen.* Daimon, Zürich 1986.
– *Psychology of the Unconscious (Wandlungen und Symbole der Libido).* Moffat, Yard & Co., New York 1916.
– *The Visions Seminars.* Spring Publications, Zürich 1976.
– *Zarathustra Seminars.* 10 Bände. Aufzeichnungen von Seminaren, gehalten in Zürich von 1934-1939. Mimeographiert.

Kazantzakis, Niko: *Rettet Gott!* Übers. Karl August Horn. Donau, Wien – München 1953.
Kelly, Edward: *The Alchemical Writings of Edward Kelly.* James Elliot, London 1893.
Kerényi, Karl: *Der göttliche Arzt. Studien über Asklepios und seine Kultstätten.* Hermann Gentner, Darmstadt 1956.
Klossowski de Rola, Stanislas: *Alchemie. Die geheime Kunst.* Knaur, München – Zürich 1974.
Kluger, Rivkah: »Flood Dreams«, in:*The Reality of the Psyche.* Hrsg. J. Weelwright. Putnam, New York 1968.
Kunz, G.F.: *The Curious Lore of Precious Stones.* Dover, New York 1971.
Laotse: *Die Weisheit des Laotse.* Hrsg. Lin Yutang. Übers. Gerolf Coudenhove. Fischer Tb, Frankfurt/M. 1988.
The Lives of the Alchemystical Philosophers. John M. Watkins, London 1955.
Longfellow, Henry Wadsworth: *Longfellow's Poems.* J.M. Dent, London – E.P. Dutton, New York 1960.
Lukrez: *Von der Natur der Dinge.* Übers. Karl Ludwig von Knebel. Fischer, Frankfurt/M. 1960.
Macrobius: *Commentary on the Dream of Scipio.* Übers. W.H. Stahl. Columbia University Press, New York 1952.
Mathers, S.L. MacGregor (Übers.): *The Kabbalah Unveiled.* Routledge & Kegan Paul, London 1962
Mead, G.R.S.: *Fragmente eines verschollenen Glaubens.* C.A. Schwetschke und Sohn, Berlin 1902.
Michelangelo Buonarotti: *Sonette.* Übers. Erwin Redslob. Lambert Schneider, Heidelberg 1964.
Milton, John: *John Miltons Poetische Werke.* Hrsg. Hermann Ullrich. Max Hesse, Leipzig (1909).
Neue Jerusalemer Bibel. Einheitsübersetzung. Herder, Freiburg 1985.
Neumann, Erich: *Ursprungsgeschichte des Bewußtseins.* Rascher, Zürich 1949.
Nietzsche, Friedrich: *Die Geburt der Tragödie,* in: *Werke* III1. Walter de Gruyter, Berlin – New York 1972.
Omar Khaijam: *Die Rubaijat des Omar Khaijam.* Übers. Max Barth. Europäische Verlagsanstalt, Frankfurt/M. 1963.
Onians, R.B.: *The Origins of European Thought.* Arno Press, New York 1973.
Origines: *Vier Bücher von den Prinzipien.* Übers. Herwig Görgemanns und Heinrich Karpp. Wissenschaftliche Buchgesellschaft, Darmstadt 1985.
Otto, Walter F.: *Dionysos. Mythos und Kultus.* Klostermann, Frankfurt/M. 1960.
Ovid: *Metamorphosen.* Übers. Reinhart Suchier. Goldmann, München 1959.
Paracelsus: *Bücher und Schriften.* Hrsg. Johannes Huser. Band I und III, Teil 1, 6 und 7. Georg Olms, Hildesheim – New York 1972 (Reprint d. Ausg. 1590).
Photo Atlas of the United States. Ward Ritchie Press, Pasadena, Cal., 1975.
Philo von Alexandria: *Die Werke in deutscher Übersetzung.* Band VII. Walter de Gruyter, Berlin 1964.
Pindar: *Siegeslieder.* Zusammengestellt von Uvo Hölscher. Fischer, Frankfurt/M. 1962.
Platon: *Sämtliche Werke.* 8 Bände. Übers. Rudolf Rufener. Artemis, Zürich – München 1974.
– *Werke in 8 Bänden.* Band 5. Wissenschaftliche Buchgesellschaft, Darmstadt 1981.
Plutarch: *Über Isis und Osiris.* Übers. Gustav Parthey. Nicolaische Buchhandlung, Berlin 1850.
Rahner, Hugo: *Griechische Mysterien in christlicher Deutung.* Rhein, Zürich 1966.
Read, John: *Prelude to Chemistry. An Outline of Alchemy.* Macmillan, New York 1937.
Rilke, Rainer Maria: *Die Sonette an Orpheus,* in: *Sämtliche Werke.* 1. Band. Insel, Frankfurt/M. 1955.

Ripley, George: *Georgii Riplaei Chymische Schrifften*. Übers. Benjamin Roth-Scholtzen. Nürnberg 1717.

Robinson, James M. (Hrsg.): *The Nag Hammadi Library*. Harper & Row, San Francisco 1977.

Roethke, Theodore: *The Collected Poems of Theodore Roethke*. Doubleday, Garden City, N.Y., 1975.

Rohde, Erwin: *Psyche. Seelencult und Unsterblichkeitsglaube der Griechen*. 2 Bände. J.C.B. Mohr, Tübingen 1921.

Ruland, Martin: *Lexicon alchemiae sive dictionarium alchemisticum*. Frankfurt 1612.

Ruska, Julius: *Tabula Smaragdina. Ein Beitrag zur Geschichte der hermetischen Literatur*. Carl Winter's Universitätsbuchhandlung, Heidelberg 1926.

– *Turba Philosophorum. Ein Beitrag zur Geschichte der Alchemie*. Julius Springer, Berlin 1931.

Scholem, Gershom: *Kabbalah*. The New York Times Book Co., New York 1974.

Schopenhauer, Arthur: *Die Welt als Wille und Vorstellung. Sämtliche Werke*, Band 2 und 3. Hrsg. Arthur Hübscher. Eberhard Brockhaus, Wiesbaden 1949.

Shakespeare, William: *Sämtliche Dramen*. 3 Bände. Winkler, München 1967.

– *Die Sonette*. Übers. Rolf-Dietrich Keil. Diederichs, Düsseldorf – Köln 1959.

Siebmacher, Johann Ambrosius: *Wasserstein der Weisen*. Aurum, Freiburg 1977 (Reprint d. Ausg. Frankfurt/M. 1661).

Thomas von Kempen: *Nachfolge Christi*. Übers. J.M. Sailer. Ökumenischer Verlag Dr. R.F. Edel, Marburg 1975.

Trismosin, Salomon: *Splendor Solis. Alchemical Treatises of Salomon Trismosin*. Kegan Paul, Trench, Trubner and Co., London, o.J.

Valentinus, Basilius: *Chymische Schrifften*. Hamburg 1717.

Vaughn, Henry: *The Complete Poetry of Henry Vaughn*. Hrsg. French Vogle. Doubleday, New York 1964.

Wagner, Richard: *Dichtungen und Schriften. Jubiläumsausgabe*. Hrsg. Dieter Borchmeyer. 10 Bände. Insel, Frankfurt/M. 1983.

Waite, A.E. (Übers.): *The Hermetic Museum*. John M. Watkins, London 1953.

– *The Holy Kabbalah*. University Books, New Hyde Park, N.Y., o.J.

Weidinger, Erich: *Die Apokryphen. Verborgene Bücher der Bibel*. Pattloch, Aschaffenburg 1985.

A Well of Living Waters. A Festschrift for Hilde Kirsch. C.G. Jung Institute of Los Angeles, Los Angeles 1977.

Wickes, Frances: *The Inner World of Choice*. Harper & Row, New York 1963.

Wilhelm, Richard (Hrsg.): *I Ging. Das Buch der Wandlungen*. Diederichs, Köln 1986.

Yerkes, Royden Keith: *Sacrifice in Greek and Roman Religion and Early Judaism*. Scribners, New York 1952.

Zimmer, Heinrich: *Philosophie und Religion Indiens*. Hrsg. Joseph Campbell. Suhrkamp, Frankfurt/M. 1973.

Register

Abed-Nego 39
Abendmahl, s. Eucharistie
Abendstern; s.a. Venus 225
Acht, Bedeutung der Zahl 95
Adam 47, 121, 140, 142 Abb. 48
Adler 113 Abb. 36, 179
Adler, Gerhard 146
Affekt(e) / Affektivität
— und *coagulatio* 130
— Gefeitheit gegen 63
— Heiliger Geist oder ätherisches Feuer als 64
— und *mortificatio* 189 f., 212 f.
— und schwaches Ich 40
Agamemnon 131
Agni 56
Ägypten, das alte / ägyptisch 201, 207, 210 f.
— Einbalsamierung 198
— Mythos der Entrückung 166-169
— Religion und *separatio* 255
— Schöpfungsmythos 229-231
Aischylos 60, 131
Aktäon / Aktaion 81 f. Abb. 26
albedo 147; s.a. weiß / Weiße; *leukosis*
— definiert 58
— und *solutio* 100
— Zerstörung in der *mortificatio* 195
Alchemie / alchemistisch / alchymisch
— Etymologie des Wortes 207
— Gefahren der 18 f.
— geheime Natur der 18 f.
— Geheimnis der 18-20
— und Individuation 13
— Jungs Ansichten über die Bedeutung der 11 f.
— Operationen, s. die einzelnen Namen
— psychische Komponente der 33
— und Psychotherapie 17
— Ursprung der 210
— Verständnis der 26
— Weltanschauung 13-15
Alexander, H.B. 305
Alexander der Große 209, 285
Alkoolisation 156
Allösungsmittel 96, 106
Altes Testament; s.a. Bibel
— Bilder von Nahrung und Essen im 140 f.
— metallurgische Metaphern 48
— und *solutio* 76, 91 Abb. 30
Amalarius von Trier 147
Ambrosius 95
Analogie 129 f.; s.a. Proportion
Analyse; s.a. Psychoanalyse
— als Vorbereitung auf das Sterben 213
Anaxagoras 251
Anaximander 22, 111, 247

Anaximenes 22
Anima / *anima*
— und Besessenheit 64
— *candida* 152
— und *coniunctio* 266
— dargestellt von Silber in der *solutio* 68
— *media natura* 198
— *mortificatio* der 189
— *mundi* 181, 189
— -Teufel 64
Animus
— und Besessenheit 64
— und *coniunctio* 266
— dargestellt von Gold in der *solutio* 68
— *mortificatio* des 189
— -Teufel 64
Antimon 32
Antonius 158
Anthropos 203
apathia 158
apeiron 22, 26, 111
Aphrodite 55, 75, 76 Abb. 22, 240
Apollon 204 f.
aqua; s.a. Wasser
— *mirifica* 100
— *permanens* 96, 100, 106
— *sapientiae* 100; s.a. Tau
Archetyp(en) / archetypisch
— Bilder 128, 150
— der ersten Materie 22
— Elternarchetypen 126 f.
— Energien 49
— und kindliche Entwicklung 126-128
— Personalisierung der 146
— Psyche 177, 210
— Offenbarung im mithraischen Einweihungsritual 163
— Quaternität der 235
— Unbestimmtheit der 146
— des verwundeten Heilers 206
Ares 240
Argonauten 75
Aristoteles 23 f., 245
Arnoldus de Villanova 25
Artemis 81 f.
Artephius 305
Asche 58-60, 120, 136
Aschmodai 265
Ashmole, Elias 83
Askese, religiöse 186
Asklepios 204
Athene 240
Äthiopier, (schwarzer) 37, 207
athlon; s.a. *opus* 181

Atman 110
atomon megethos 251
Atropos 130
Atwood, M.A. 305
augmentatio 281
Augustinus 31, 42-44, 96, 173, 182, 225, 270
aurora 185
Avicenna 105, 256
Avichi 43

balneum regis 32
Barchusen, J.K. 19 Abb. 2
Basilides 252
Bathseba 76, 78 Abb. 24
Baucis 15
Baum des Lebens / Lebensbaum 51, 224
Beatrice 175
— Begehren / Begehrlichkeit / *concupiscentia* / Verlangen / Wollust / Wunsch 38, 61, 62-64, 117, 136, 263, 265
— autoerotisches 34
— und *coagulatio* 114
— als Mittel der *solutio* 76
Begräbnisriten 210
Beia 262
Berthelot, M.P.E. 156
Bertine, Eleanor 305
Besessenheit 87, 113, 150
Bessy, Maurice 305
Bestattungssymbolik 210
Betz, Otto 293 Anm. 34, 300 Anm. 12
Bevan, Edwyn 51
Bewußtsein 136, 177, 201, 231, 247, 268
— des eigenen Bösen 121
— Differenzierung des 213
— Entwicklung des 20
— herrschendes Prinzip des 33
— und individuelle Psyche 21
— männliches 124
— Natur und 20
— objektives 34
— Raum für 232
— reines 110
— Saatbewußtsein 201
— treibendes Moment im 113
— Ursprung und Wachstum des 210
— Zentren des 34
Bibel; s.a. Altes Testament
— Bilder von Nahrung und Essen 142 f.
— Bilder der *putrefactio* 198-201
— und Symbolik der Asche 293 Anm. 46 und 47
Blei 14, 102, 112, 121-123
Blut 55 f., 195, 223, 263
— und *mortificatio* 195
— als *rubedo* 185
— und Taufe 98
Bock 63, 86, 222
Böhme, Jakob 51 f. und 293 Anm. 36, 114 und 296 Anm. 16, 119 und 296 Anm. 24, 124 und 296 Anm. 31

Bonus von Ferrara 294 Anm. 1, 296 Anm. 23
Böse, das 119-121, 188, 215, 254
Brahman 110
Brahmanismus 64
Branntkalk 31
Breasted, James 166 f. und 297 Anm. 25/26
Brehier, Emile 291 Anm. 22
Bruegel, Pieter, d.Ä. 179 Abb. 61
Brot; s.a. Essen 143 f.
Buber, Martin 298 Anm. 34
Buddhismus 64
Budge, E.A. Wallis 168 f., 297 Anm. 27
Burnet, John 295 Anm. 7
Buße 58 und 293 Anm. 47, 186

calcinatio 30-64, 67, 98, 105, 109, 136, 149, 256; 35 Abb. 6, 36 Abb. 7, 50 Abb. 12
— Ableitung von chemischer Prozedur 31
— und Begehrlichkeit 38
— Buch Hiob als Beschreibung der 293 Anm. 47
— und Fegefeuer 42
— Feuer der 37-58, 61
— Hauptmerkmal der 61
— und König 33 f. und Abb. 5, 45 Abb. 18
— Produkt / Endprodukt 60-62
— Rezept des Basilius Valentinus für 32
— und Sexualität 35 f.
— und Strafe 42 f.
— Substanz der 61
Campbell, Robert J. 150, 297 Anm. 2
caput corvi / Rabenhaupt 206
caput mortuum; s.a. Totenkopf 206 f.
cauda pavonis / Pfauenschwanz 185
ceratio 102; s.a. *liquefactio*; Wachs
Cerberus 28 Abb. 4
Chadir 294 Anm. 21
Chassidismus 172
Chaucer, Geoffrey 119, 296 Anm. 25
Christus; s.a. Jesus
— der Apokalypse 238 Abb. 82
— Auferstehung 198
— Blut 89, 98
— und das Böse 121
— als Brot 144
— und *calcinatio* 293 Anm. 31
— und Feuer 42, 50
— Geißelung 220 Abb. 76
— Geistigkeit 268
— als Grund 42
— Himmelfahrt 166, 182, 198
— Hochzeit mit der Kirche 271 f.
— als Hoherpriester 221
— *imitatio* 224
— Inkarnation 135-140
— Kreuz / Kreuzigung 87, 175, 270, 137 Abb. 45, 253 Abb. 89, 271 Abb. 94
— und letztes Abendmahl 149 Abb. 49
— Passion 175, 219, 252
— als Stein der Weisen 106
— und Symbolik des Sulphur 114

- Taufe 98 f.
- über Taufe und Wiedergeburt 201
- als teilender Logos 237
- verglichen mit Osiris 215
- Wiederkunft 182
Christentum / christlich
- *coniunctio*-Bilder 272
- und dionysisches Prinzip 89 f.
- und die Gefahren unwürdiger Ausübung der Alchemie 19
- Inkarnationsmythos 135 f.
- Märtyrer 173
- und *mortificatio* 214
- Mystik und Mystiker 173, 174 Abb. 58
- Sakrament der heiligen Kommunion 144
- und *solutio* 80 f.
- und *sublimatio* 175, 182
- Symbolik 252
- Trinitätsdogma 246
- Verwendung von Honig 118, 147
Christianos 100
circulatio 92, 179-181
coagulatio 32, 67, 108-147, 149, 178, 180, 193
- alchemistisches Rezept für 111
- und Begehrlichkeit 114-118
- und christlicher Inkarnationsmythos 135-139
- definiert 109
- und Eltern-Kind-Beziehung 125-128
- Erde als Synonym der 109
- und Essen 140-144
- und das Fleisch 123 f., 140
- und Honig 118, 147
- und Ichentwicklung 145-147
- und Kleidersymbolik 133-135
- Quirlen als Bild der 110 f.
- und Schicksal 130 f.
- und Schöpfung / Schöpfungsmythen 109-111, 129
- Substanz der 112
- und Sünde und Böses 119-121
- und Wachssymbolik 146 f.
- Wirkstoffe 112-114
cogitatio 207
- *matutina* 225
concretio 295 Anm. 1
concupiscentia 42 f., 55, 61 f., 64, 124, 193, 275, s.a. Begehren
coniunctio 46, 144, 193, 248, 260-286, 199 Abb. 69, 269 Abb. 93, 271 Abb. 94, 273 Abb. 95, 274 Abb. 96
- definiert 261
- drei Stufen der 213
- und Fischsymbol 265
- größere 266-286
- und Hochzeit oder sexuelle Vereinigung 268-273
- kleinere 262-266
  - und das Ich 266
  - Produkt der 262
- und Liebe 275-280

- und *multiplicatio* 281 f.
- und Psychotherapie 282
- und Stein der Weisen 266-268, 281-284
- und Tod 262-265
- Unterscheidung von größerer und kleinerer 261 f.
- und Vereinigung der Gegensätze 270
- -Vision Jungs 273-275
- und Wollust 263
Cook, A.B. 297 Anm. 27
Cornford, F.M. 247, 300 Anm. 18
corpus solis 201; s.a. Gold
corvus, s. Rabe
Cumont, Franz 43 und 292 Anm. 18, 293 Anm. 41

Dämon(en), s. Teufel
Daniel 38, 39 Abb. 9, 76
Danielou, Jean 293 Anm. 43, 295 Anm. 5
Dante Alighieri 175 f. und 298 Anm. 39, 243 f. und 300 Anm. 14, 277 und 301 Anm. 22, 278 Abb. 97
David 46, 76
Debekut 172
Deianeira 55
Delacroix, Eugène 126 Abb. 41
Demeter 57
Demophoon 58
Denken (Funktion) 23, 235
Deukalion 90
Diamant 140
Diana 82 Abb. 26
Dickinson, Emily 129, 296 Anm. 33
Diels, Hermann 306
Dieterich, Albrecht 293 Anm. 33, 297 Anm. 17
Dion Chrysostomos 90
Dionysien 86
dionysisches Prinzip 87-89
Dionysos/us 82-89, 120 f.
Dissoziation 159
Djed-Säule 169
Donjuanismus 88
Doré, Gustave 44 Abb. 11, 53 Abb. 14, 91 Abb. 30, 167 Abb. 55, 242 Abb. 85, 278 Abb. 97
Dorn(eus), Gerhard 101, 118, 207, 213
Drache(n) 37 f., 69, 173-175, 180, 185, 189, 191, 192, 193 f., 195, 207, 215, 262 f., 37 Abb. 8, 83 Abb. 27, 189 Abb. 64, 264 Abb. 92
Draconites 194
Dürer, Albrecht 59 Abb. 16, 125 Abb. 40, 132 Abb. 42, 142 Abb. 48, 205 Abb. 72, 238 Abb. 82

Eckhart, Meister 222 und 299 Anm. 67
Edinger, Edward F. 292 Anm. 6, 293 Anm. 47, 294 Anm. 31, 298 Anm. 40, 22; 299 Anm. 56, 300 Anm. 29, 301 Anm. 30
Egoismus 103
Ei, philosophisches 230 Abb. 79
Eisen 14, 168 f., 173
Eisler, Robert 296 Anm. 21, 297 Anm. 54
Eleithyia 130 f.
Elemente, die vier 22 f., 46, 90 f., 109, 137, 235, 267

Eleusinische Mysterien 19, 98
Eleusis 58
Eliade, Mircea 40 und 292 Anm. 12, 80 und 294 Anm. 23, 295 Anm. 3, 297 Anm. 15
Elija 166, 198, 167 Abb. 55
Eliot, T.S. 55 und 293 Anm. 40, 218 und 299 Anm. 60
Elischa 166
Elixer / Elixier / elixir 281
— des Lebens / vitae 22, 106
Eltern
— archetypisches Bild der 126 f.
— -Kind-Beziehung 125-128
— Ur-, Welteltern 229 f.
Emerson, Ralph Waldo 123 und 296 Anm. 29, 160 und 297 Anm. 12, 198 und 299 Anm. 27, 247 und 300 Anm. 19
Empedokles 119 f. und 296 Anm. 26
Empfindung (Funktion) 23, 235
Empirismus, psychologischer 181
enantia 232; s.a. Gegensätze
Ende der Welt 44-47
Engel, Sturz der 116 Abb. 37
Enobarbus 158
Enthaltensein 77
Ephraem Syrus 292 Anm. 13
Erde
— Operation der 32; s.a. coagulatio
— philosophische 193, 201
— säugt den filius philosophorum 110 Abb. 35
— als Synonym der coagulatio 109
— Trennung von Himmel und 230 f. Abb. 80
— weibliche Natur der 124
— weiße (geblätterte) 136, 156, 258, 136 Abb. 44
Erdtier 35 Abb. 6, 113 Abb. 36
Eris 240
Erkenntnis
— »Morgen-« und »Abenderkenntnis« 225
— philosophische 101
Erlösung 185
— und solutio 96
Eros 279
— -Prinzip 75
— als Reich des weiblichen Prinzips 36
— symbolisiert als Salz 60
erste Materie, s. Materie
Ertrinken 67, 193, 97 Abb. 32; s.a. Sintflut
Es 152
Essen / Nahrung: Bilder und Symbole 141-144, 175, 204
Eucharistie / Abendmahl / Kommunion 144, 146 f., 150, 143 Abb. 49
Euripides 83
Eva 121, 140, 142 Abb. 48
Evans-Wentz, W.Y. 296 Anm. 15
Ewigkeit
— Entrückung in die 169
— psychologische Bedeutung der 177-179
— Symbolik der 162-175
exhydrargyrosis 156

Exodus 96, 142, 195, 198
extractio / Extraktion / Herausziehen 248 f.
Eyck, Hubert van 253 Abb. 89
Ezechiel 162

Farbe, s. Gold; Rot; Schwarz; Silber; Weiß
— tyrische 96
Faulung, s. putrefactio
Faust 111, 209
Fegefeuer 42 f.
Feuer 22, 23, 31, 34-40 und 292 Anm. 13, 42-45, 98, 129, 149, 152, 166, 192, 193, 218, 219, 233, 235, 41 Abb. 10, 51 Abb. 13, 57 Abb. 15
— archetypische Energien als 49
— astrales und natürliches 129
— ätherisches und irdisches 64
— -bad 58
— als Baum des Lebens 51 f.
— als Blut 55
— als Branntkalk 31 und 291 u. Anm. 1
— der calcinatio 38-58, 60, 37 Abb. 8, 39 Abb. 9
— Fegefeuer, s.d.
— mit Gott verbunden 49
— und Heiliger Geist 50-53
— im Hindudenken 56
— als Läuterer der Seele 49
— Meister des 40
— Opferfeuer 56
— Operation des 32; s.a. calcinatio
— -probe 48
— als Strafe 42-52, 44 Abb. 11
— Symbolik des 32
— zwei Arten von 50 f.
Figulus, Benedictus 292 Anm. 24, 301 Anm. 20, 30; 304 Anm. 7
filius macrocosmi 181
filius philosophorum 181, 110 Abb. 35
Fisch(e) 81, 265
fixatio 137; s.a. coagulatio
Fleisch / fleischliches Prinzip 123 f., 139 f., 146, 204, 268
Fleischwerdung 140; s.a. Inkarnation
Form(en)
— ewige 127, 159
— Platonische 150
— und Stoff 23, 146
— und Taufe 80
— wässerige 73
Franz, Marie-Louise von 229
Freiheit 126 Abb. 41
Freud, Sigmund 152
Frey, Liliane 163
Frost, Robert 47 und 293 Anm. 25, 248 und 300 Anm. 20
Fühlen, s. Gefühl
Funktionen, die vier 23, 235
Furcht 198

Gabritius 262
Galle, Symbolik der 265

Geb 229 f., 231 Abb. 80
Gefühl
— Funktion 23, 235
— Bereich 102
Gegensätze
— Durchgang durch 180
— Gesetz der 188
— Paare von 79, 81, 232, 254
— Realisieren von 180
— Trennung der 231 f., 234 f., 243, 246 f., 252, 254 f., 258
— Verbindung der 105 f., 265, 266, 267, 268, 275
Geist(er); s.a. Logos; *nous*; *pneuma*
— Festigung des 105
— Heiliger, s.d.
— Jahresgeist 215
— Koagulation des 105, 130, 146
— und *mortificatio* 192, 213
— Planetengötter als 14
— der *prima materia* 41 Abb. 10
— und *separatio* 249 f.
— der *sublimatio* 175
— Sublimation des 149, 156, 158
— transpersonaler 112
— als verborgener Wind 263
Geisteskrankheit 159
Gerechtigkeit 247, 246 Abb. 87
Glaube, religiöser 181, 224
Glauke 55
glutinum mundi 276; s.a. Leim
Gnade 100
Gnosis / gnostisches Denken / Gnostizismus 12, 50, 52, 96, 119, 203, 221, 237, 252
Goethe, Johann Wolfgang von 85 und 294 Anm. 27, 209 und 299 Anm. 48, 221, 296 Anm. 8
Gold 14, 20, 32, 68, 102, 136, 152, 201, 209, 216, 250, 258, 261, 266, 136 Abb. 44
goldene Mitte 244-246
goldener Schnitt 244
Goodenough, Erwin R. 234 und 300 Anm. 10
Gott / Götter
— und Alchemie 18, 19 Abb. 2
— Begriff nach Jung 147
— Bild 192, 224
— und *coagulatio* 109
— und Feuer 49
— und das Ich 14
— und das *opus* 16 f.
— und Schöpfung 228 Abb. 78
— und Sintflutmythen 90-97, 107
— und Sterblichkeit 210
— und *sublimatio* 161 f.
— Tod 224 f.
— Verwirklichung 222
— weibliche Entsprechung 198
Gottheit 252
Gray, Thomas 214

Hades 46, 99, 188; s.a. Hölle; Unterwelt
Hamlet 118 f., 209

Hämmern: Bedeutung und Symbolik 156
Harding, Esther 34 und 292 Anm. 8, 268 und 301 Anm. 14
Harrison, Jane 215, 304
Haß 119 f.
Hastings, James 292 Anm. 19, 293 Anm. 23, 27; 295 Anm. 32
Hayes, Dorsha 40 f. und 292 Anm. 14
Heba 131
Heiliger Geist 51 f., 53, 54, 179, 201
— als Affekt 64
— als ätherisches Feuer 64, 105
Held 192, 215; s.a. Sonnenheld
Helios 99
— Mithras 49 f., 146, 162 f.
Hennecke, Edgar 307
Henoch 134, 162
Hera 43, 91, 131, 214, 240, 270, 281
Herakles 55, 75 f., 166
Heraklit 22, 47, 73, 240, 294 Anm. 54
Herausziehen, s. *extractio*
Hermes Trismegistus 285, 286
Herodes 195
Hestia 91
Hierosgamos 275
Himmelsrose 278 Abb. 97
Hinduismus
— und *coagulatio* 110
— und Feuer 56
— Sintflutmythos im 110 f.
Hinsie, Leland E. 150 und 297 Anm. 2
Hiob 210, 248, 293 Anm. 47
Hippolytus 252 und 300 Anm. 31
Holbein, Hans 190 Abb. 65, 211 Abb. 75
Hölle 34, 43, 45, 105, 113; s.a. Hades
Holmes, Oliver Wendell 131
Holmyard, E.M. 304
Homer 49, 270
Honig 118, 147, 262
Honorius von Autun 96
Horus 169
Howell, Alice 297 Anm. 23
Hunde 81
Hylas 75 f., 77 Abb. 23

Iamblichus 56 und 293 Anm. 44
Iason 55, 214
Ich 26, 33 f., 45, 77, 107, 112, 181, 188, 210, 214, 216, 217, 246, 250
— archetypische Bestandteile des 14
— -bewußtsein 40, 159
— und Bild vom Roten Meer 97
— und das Böse 121
— und *calcinatio* 63
— und *coagulatio* 109, 111, 124, 144
— und *coniunctio* 266
— und Differenzierung von Subjekt und Objekt 233
— und dionysisches Prinzip 88 f.
— -einstellung 294 Anm. 6
— -entwicklung 111, 117 f., 121, 126 f., 145-147

311

- Erschaffung des 23
- und Essen 141
- und herrschendes Bewußtseinsprinzip 191
- infantiles 69
- inflationiertes 39, 75
- Inkarnation des 204
- als König 73 f.
- neurotisches 70
- und Psychotherapie 282
- Reinigung des 52
- und Selbst 147, 270
- und *separatio* 252
- und *solutio* 68 f., 81, 84, 92, 103
- und Strafe 121
- -sucht 191
- transpersonaler Wert des 136
- und das Unbewußte 284
- Ur-Ich 232
- Zerstörung des 88 f.

Ichheit
- Erlösungsfunktion der 140
- verbrecherische Aspekte der 121

increatum 26

Indianer
- Schöpfungsmythen der 109 f.

Individuation 12, 29, 112, 135, 144, 147, 177, 193, 213, 247, 250, 275, 281
- und Alchemie 12
- und Eucharistie 144
- als weltschöpferischer Prozeß 21

Inflation 87
- solipsistische 21

Inkarnation; s.a. Fleischwerdung 114, 124, 133, 139 f., 144, 147, 165, 179, 204

Intuition (Funktion) 23, 235

Inzest
- und *solutio* 69
- Uroboros- 69 f.

Ion 221
Ions, Veronica 300 Anm. 3
Iphigenie 131
Ischys 205
Isis 81, 100, 169
Isolde 71
Israeliten 198
Ixion 43

Jacobus de Voragine 304
Jacoby, Erhard 51 Abb. 13
Jaffé, Aniela 112 und 296 Anm. 12
Jahreskreis 273 Abb. 95
Jahwe 48, 52, 210, 248, 252, 271, 295 Anm. 47
Jakob von Batnae 175
James, M.R. 294 Anm. 22
Jeremia 199
Jeremias, A. 231 Abb. 80
Jesaja 48, 58, 143, 220
Jesus; s.a. Christus 18, 24, 198, 220 f.
- *patibilis* 138
- als Scheider 252

Johannes der Evangelist 58-60, 106, 59 Abb. 16
Johannes vom Kreuz 199
Johannes der Täufer 292 Anm. 13, 208 Abb. 74
Jonas, Hans 296 Anm. 46
Josephus, Flavius 47 und 293 Anm. 24
Judas 124, 143 Abb. 49
Jung, C.G. 21 und 291 Anm. 21; 29 und 291 Anm. 29; 133, 285 und 301 Anm. 33; 291 Anm. 1-3, 5, 18, 20-21, 28, 29; 292 Anm. 3, 7, 13; 293 Anm. 31, 48, 49; 294 Anm. 3, 15, 16, 20-22, 51, 52, 57; 295 Anm. 36-39, 41, 43-46, 52, 55, 56, 60-63; 296 Anm. 13, 20, 27, 28, 30; 297 Anm. 3-5, 16, 49, 51, 56, 57; 298 Anm. 5, 6-11, 13-15, 26, 43-46; 299 Anm. 31-37, 39-41, 43-46, 49, 50, 52, 54, 55, 61, 65; 300 Anm. 11, 22, 26, 28, 33, 34, 69-73; 301 Anm. 1, 6, 11, 13, 16, 19, 20, 33-34, 35, 38
- über Alchemie 11 f. und 291 Anm. 1, 2, 3; 29
- über das alchemistische Verständnis des Stoffes 11
- über Auflösung durch Identifizierung mit schöpferischen Kräften 87 und 294 Anm. 29
- über Asche und Glas 293 Anm. 46
- über Begehrlichkeit 64
- über Besessenheit 113 f. und 296 Anm. 13
- über das Bild des Ertrinkens 73 und 294 Anm. 15, 16
- über Bilder und Emotionen 130 und 296 Anm. 36
- über Bitterkeit 265 f.
- über das Böse 121 und 296 Anm. 27
- über die *circulatio* 180 und 298 Anm. 43
- über die *coagulatio* 112-114 und 296 Anm. 13
- über die *coniunctio* 267 f.
- *coniunctio*-Vision 274 f. und 301 Anm. 19
- über Emotionen 130 und 296 Anm. 36
- über die Erfahrung der Dunkelheit 218 f. und 299 Anm. 61
- über die Eucharistie 144 und 297 Anm. 49
- über Feuersymbolik 130
- über Freud 152 und 297 Anm. 3
- über die Gegensätze 254 und 301 Anm. 34, 267 f. und 301 Anm. 11
- über das Gegenüber 218 f. und 299 Anm. 61
- über Getriebensein 113 f. und 296 Anm. 13
- über Gnostizismus 96 und 295 Anm. 36
- über Gott 147
- über Hiob und Jahwe 210 und 299 Anm. 49
- über Honigsymbolik 118 und 296 Anm. 20
- über Individuation 147 und 297 Anm. 57, 222
- über Kreuzigung und Leiden Christi
- über den Lebensbaum 224
- über Leiden 60 und 294 Anm. 52, 222, 265 f. und 301 Anm. 6
- über das mithraische Einweihungsritual 162 und 297 Anm. 16
- über Mond- und Tausymbolik 100 und 295 Anm. 42
- über »Morgen-« und »Abenderkenntnis« 225 und 300 Anm. 70-73

– über die *mortificatio* 189-191 und 298 Anm. 6-10, 193 und 298 Anm. 13, 14; 207
– des Drachens 189
– über den Orakelkopf 209
– über das Opfer 221 und 299 Anm. 65
– über das *opus* 185 und 298 Anm. 1, 198
– über die Passion Christi 252 und 300 Anm. 33
– über Persönlichkeit 88, 282 und 301 Anm. 28
– über Psychotherapie 104 f. und 295 Anm. 55, 56; 282
– über das *Rosarium* 204
– über Salzsymbolik 60 und 294 Anm. 52
– über Schuld 121
– über Schwärze / Schwärzung 198 und 298 Anm. 26, 204 und 299 Anm. 37, 206 und 299 Anm. 39
– über das Selbst 147
– über Selbst und Ich 214
– über die *separatio* 252-255 und 300 Anm. 34
– über die *solutio* 77 und 294 Anm. 20; 80 f. und 294 Anm. 22; 103 f. und 295 Anm. 52; 106 f. und 295 Anm. 60-63
– über Sterblichkeit 210
– über Strafe und Qual 292 Anm. 21
– über Sublimation und *sublimatio* 152, 177 f. und 298 Anm. 41
– *sublimatio*-Vision 177 f. und 298 Anm. 41
– über Sulphursymbolik 113 f. und 296 Anm. 13, 14
– über die Symbolik des Kopfes 207 und 299 Anm. 43-45
– über die Symbolik des Raben und der Schwärze 205 und 299 Anm. 37, 39-41
– über Tod und Leichen 203 f. und 299 Anm. 32-36, 210 und 299 Anm. 49, 213 und 299 Anm. 52
– über den Tod der Ichpersönlichkeit 163
– über transpersonale Liebe 279 f. und 301 Anm. 24
– Traum vom Lebensbaum 224 und 300 Anm. 68
– über Traumdeutung 107 und 295 Anm. 62
– über die Unbestimmtheit der Archetypen 146 und 297 Anm. 51
– über die *unio mentalis* 213
– über den Unterschied zwischen christlicher und alchemistischer Einstellung 181 und 298 Anm. 45
– über den Unterschied zwischen Glaube und alchemistischer Einstellung 224 und 300 Anm. 69
– über das weibliche Prinzip 125
Jüngstes Gericht
– und Feuer 45-47
– und *separatio*-Symbolik 255-258, 253 Abb. 89, 256 Abb. 90, 257 Abb. 91
Jupiter 14, 169, 171
Justitia 247

Kabbala / Kabbalisten 172, 272, 274
Kalk
– Branntkalk 31
– gelöschter Kalk 31
Kalzination, chemischer Prozeß der 31
Kazantzakis, Nikos 293 Anm. 26

Keats, John 239
Keleos 58
Kelly, Edward 105 und 295 Anm. 58, 250 und 300 Anm. 25, 256-258 und 301 Anm. 36, 37; 291 Anm. 23, 294 Anm. 4, 19; 297 Anm. 7
Kerényi, Karl 205 f. und 299 Anm. 38
Kerze(n); s.a. Wachs 145, 146
Ketten und Gefangenschaft, Motiv der 121
Kind(er) / kindlich
– Bild des 24, 243
– Entwicklung 125-128
– der Philosophen 204
– Unschuld 195
– Wolfskinder 125 f.
King, Edward 239
Klossowski de Rola, Stanislas 305
Klotho 130
Kluger, Rivkah 93 und 295 Anm. 33
Kollektivierung des Individuums 81
Kommunion, heilige 144; s.a. Eucharistie
Komplex(e) 60, 112, 180 f., 258
– Ödipus- 262
König 67, 73, 167, 195, 204, 215 f., 242, 243, 241 Abb. 84
– und Bild des Ertrinkens 73-75, 74 Abb. 21
– und *calcinatio* 33 f., 33 Abb. 5, 63 Abb. 18
– Durchbohrung des 139 Abb. 47
– und *mortificatio* 190 f., 210, 224, 190 Abb. 65, 191 Abb. 66
– und *solutio* 72, 73-75, 100, 72 Abb. 20, 74 Abb. 21, 101 Abb. 34
Königin
– und Faulung 204
– und *solutio* 72, 100, 72 Abb. 20, 101 Abb. 34
Kopf: Symbolik; s.a. Totenkopf 206-209, 216, 208 Abb. 74
Koronis 204
Körper / Leib; s.a. Fleisch
– Vollkommenheit in der *sublimatio* 149 f.
Krähe 205
Kranz: Symbolik 58
Kranz, Walther 303
Kreuzigung 145, 137 Abb. 45, 138 Abb. 46; s.a. Christus, Kreuzigung
Kröte 192-194
Kuhul 111; s.a. Blei
Kunz, G.F. 297 Anm. 48
Kupfer 14

Lachesis 130
Lamm 45, 56, 147, 195, 272
– Hochzeit des 272
– Passahlamm 195
Laotse 102
lapis; s.a. Stein
– *Lydius* 292 Anm. 21
– *philosophorum* / Stein der Weisen 15, 18, 22, 25, 26, 62, 64, 92, 98, 105, 135, 152, 192, 194, 201, 203, 210, 221, 248, 266, 267, 268, 281, 282-284, 292 Anm. 21

313

Läuterung, s. Reinigung
Lear, König 215 f.
Leib, s. Körper
Leiden 185, 222 f.
Leim 234 f., 275
Leiter: Symbolik 169, 172-176, 182 f., 170 Abb. 57, 174 Abb. 58, 177 Abb. 60
leukosis 185; s.a. *albedo*; Weiße
Libido 32, 102, 117, 209, 233, 249
— infantile Formen der 190
Liebe 42, 55, 101, 103, 144 f., 272, 275-280
— göttliche 291 u. Anm. 1
— als Mittel der *solutio* 76
— transpersonale 275-280
liquefactio 102
Loben Sels, Robin van 296 Anm. 43
Logos / *logos* 26, 50, 235, 237
— göttlicher 50, 135
— *spermatikos* 51
— teilender 235, 237, 248
Longfellow, Henry Wadsworth 182
Löwe
— und *calcinatio* 32, 34
— und *coagulatio* 119, 124
— und *mortificatio* 191, 195, 200, 204
lucifer 225; s.a. Satan; Teufel
Luft, Operation der 32; s.a. *sublimatio*
Lukian 43
Lukrez 276 und 301 Anm. 21
Luna 100, 124, 268, 270, 189 Abb. 64, 240 Abb. 83, 273 Abb. 95, 274 Abb. 96; s.a. Mond

Maat 255
Macrobius 169 f. und 297 Anm. 28, 296 Anm. 17
Magisterium 18, 284
Magnesia 112, 201
Mahlen: Symbolik 156
Mahlzeit, rituelle 145
Maier, Michael 301 Anm. 39, 33 Abb. 5, 41 Abb. 10, 50 Abb. 12, 63 Abb. 18, 99 Abb. 33, 110 Abb. 35, 120 Abb. 38, 189 Abb. 64, 230 Abb. 79, 245 Abb. 86, 264 Abb. 92
Mair von Landshut 220 Abb. 76
Malchuth 272
Mänaden 82, 88
Mandala 283 Abb. 99
Mandara 110
Maneros 81
Manichäer / Manichäismus 64, 138
männliches Prinzip 34, 68
Manu 110
Marcasita 102
Maria 136, 166, 125 Abb. 40, 135 Abb. 43, 157 Abb. 54, 168 Abb. 56
Marolles, M. de 27 Abb. 3
Mars 14, 169 f.
mater 124; s.a. Materie
Mathers, S.L. MacGregor 301 Anm. 18
Materie / Stoff 24, 25, 124, 137, 158
— und Alchemie 11

— und das Böse 119
— erste 23; s.a. *prima materia*
— und Form 23
— lebendige 146
— Leiden der 185
— Trennung vom Geist 249
— Umwandlung der 22, 23
— Verringerung der 156
Mead, G.R.S. 293 Anm. 38
Medea 55
Melchior 292 Anm. 11
Melito von Sardes 98
Mephistopheles 111
Mercurius / Merkur 14, 112, 124, 170, 189, 204, 235, 248, 157 Abb. 54
— -brunnen 72, 261
— -schlange 138 und Abb. 46, 139 Abb. 47
Meschach 39
Messias, der 197 f., 220
Metalle; 14, 23, 32, 227 s.a. die einzelnen Namen
— Auflösung der 195
— Aussatz der 219
— chemische Verarbeitung in der *solutio* 68, 104
— und *coniunctio* 261
— edler Charakter der 102
— Läuterung der 48
— und Planeten 14
— Umwandlung der 104
Metaneira 58
Meydenbach, J. 197 Abb. 68
Michael, Erzengel 257 Abb. 91
Michelangelo 54 und 293 Anm. 39
Michelspacher, Steffan *siehe* Frontispiz
Milton, John 115 und 296 Anm. 18, 161, 239
Mithraismus
— Einweihungsritual des 162 f.
— Taurobolium-Ritus des 55 f., 98
Mithras 49 f., 146, 162 f.
Möglichkeit, reine 23, 24
Mohammed 162
Moiren 130 f.
Mond; s.a. Luna 14, 82, 99 f., 124, 158, 170, 191, 204, 258, 261, 125 Abb. 40
— als *aqua mirifica* 100
monosandalos 214
Moreau, Gustave 122 Abb. 39
Morgenstern 225; s.a. Venus
mortificatio 33, 52, 73, 118, 123, 144, 184-225, 250, 261, 262, 266
— christliche Bilder der 194 f., 201, 214, 219-224
— definiert 185 f.
— und Drache 189-192, 194
— und das Gesetz der Gegensätze 221
— und Gold 201, 216
— und die kollektive Psyche 224 f.
— Mittel der 198
— als Niederlage und Scheitern 215
— und die Psychologie des Opfers 221-224
— von der *putrefactio* unterschieden 185 f.
— *putrefactio*-Bilder in der 196-198

- und Rabe 204-206
- und Reinheit / Unschuld 195
- und der Schatten 188
- und Schwärze / *nigredo* 187 f., 198-201, 207 f., 216
- und das Selbst 216 f.
- Shakespearesche Bilder der 193 f.
- Skelett 186 Abb. 42
- und Symbolik des Königs 190 f., 204, 210, 224, 190 Abb. 65, 191 Abb. 66
- und Symbolik des (Toten-)Kopfes 206-210, 216
- und Tod / Begräbnis 201-203, 209-213
- -Vision Ripleys 192 f.
- und die Zahl Vierzig 198

Moses 161, 249 Abb. 88
- und Chadir 294 Anm. 21

multiplicatio 281
Mumie / *mumia* 203
Munch, Edvard 155 Abb. 53
Murray, Gilbert 215
Mutter, große 69
Mutterleib als Symbol der *solutio* 68
Mylius, J.D. 72 Abb. 20, 206 Abb. 73

Nahrung, s. Essen
Natur 68, 89, 207, 216, 227, 237, 247
- und Kunst 20
- und das *opus* 20
- und Quecksilber 156
Nebukadnezar 38-40
nekyia 211
Nemesis 132 Abb. 42
Neuplatonismus 114 f.
Nessos 55
Neumann, Erich 69 und 294 Anm. 8, 127 und 296 Anm. 32
Nietzsche, Friedrich 87, 89 und 294 Anm. 30
nigredo; s.a. schwarz 42, 72, 185, 195, 199, 204, 206-208, 216, 225, 199 Abb. 69, 206 Abb. 73
Noah 90, 95
Norton, Thomas 16
nous; s.a. Geist
numinosum 107, 156
Nut 229-232, 186 Abb. 80
Nymphen 75, 77 Abb. 23

Ochwiä Biano 222
Ödipus 214
- -komplex 262
odor sepulcrorum 197
Offenbarung 45 f., 56, 98, 161 f., 272
Omar Khaijam 102
Onians, R.B. 296 Anm. 37
Opfer 221, 252
- Brandopfer 56
- -tier 195
Opicinus de Canistris 283 Abb. 99
opus 16-22, 35, 67, 98, 101, 106, 181, 185, 189, 193, 198, 210, 248, 258, 261, 266, 272, 285, Frontispiz

Origines 44 f. und 292 Anm. 20
Osiris 81, 100, 169, 201, 207, 209, 210 f., 215, 255, 170 Abb. 57
Otto, Walter F. 83 f. und 294 Anm. 26, 86 und 294 Anm. 28
Ouroboros 69 f.; s.a. Drache
Ovid 227-229 und 300 Anm. 1

panta rhei 95
Paracelsus 49 und 293 Anm. 29, 118 und 296 Anm. 19, 158 und 297 Anm. 10, 203, 233, 298 Anm. 4, 301 Anm. 27
Paris 240-242, 241 Abb. 84
participation mystique 233, 237, 240, 250
Parzen 130
Passahlamm 195
Passion Christi 219, 224 f., 252
pathos 215
Paulus, Apostel 20, 42, 44 f., 58, 80, 89, 96, 114, 123, 134 f., 193, 201 f., 214, 276 f., 279
Pentheus 89
Pepi 169
Peraten 96
Perpetua 173-175
Persephone 58
Persona 133
Personalisierung
- der Archetypen 128
- sekundäre 127
Persönlichkeit 24, 181, 192, 282
- Auflösung der 33
- und Beziehung Patient-Therapeut 104 f.
- Festigung der 111
- Integration durch *calcinatio* 47
- des Kindes 125 f.
- Zersplitterung der 26
Pfauenschwanz / *cauda pavonis* 185
Pfingsten 53 f., 53 Abb. 14
Phaeton 91
Phallus 86, 162
Phantasien, alchemistische 261
Phantasiebilder 33
Philalethes 72
Philemon und Baucis 15
Philo 13 und 291 Anm. 4, 234, 235
Physis 198
Pindar 130
Planeten 180; s.a. die einzelnen Namen
- alchemistische Auffassung von 13 f.
- -archonten 180
- -götter 14
- und Metalle 14
- -sphären 180
Platon 129 und 296 Anm. 35, 131 und 296 Anm. 41, 158, 212 f. und 299 Anm. 51, 234 und 300 Anm. 9, 244 und 300 Anm. 15, 250 und 300 Anm. 27, 276
Platonische Formen 150
Pleroma 26, 254
Plutarch 81 und 294 Anm. 24

pneuma 155; s.a. Geist
Poseidon 91
Priestley, J.B. 163, 166
prima materia; s.a. Materie, erste 22-29, 36, 67-69, 98, 105 f., 111, 152, 189, 193 f., 220, 221, 227, 235, 262, 284, 27 Abb. 3, 28 Abb. 4, 33 Abb. 5, 41 Abb. 10
proiectio 281
Projektion(en) 11, 22, 185, 213, 250, 255
Prometheus 121, 122 Abb. 39
Proportion 130; s.a. Analogie
Psyche; s.a. Seele
— archetypische 28, 40, 58, 63, 112, 181
— autonome 211
— Dissoziation der 159
— erwachsene 34
— Geheimnis der 19
— individuelle 21 f., 275
— kollektive 224
— und *mortificatio* 208
— objektive 14, 127, 130, 282, 284
— personale 181
— und das Rote Meer 97
— transpersonale 216
— transpersonale Ebene der 17
— transpersonales Zentrum der 106
— unbewußte 11
— urtümliche 192
— Verständnis der 11
— Wirklichkeit der 166, 211, 268
Psychoanalyse
— und *mortificatio* 213
— und *solutio* 82
— und Sublimierung 150
Psychose 21
Psychotherapie 11, 12, 23
— und Alchemie 11, 17
— und *calcinatio* 61 f.
— und *circulatio* 180 f.
— und *coagulatio* 117 f., 125, 128
— und *coniunctio* 267
— Etymologie des Wortes 12
— und *mortificatio* 189 f., 213
— und *multiplicatio* 281 f.
— und *prima materia* 25, 68
— und *separatio* 232 f.
— und *solutio* 67 f., 78 f., 104
— und *sublimatio* 178
— Tiefen- 12
putrefactio / Putrefaktion / Faulung 123, 185-187, 192, 195-198, 201
Pyrrha 90
Pythagoreer 232

Quaternität
— Archetypus der 235
— doppelte 141
Quecksilber 14, 111 f., 156
— Austreibung des 156

Ra / Re 167-169
Rabe / *corvus* 204, 206, 219
Rabenhaupt / *caput corvus* 206, 219
Rackham, Arthur 50 Abb. 19
Rafael, Engel 265
Rahner, Hugo 295 Anm. 35, 40
Räucherwerk 265
Read, John 32 und 292 Anm. 5, 294 Anm. 2, 299 Anm. 42, 301 Anm. 25, 31
Reinheit / Reinigung / Läuterung 195, 212, 256-258, 266, 101 Abb. 34
Reinkarnation 114, 165
Rembrandt van Rijn 78 Abb. 24, 135 Abb. 43
Renoir, Auguste 88 Abb. 29
Reusner, H. 157 Abb. 54
Rheintöchter 70 Abb. 19
rhinisma (Feilspäne) 156
Rilke, Rainer Maria 156 f. und 297 Anm. 8
Ripley, George 62 f., 231, 248, 292 Anm. 10
Robinson, James M. 306
Roethke, Theodore 216-218 und 299 Anm. 59
Rohde, Erwin 49 und 293 Anm. 32
Rosinus; s.a. Zosimos 25
rot / Röte; s.a. *rubedo* 98, 185, 193, 207
Rotes Meer 96-98, 97 Abb. 32
rotundum 207
rubedo 185; s.a. rot
Ruland, Martin 102 und 295 Anm. 48, 194, 195 f., 248 und 300 Anm. 21, 268 und 301 Anm. 12, 295 Anm. 1, 296 Anm. 11
Ruska, Julius 310

Sakramente 144; s.a. Eucharistie; Kommunion; Taufe
Salamander 129, 41 Abb. 10
Salome 208 Abb. 74
Salomo 243
Salz 60, 265 f.
Samen und Pflanzen 201 f., 203, 202 Abb. 70, 203 Abb. 71
Sapientia Dei 267
Sara 265, 285
Satan 252, 295 Anm. 47; s.a. lucifer; Teufel
Saturn 14, 112, 119, 169, 171, 175, 120 Abb. 38, 177 Abb. 60
— dies Saturni 225
— Kind des 25
Saturus 173
Schadrach 39
Schafe 175, 255
Schamanen / Schamanismus 40, 162
Schatten 18, 25, 38, 98, 121, 188, 266
Schechina 272
Schicksal 130 f.; s.a. Moiren; Parzen
Schismatiker 243 f., 242 Abb. 85
Schizophrenie 128
Schlange; s.a. Shesha-naga 140, 194, 262, 176 Abb. 59
— Merkurschlange 138 Abb. 46, 139 Abb. 47

Schmelzen 102, 103; s.a. *ceratio*; *liquefactio*
Schneemelcher, Wilhelm 293 Anm. 22, 28; 296 Anm. 47
Schneiden, s. Schwerter
Scholem, Gershom 172 und 298 Anm. 32
Schopenhauer, Arthur 21, 159 und 297 Anm. 11
Schöpferkraft, dionysische 87
Schöpfung
– in alchymischen Rezepten 20-22
– und *coagulatio* 109 f.
– Mythen 67, 120 f., 129, 227-231, 247, 252
– nach Platon 129
– und *separatio* 233 f.
– sieben Tage der 225
– Symbolik der 225
Schramm, Tim 293 Anm. 34, 300 Anm. 12
Schu 229 f., 231 Abb. 80
Schuld 121
schwarz / Schwärze / Schwärzung 35, 37 f., 42, 141, 185, 193, 195, 198, 204-206, 219, 199 Abb. 69; s.a. *nigredo*
– als Kennzeichen der *mortificatio* 187 f.
– Messe 144
– *prima materia* 152
– und *putrefactio* 197 f.
– und *solutio* 72
– und Symbolik des Kopfes in der *mortificatio* 206-210, 216
– Tor der 188
– verweist auf den Schatten 188
Schwefel / Sulphur 111-114, 261
Schwerter und Schneiden 235-237, 243, 230 Abb. 79, 236 Abb. 81; s.a. Logos, teilender
Seejungfern 75; s.a. Nymphen
Seele(n) 45, 47, 73, 131, 133, 149, 152, 155, 185, 192, 199, 217, 258; s.a. Psyche
– Entrückung in die Ewigkeit 169
– Inkarnation und Reinkarnation der 114 f.
– Instinktseele 189
– Integration der 185
– kabbalistische Lehre von der 172
– und *mortificatio* 207, 212 f.
– und *separatio* 250, 256 Abb. 90, 257 Abb. 91
– Sturz der 119
– weiße 152
Sefira / *Sefirot* 172
Selbst 24, 40, 96, 97, 107, 136, 156, 203, 214, 215 f., 218, 237, 242, 246, 248, 266, 275, 281
– Beziehung zum Ich 270
– und *coagulatio* 112
– und Diamantensymbolik 140
– -energie 45
– und Essen 142
– als feuerknetende Frau 40 und 293 Anm. 13
– latentes 77
– und das *opus* 17 f.
– als Produkt der *mortificatio* 203
– Projektion des 78
– und *separatio* 248, 249, 255
– und *solutio* 79, 105 f.

– symbolisiert durch Kreuzigungsintaglio 146
– transpersonales 112
Senior 293 Anm. 46
separatio 35, 52, 154, 226-258, 266
Set 169
Sexualität 35, 84
Shakespeare, William 158, 193 f., 209, 215 f., 263 f., 278 f., 297 Anm. 52
Shelley, Percey Bysshe 239
Shesha-naga 110
Shiva 57 Abb. 15
Siebmacher, Johann Ambrosius 299 Anm. 62
Silber 14, 48, 68, 261
Simeon Stylites 176 Abb. 59
Simmias 213
Simon ben Jochai 272 f., 274
Sintflut / Überschwemmung 47, 90-98, 107, 109, 110, 91 Abb. 30; s.a. Ertrinken; Wasser
Sohn-Ich 262
Sol 124, 190 f. 268, 189 Abb. 64, 240 Abb. 83, 273 Abb. 95, 274 Abb. 96; s.a. Helios; Sonne
– *solutio* 31 f., 47, 66-109, 128, 149, 262, 99 Abb. 33
– als Abstieg ins Unbewußte 69
– alchymisches Rezept für 68
– Bilder der 72
– aus dem Alten Testament 76
– christliche 89, 95-99, 106
– und Bilder des Mutterleibes 68
– und Bilder des Roten Meeres 96-98, 97 Abb. 32
– chemische Grundlage der 68
– definiert 67, 77
– dionysische 82-90
– doppelte Wirkung der 72
– und Erlösung 75
– und Ertrinken 73-75, 79, 97 Abb. 32
– in einer Gruppe 78
– und Ichentwicklung 69, 74 f., 77-80
– kleinere und größere Aspekte der 105
– und *liquefactio* 102
– als Lösung von Problemen 101 f.
– lustvolle 69-71
– Mittel der 76 f.
– und *mortificatio* 72 f.
– und Psychotherapie 78 f., 82, 103-105
– und Rückführung auf *prima materia* 67 f., 105
– als zum Selbst führend 105 f., 107
– sieben wesentliche Aspekte der 103
– Sintflutmythen oder -bilder 90-97
– Symbolik / symbolische Äquivalente der 80, 103
– und Symbolik des Königs 73-75, 72 Abb. 20, 74 Abb. 21, 101 Abb. 34
– und Symbolik des Mondes 100
– und Taufe 144
– und Tausymbolik 100, 101 Abb. 34
– und Uroboros-Inzest 69 f.
– Wasser als Ziel der 106 f.
– als Zerreißen und Zerstückeln 81 f.
Sonne; s.a. Helios; Sol 14, 98 f., 170, 190 f., 195, 198, 204, 258, 261

Sonnenheld 214; s.a. Held
Sonntag 225
Sophia 198
spiritus phantasticus 87
Stein; s.a. *lapis*
— roter 261
— der Weisen 15, 18, 22, 25, 26, 62, 64, 92, 98, 105, 135, 152, 192, 194, 201, 203, 210, 221, 248, 266, 267, 268, 281, 282-284, 292 Anm. 21
stella matutina, s. Morgenstern
Sterne 99, 279 Abb. 98; s.a. Abend-; Morgenstern
Stoff; s. Materie
Stofflichkeit, Prinzip der 136
Stoiker / stoische Philosophie 47, 50, 158, 213
Stolcius de Stolcenberg, Daniel 113 Abb. 36, 191 Abb. 66
Strafe 122 Abb. 39
— durch Feuer 42-46
— Jungs Ansicht über 87
Subjekt und Objekt, Trennung von 232 f.
sublimatio 32, 67, 109, 130, 148-183, 153 Abb. 51
— und Bilder des Mahlens/Hämmerns 156-158
— Bilder und Symbolik der 149 f., 152, 160-162, 178-180
— und Bilder von Vögeln 152-154, 179
— christliche Bilder der 173-175, 179, 181-183, 174 Abb. 58
— und *circulatio* 179-181
— definiert 149 f.
— Etymologie des Wortes 149
— und Extraktionsverfahren 154-156
— versus Freudsche Sublimierung 150-152
— Gefahren und Mißbrauch der 159 f.
— psychologische Bedeutung der 176-180
— als Reinigung 158
— und Sublimation / Sublimierung 150-152
— und Türme, Leitern oder hohe Plätze 160-180
— und Entrückung in die Ewigkeit 166-178
— als Verringerung der Materie 156
Sublimation / Sublimierung 56, 149-152
— Freudsche Theorie der 150-152
Substanz 72
— der *calcinatio* 61-64
— der *coagulatio* 146
— Reinigung der 42, 49, 63
— Umwandlung der 67
— ursprüngliche; s. Materie, erste; *prima materia*
— Wandlungssubstanz 275
Sulphur, s. Schwefel
Sünde 44 f. und 292 f. Anm. 20, 96, 114, 191
Susanna 76, 79 Abb. 25
Süße, s. Honig
sympexis 295 Anm. 1
Synesius, Bischof 87

Tantrismus 64
Tao 102
Tarot, Marseiller 236 Abb. 81, 246 Abb. 87
Tarquinius Priscus 179

Tau 100 f., 119, 101 Abb. 34; s.a. *aqua sapientiae*
— des Gideon 100
Taube 55, 154 und Abb. 52
Taufe 144
— ihre Bildvorstellungen vereint mit dionysischer Phallussymbolik 86
— in Blut 56, 98
— christliche, und *solutio* 80 f.
— und feuerknetende Frau 293 Anm. 13
— mit lunarem Wasser und Drachen 83 Abb. 27
— und Noahs Sintflut 95
— als Reinigungsritual 98
Tet-Säule 169
Teufel 64, 141, 185, 265, 62 Abb. 17, 143 Abb. 49; s.a. *lucifer*; Mephistopheles; Satan
— und Alchemie 16
— Animus und Anima 64
— und Psychotherapie 16
— und Symbolik des Schwefels 114
Thales 22, 67
theophania 215
Therapeuten 13
(Pseudo-)Thomas von Aquin 241 Abb. 84
Thomas von Kempen 194 und 298 Anm. 18, 19; 292 f. Anm. 20
threnos 215
thysia 56
Tiere, s. die einzelnen Namen
Tifereth 272
Tinctur / Tinktur 96, 104, 106, 266, 282
Tintoretto 79 Abb. 25
Titanen 82, 120
Tizian 82 Abb. 26, 84 Abb. 28
Tobias 265
Tod 48, 123, 133 f., 163, 186 f., 193 f., 201-204, 210-214, 221, 247, 250, 262, 265, 187 Abb. 63, 190 Abb. 65, 191 Abb. 66, 197 Abb. 68, 205 Abb. 72, 211 Abb. 75
— und *coniunctio* 265
— Gottes 224 f.
— innerer 107
— Jung über Leichen und 203 f. und 299 Anm. 31-37, 210 f., 213 und 299 Anm. 52
— Platons Auffassung vom 212 f. und 299 Anm. 51
— und *separatio* 237-239
— und Wiedergeburt im Mithraismus 163
— und Wiedergeburt in der Taufe 80
Totenkopf / Totenschädel 207-210; s.a. Kopf 207-210, 216, 211 Abb. 75
Tragödie / tragisches Schauspiel 215 f.
Traini, Francesco 187 Abb. 63
Trauer 250
Träume; s.a. TRÄUME, MITGETEILTE
— alchymische Operationen betreffend 35
— Bilder der 130
— mit Bildern der *calcinatio* 38
— und Feuer 40, 54
— mit Bildern der *coagulatio* 117, 128, 133, 145 f.
— und Diamanten 140

- und Essen 140-142, 145 f.
- und Himmelskörper 117
- und Kleidung oder Gewebe 133, 134
- und Tod 133 f.
- mit Bildern der *coniunctio* 282
- mit Bildern der *mortificatio* 214, 223 f.
- und Hades 188
- und Tod / Totengeister 202
- mit Bildern der *separatio* 239
- und Schneiden 235-237
- mit Bildern der *solutio* 75 f., 78, 85 f., 89 f., 93-95
- und Schöpferkraft 86 f.
- mit Bildern der *sublimatio*
  - und erhöhte Plätze oder Leitern 160, 161, 164-166, 173
  - und Vögel 152-154, 164
- über Fluten 92-95
- und Kreisbewegung 180 f.
- Planeten als Metalle betreffend 14 f.
- die *prima materia* betreffend 23 f.

TRÄUME, MITGETEILTE
- ein Aufzug fährt auf erschreckende Weise himmelwärts 160
- ein Baum umspannt die Erde, was Liebe und Individuation bedeutet 164 f.
- Besucher in Metallanzügen kommen aus der Luft herab 14
- ein vom Blitz getroffener Baum bewirkt in der Umgebung Fruchtbarkeit 223
- ein Braten ist zu lange im Backofen 133
- Chemiker experimentieren in einer Höhle, während Liebende sich vereinigen 268
- Drache liegt unter einer gefährlichen Leiter auf der Lauer, aber die Träumerin (Perpetua) besteigt sie 173-175
- Einäscherung mit flüssigem Gold als Endprodukt 35
- kurz vor dem Ertrinken wird die Träumerin von Jung in eine Arche Noah gezogen 95
- Essen, von der Träumerin gekocht und gekostet, wird von seltsamem Mann in Schwarz mitgenommen 141
- ein Felsbrocken donnert von einem Hochhaus in Manhattan und trifft den Träumer fast 117
- die Fertigstellung eines Teppichs stellt die gewirkte Seelenarbeit eines Lebens dar 133
- Feuer und Rauch umhüllen den Träumer in einer unterirdischen Höhle 38
- Flug über die Alpen 163
- Frost verwandelt Blätter in Trauben 224
- Geheimnis der Alchemisten wird entdeckt 282
- Gruppenliebe 85
- im himmlischen Äther schwebend, ißt der Träumer die geschrumpfte Welt 160
- Jung ist lahm, hält eine brillante Vorlesung 214
- Kerzen werden getragen, die Leben und Tod bedeuten 146
- Kommunion wird nach dem Trinken des roten Meßweins zur Versöhnung zweier Männer 90
- König wird mit einem Schwert getötet, seinem Körper entspringen Flammen und ein Schwert 292 Anm. 9
- Kreuzigungsintaglio erscheint im Zusammenhang mit ritueller Mahlzeit, bei der der Träumer über das Verzehren von Metallen nachdenkt 145
- »Kuhmistplätzchen« werden als Nachtisch in einem Kloster serviert, was dem Träumer Unbehagen bereitet 141
- eine Landkarte muß zerschnitten werden 237
- eine Leiter wird von einem Träumer erstiegen, den es himmelwärts treibt 160
- eine Leiter wird weggezogen, der Träumer ist auf einer hohen Plattform ausgesetzt 160
- Menschenstrom zieht am faszinierten Träumer vorbei 95
- mondähnlicher Körper explodiert, ein Stück fliegt in die Wohnung der Träumerin 117
- Mutter, mit heißen Schiefersplittern bedeckt 35
- Säugling und *prima materia* 24
- Schäfer umarmen sich, einer ersteigt einen Berg 239
- schwangere Träumerin im Krankenhaus, von Mädchen mit Vögeln im Mund besucht 152 f.
- der schwangeren Träumerin wird in der U-Bahn ein Diamant gegeben 140
- schwarze, schleimige Fläche umgibt Träumer, der sie durch Treten festigt und sich befreit 111
- schwarzer Teer bedeckt während einer sexuellen Orgie jeden im Hades 188
- Sintflut bei Nacht vernichtet alles, gefolgt von einem neuen Weltleben am nächsten Tag 94
- Tisch mit wandernden Flammen erinnert an das Pfingstwunder 54
- Tochter nimmt an indirektem Gruppensex teil, nachdem die Mutter die Party verlassen hat 86
- toter Freund erzählt auf Party einen Traum 202
- ein Truthahn wird getötet und der Träumer mit Blut befleckt 195
- ein Turm wird täglich von einem Mann erstiegen, aber der Träumer sträubt sich dagegen, es ihm gleichzutun 161
- Vater in neuen Kleidern 134
- Vater verläßt seine Kinder, um dem Winken einer schönen Frau zu folgen 75
- vier Quadrate mit Kreisen darin erscheinen im Zusammenhang mit der Einstellung der Träumerin zur Weiblichkeit 128
- Vögel, deren Lebenszyklus immer schneller abläuft, von einem Turm aus betrachtet 164
- Wandteppich wird von der Träumerin beschrieben und eingehend betrachtet 134
- Wasserströme fließen dem Analytiker des Träumers aus dem Mund 107
- Wellen spritzen ins Auditorium, das Schaumodell eines Strandes mit Fischernetzen betrachtet 85
- Wellen überfluten ein Strandhaus, während Mutter um die Sicherheit ihrer Kinder bangt 93 f.

319

Trieb(e) 150, 213
— -bad 84
— Machttrieb 191
Trismosin, Salomon 291 Anm. 17, 37 Abb. 8, 74 Abb. 21, 154 Abb. 52
Tristan 71, 193
Truthahn 195
Tugend(en) 245
— als Vorbedingungen des *opus* 16
Turm: Bild 161, 179 Abb. 61

Überschwemmung, s. Sintflut
Übertragung 78, 118, 266
Unbewußte, das/unbewußt 133, 147, 197, 214, 217 f., 222, 235, 262, 284
— Abstieg ins 69
— kollektives 211
— als latentes Selbst 77
— mütterliches 262
— Psyche 11
— Psychologie des 12
— als Sünde 98
— und Symbolik des Roten Meeres 98
— undifferenziertes 23
— als Wasser 74
unio mentalis 207, 213
Unschuld 24, 100, 195, 196 Abb. 67
Unsterblichkeit 163
Unterwelt 45; s.a. Hades; Hölle
unus mundus 273, 285
Uriel 247
Urstoff, s. Materie, erste; *prima materia*

Valentinus, Basilius 32, 42
Varro 86
Vater, verschlingender 36 Abb. 7; s.a. Eltern
Vaughn, Henry 144 f. und 297 Anm. 50, 171 f. und 297 Anm. 30, 298 Anm. 31
Venus 14, 170, 171, 225; s.a. Abend-; Morgenstern
— Brunnen der 75
— dies Veneris 225
Verdichtung 295 Anm. 1
Verfaulung / Verwesung, s. *putrefactio*
Vernunft 17, 159, 169
— göttliche 51
Vierzig, Bedeutung der Zahl 198
vijnanam 110
vis animans 276
Vögel; s.a. einzelne Namen
— als Symbole der *sublimatio* 152-154, 164, 179
Vorsokratiker 22, 67, 232; s.a. Anaxagoras, Anaximander, Anaximenes, Empedokles, Heraklit, Pythagoreer, Thales

Wachs 145 f.; s.a. *ceratio*
Wagner, Richard 70 f. und 294 Anm. 9, 10; 70 Abb. 19
Wahnsinn 216

Waise: Symbolik 250
Waite, A.E. 291 Anm. 8, 9, 13, 15; 293 Anm. 37; 294 Anm. 55, 12; 15 Abb. 1, 186 Abb. 62, 203 Abb. 71
Wandlung 24
— der Materie 23
— Symbole der 28
Wasser 11, 67 f., 71, 92, 98 f., 100, 102, 249 Abb. 88; s.a. *aqua*; Ertrinken; Sintflut
— in alchymischen Rezepten 21
— als dionysisches Fruchtbarkeitsprinzip 85
— durchdringendes 266
— goldenes 269 f.
— göttliches 106
— lunares 83 Abb. 27
— merkurialisches 201
— Operation des 32; s.a. *solutio*
— philosophisches 106
— -probe 80
— -sucht 74
— als Symbol der *solutio* 106, 93 Abb. 31
— Symbolik des 68, 73-84
— als zeugende oder befruchtende Substanz 86
Waterhouse, John William 77 Abb. 23
Weibliche, das / weiblich
— das archetypische 81
— Prinzip 68, 124 f.
Weidinger, Erich 296 Anm. 45
Weisheit 198, 212, 265 f., 268
— archetypische 239
— göttliche 100, 191, 198
weiß / Weiße/ Weißung 42, 175, 185, 187, 194, 195, 205, 207; s.a. *albedo*; Erde, weiße (geblätterte); *leukosis*
— Seele 152
Weyden, Rogier van der 257 Abb. 91
Whitmont, Edward 296 Anm. 44
Wickes, Frances 292 Anm. 9
Wilhelm, Richard 103 und 295 Anm. 51; 121, 297 Anm. 14, 298 Anm. 24, 301 Anm. 26
Witwe(r): Symbolik 250
Wolf 32-34, 38, 33 Abb. 5
— als Antimon 32
— Wolfskinder 125
Wollust, s. Begehren
Wunsch, s. Begehren
Würmer 197 f., 203, 197 Abb. 68

Yerkes, Royden Keith 293 Anm. 42
— Yorick 209

Zagreus 87
Zerstückelung / Zerreißen / Zersplittern 237
Zeus 120, 270, 281
Zimmer, Heinrich 295 Anm. 6
Zinn 14
Zorn, göttlicher 45 f., 49 und 293 Anm. 31; 62
Zosimos 21, 221; s.a. Rosinus